中国科协系列年度发展报告

科技经济组织发展报告
——大变局时代创新型组织构建之道

中国科协战略发展部　编

中国科学技术出版社

·北　京·

图书在版编目（CIP）数据

科技经济组织发展报告：大变局时代创新型组织构
建之道 / 中国科协战略发展部编 . –– 北京：中国科学
技术出版社，2022.10

（中国科协系列年度发展报告）

ISBN 978-7-5046-9804-9

I. ①科… Ⅱ. ①中… Ⅲ. ①技术经济 – 研究报告 –
中国 Ⅳ. ① F124.3

中国版本图书馆 CIP 数据核字（2022）第 172061 号

策划编辑	符晓静
责任编辑	李 洁 齐 放 史朋飞
正文设计	中文天地
封面设计	李学维
责任校对	张晓莉
责任印制	徐 飞

出 版	中国科学技术出版社
发 行	中国科学技术出版社有限公司发行部
地 址	北京市海淀区中关村南大街16号
邮 编	100081
发行电话	010-62173865
传 真	010-62173081
网 址	http://www.cspbooks.com.cn

开 本	710mm×1000mm 1/16
字 数	260千字
印 张	17.5
版 次	2022年10月第1版
印 次	2022年10月第1次印刷
印 刷	北京中科印刷有限公司
书 号	ISBN 978-7-5046-9804-9 / F·1056
定 价	99.60元

《科技经济组织发展报告——大变局时代创新型组织构建之道》课题组成员

研究组组长

王迎春　陈　锐　于晓宇　张　宇

研究组成员（以执笔章节排序）

施锦诚　陈秋萍　孟令宇　张朝云　陈　娴　丁永奇　瞿晶晶

马　君　赵　爽　陈　竹　陈　光　李朝晖　迟　浩　朱　云

谭玥宁　王海花　李雅洁　王　莹　周位纱　寇明桂　王　莹

李　烨　谭钦瀛　赵鹏瑾　周　洁

研究组秘书

施锦诚　陈秋萍

前　言

　　习近平总书记指出，"科学技术从来没有像今天这样深刻影响着国家前途命运，从来没有像今天这样深刻影响着人民生活福祉"。"人类已经成为你中有我、我中有你的命运共同体，利益高度融合，彼此相互依存"。当前，一批致力应对人类命运共同体重大挑战和科技创新复杂难题，跨界协同多学科智力资源和多元创新要素，兼具促进科技创新与推动经济社会发展双重功能的新型科技经济组织方兴未艾。这类组织往往以"使命导向""场景驱动"和"跨界融合"为特征，兼具"市场精神""全球视野"和"社会情怀"，已经成为创新生态系统中的主体和重构创新秩序的有生力量。

　　本书所指的科技经济组织是在科技创新和经济社会发展中扮演重要角色的相关组织，重点关注的是在创新变革的浪潮中产生或发挥作用的组织。这些组织既是现代科学技术发展和工业革命的产物，也是满足创新变革新需求、推进变革的重要力量。因不同时代的创新变革需求、挑战和特征不同，相应的科技经济组织也产生了新变化。从主体性质来看，本书所指的科技经济组织涵盖科技社团、科技中介组织、研发机构、国际组织、非政府组织、非营利组织、技术社区和目前出现的具有复合型特点的组织等。

　　在新一轮科技革命和产业变革驱动下，创新问题日益复杂，创新过程非线性，且创新价值直指人类可持续发展，科技经济组织的功能和发挥作用的机制已经不局限于前三次工业革命的经典产学研合作等叙事框架。以"跨界协同"为核心特征的新型科技经济组织兴起。

本书立足于科技经济组织在科技创新中的作用机制，梳理历次工业革命的演进逻辑，系统分析科技经济组织发展的规律、趋势及挑战，从历史逻辑、现实逻辑和理论逻辑三个方面，深入探讨跨界协同创新组织在新科技革命、产业变革大势和双循环新发展格局下的新功能和新挑战，并对大量案例作了框架性分析。第一篇是历史逻辑梳理。通过对历史上前三次工业革命的梳理，归纳了科技经济组织在历次创新变革中的作用和与变革协同演进的历史进程，展现了科技经济组织从技术发明和产业应用的混沌状态转向学科和行业之间划分逐渐细化，再到深度交叉融合的过程。

　　第二篇是理论逻辑总结。剖析了新一轮科技革命与产业变革对科技经济组织的需求和影响，阐述跨界协同组织的兴起，分析在新发展阶段跨界协同组织的新挑战和新使命。开展了跨界协同组织的理论探索，梳理跨界协同组织驱动因素、内涵特征、协同机制及运行逻辑，分析跨界协同组织与科技创新的双向赋能，论述跨界协同组织在科技创新中的角色。最后，展望了我国典型科技经济组织走向跨界协同的前景，预测了智能科技背景下我国跨界协同组织的可能趋势。

　　第三篇是典型案例分析。从跨界协同组织案例全景视角出发，呈现出当前国内外典型跨界协同组织的相关特征及跨界创新举措，在国际上选取OECD、盖茨基金会、美国国家制造创新网络等典型的跨界协同创新组织为案例对象，在国内选取世界顶尖科学家协会、北京微芯区块链与边缘计算研究院等跨界协同创新组织为案例对象，从组织的成立背景和发展历史、运作模式、跨界协同的举措等维度展开分析。

　　当然，本书对科技经济组织跨界协同趋势的研究还处于起步阶段，受时间和可借鉴的成熟理论较少的影响，本书在历史逻辑、现实逻辑和理论逻辑等方面有待继续深化，希望在各方的批评和指正下持续开展该项研究，把这项具有重要价值的研究从起步转变为可以年度观测和分析的长周期研究，并进一步夯实理论基础，以更好地服务于我国的科技经济组织发展和国家创新体系建设，从科技创新组织变革的视角服务我国"创新驱动发展"战略和"科技强国"建设。

目 录
CONTENTS

第一篇　历史篇：
工业革命与科技经济组织的协同演进

第二篇　理论篇：
新科技革命与跨界协同组织的兴起

第三篇　案例篇：
跨界协同创新组织典型案例

第一篇
历史篇：工业革命与科技经济组织的协同演进

从 18 世纪 60 年代至 20 世纪末，人类历史上的三次技术突破引发了三次工业革命，深刻影响着产业与社会发展。18 世纪中叶，纺纱机和蒸汽机的使用拉开了第一次工业革命的序幕，机器广泛代替人力成为第一次工业革命的主要标志。机器解放了人的双手，加速推动了英国从农业社会向工业社会的转型。19 世纪下半叶，以电气化为主要特征的第二次工业革命开始，在此期间，技术创新不断涌现，如内燃机、电力的广泛应用等，世界由"蒸汽时代"进入"电气时代"。第二次世界大战后，半导体、电子计算机、微电子技术等方面的突破使得信息时代加速到来，生产力和生产关系又一次迎来巨大变革，大规模重构了政治、经济、文化格局。回顾历史，创新变革已经成为 18 世纪以来经济社会发展的根本动力，在这一过程中，科技经济组织发挥着重要作用。

从某种意义上讲，创新是组织的过程。约瑟夫·熊彼特（Joseph Schumpeter）认为，创新是一种生产手段的新组合，这种组合包括采用一种新产品或一种已存在产品的新特性；采用一种新的生产方法或商业的处理方式；开辟一个新市场；控制一种新原料；实现一种工业的新组织。[①] 在创新管理领域，关于组织创新的研究非常丰富，视角各有侧重，未形成统一的理论框架。艾丽斯·兰姆（Alice Lam）认为，关于组织创新的研究大体可以分为三个流派，其关注点各不相同。一是组织设计理论，主要关注组织的结构形式与组织创新倾向的关系，主要研究目的是确定某个创新组织的结构特征，以及组织结构因素对产品和流程创新的影响；二是组织认知与学习理论，主要关注微观层面的过程，如组织如何开发解决问题的新想法，强调组织创新的认知基础，认为组织创新与学习和组织的知识创造过程有关；三是组织变革与适应性，以及新组织形式的诞生过程，主要关注为应对环境的剧烈变化和技术变革，组织是否

---

① 约瑟夫·熊彼特. 经济发展理论 [M]. 北京：商务印书馆，2009：76.

能够突破传统的惯性而进行调适。

基于组织变革理论视角，创新就是应对外部环境变化的能力、影响和塑造环境的能力。林在对组织创新理论文献进行系统梳理后，认为一个大有前途的研究方向是：组织创新可能是技术创新的一个必要的前提条件，而不只是将组织创新过程看成对外部力量的反应，这要求关注产生这些前提条件所必需的组织内部改革和转型的过程。①

本书将科技经济组织作为一类主体进行研究，重点关注科技经济组织在创新变革中发挥的作用及其对创新要素组织模式的影响，并梳理科技经济组织自身的演化过程。本篇通过对历史上三次工业革命的历史梳理，归纳创新变革与科技经济组织协同演进的历程和阶段性特征。在历史的演进中，对科技创新发挥重要作用的科技经济组织范畴也在不断演变，包含科学社团、研究机构、企业研发机构、国际组织等，这个范畴的演变过程反映了科技创新在不同历史阶段的需求变化和特征。

---

① 法格博格，莫利，纳尔逊. 牛津创新手册［M］. 柳卸林，译. 北京：知识产权出版社，2009：6，117-141.

第一章

第一次工业革命与科技经济组织

第一次工业革命首先在英国开始，随着哈格里夫斯发明了珍妮纺纱机和瓦特成功改良了蒸汽发动机，英国迈入了机械生产代替手工劳作的时代。这一时期的科技经济组织以科学社团为主要形式，科学社团成为科学研究的中心，英国皇家学会是其中最杰出的代表。英国皇家学会、曼彻斯特文学和哲学学会（简称曼彻斯特文哲会）、伯明翰月光社（简称月光社）等著名的科学社团通过发明和推广应用新技术，大大提高了纺织、采矿、冶金、机器制造和运输等行业的生产效率。第一次工业革命期间的科学社团呈现以下特征：一是科学社团社员以中产阶级为主，组织建制逐渐规范；二是科学社团为科学界提供交流合作的平台，引领科学发展；三是科学社团成为联系科学与工业的桥梁，强调科学的应用性；四是科学社团发挥了科学教育的作用，为工业革命培养科技人才。

第一节 第一次工业革命的兴起与特征

18 世纪 60 年代，第一次工业革命率先从英国开始。一方面，英国在政治经济文化等方面都具备了优先开始工业革命的条件；另一方面，英国国内也涌动着由农业社会向工业社会转型的发展需求。第一次工业革命以纺纱机、蒸汽机等一系列技术革新与应用为突破，并逐渐通过组建科学社团、工厂等成为推动英国经济与社会变革的重要驱动力之一。

一、技术突破与应用：机械化

面对劳动力成本高，而煤炭、铁矿等自然资源无法取用的发展困境，英国社会对"新技术"的需求异常迫切。此时，英国社会恰好具备开始第一次工业革命的三个优势：一是在政治方面，英国基本完成资产阶级革命，建立了系列有利于工商业发展的制度。二是在经济方面，英国的圈地运动提供了充足劳动力，在殖民和海外贸易中积累了大量原始资本，并且广大的殖民地保障了广阔的商品市场。[①] 三是在文化方面，牛顿建立了经典力学体系，英国形成了较浓厚的"理性"精神和采用科学方法的氛围。在这些时代背景下，一批新技术和新机器应运而生，正是这些技术的广泛运用，剧烈地改变了生产要素之间的配比，劳动生产效率大幅提高，形成工业发展的革命态势，科学社团类科技经济组织在此过程中发挥了不可替代的作用。其中的关键性技术主要有以下几种。

（一）纺织机的发明与应用

第一次工业革命始于英国的纺织业。一方面，英国国会于 1700 年颁布法令，禁止从印度等国家进口棉布。因此，其国内发展棉纺织业成为刚需。另一方面，英国纺织技术在 18 世纪不断得到改进，从飞梭到珍妮纺纱机、动力纺纱机、水力纺纱机，极大地提高了纺织效率，并推进了纺织厂建设进程。

---

① 吴国盛. 科学的历程［M］. 长沙：湖南科技出版社，2018：318.

此外，因棉麻织物的制作工序要用到大量化学品，纺织业的繁荣也跨行业带动了化学工业的发展。

（二）蒸汽机的发明与应用

蒸汽机是第一次工业革命的显著标志，它的发明同样由现实需求驱动。蒸汽动力的应用在很大程度上解除了传统动力模式对建厂地点和规模的限制。17 世纪末，第一部实验性蒸汽机面世。随后，塞维利蒸汽机、纽可门蒸汽机相继出现，揭开了在工业中使用蒸汽动力的序幕。1765—1790 年，英国仪器修理工瓦特通过发明分离式冷凝器、汽缸外设置绝热层、用油润滑活塞等方式对早期蒸汽机进行了改进，并制成了第一台实用的旋转式蒸汽机，后被广泛应用于纺织业、采矿业和冶金业，助力相关产业发展摆脱对人力、畜力和水力的依赖。

（三）钢铁冶炼技术的革新

钢铁是发展重工业的重要原料。18 世纪初，英国为了扭转对国外钢铁过于依赖的局面，迫切需要提高钢铁冶炼水平，革新钢铁冶炼技术成为重点。1735—1784 年，钢铁冶炼技术经历了焦炭炼铁法、坩埚炼铁、水力驱动鼓风机、搅拌法等革新，使得炼铁技术迈上新台阶。到了 18 世纪末，英国冶炼出的钢铁不仅质量上乘，而且节省燃料资源，成为欧洲重要的钢铁出口大国。

（四）生产各类机器的机械制造业形成

蒸汽动力和钢铁原料的应用促进了各类生产机器的机械制造业发展。18 世纪末，随着能源技术的发展，专门生产蒸汽机、纺纱机的机械制造工厂逐渐增多，以满足其他行业的工厂对器械的需求。1797 年，螺纹丝杠车床作为机械制造业的关键设备被发明并应用，直接带动了大型机器加工厂的出现。[①] 此后，一批杰出的机床设计师和制造师在螺纹丝杠车床的基础上对近代机床进行发展和完善。同时，蒸汽机被用在车辆上，促进了火车的发明。1814 年，

---

① 中国科学院. 科技革命与中国的现代化：关于中国面向 2050 科技发展战略的思考 [M]. 北京：科学出版社，2009：16.

英国工程师乔治·斯蒂芬森（George Stephenson）发明了第一台蒸汽机车，并于 1825 年建造了第一条实用铁路，由此开创了铁路运输的时代。机械制造业与交通工具的发明和发展缩短了城市间的运输距离，促进了沿线区域的经济发展，提高了科技创新的速度和质量。

二、经济与社会变革

从 18 世纪末到 19 世纪初，蒸汽机技术与煤炭开采、采矿冶金、机械制造、纺织、运输等领域的技术互动，形成了全新的技术体系，这次技术革命引发了诸多重要的经济与社会变革。

（一）工厂制出现

技术革命大幅提升了生产力，使西欧由农业社会进入了工业社会。随着机械化程度不断提高，传统的工厂手工劳作被机器大生产代替，资本主义生产方式逐渐确立，工厂大规模采用监工等管理制度。在这种管理制度下，劳动工人多服从监管者的命令，以计件或计时工资为工作激励。因此，大批以纺织、机器制造为代表的工厂得以大规模建立和顺利运转。其后，工厂制度激发了古典企业理论的诞生，亚当·斯密是其中的集大成者，其探讨的议题包括分工与专业化、企业边界、劳资矛盾等。[1]

（二）城市化进程加快

18 世纪以来，英国发生了大规模的、快速的城市化现象。英格兰城镇数量迅速增加。到 1841 年，城镇数量增加到 119 个，其中有 6 个从事煤炭开采和玻璃、陶器制造，7 个从事煤炭和钢铁生产，14 个从事煤炭加工和纺织业生产。[2] 以行业分类来说，主要出现了以纺织业、五金制造业、煤矿业、运输业为代表的四类工业城市，这些均与第一次工业革命的新技术息息相关。

---

[1]　刘汉民，解晓晴，齐宇. 工业革命、组织变革与企业理论创新［J］. 经济与管理研究，2020，41（8）：3–13.

[2]　陈曦. 英格兰工业城市的科学学会研究（1740—1840）［D］. 上海：上海师范大学，2020：11.

（三）科学社团繁荣发展

对科学知识和工业生产的好奇与热情使自然科学家、工程师、工匠、企业家等创新主体聚集并交流。通过会议、讲座、沙龙等正式或非正式的科学交流活动推动科学社区形成，连接不同创新主体的需求和能力，依托各个科学社团形成信息沟通平台。英国是世界上最早成立科学社团的国家，其中大多建立在工业城市中。例如，曼彻斯特、伯明翰、纽卡斯尔这些工业城市都建立了以科学知识和技术发明交流为目的的科学社团，并且各个社团成立后都致力于为城市发展做出贡献。科学社团通过技术发明和应用，不仅为保障人的生命健康和提高人的生活水平提供了必要基础，而且极大地发挥了普及科学知识的作用。例如，曼彻斯特文哲会促进了纺织业、医学、教育领域的技术进步和经济繁荣，月光社在发展电学和冶金学方面发挥了重要的推动作用。随后，在法国，科学学会这一组织类型几乎覆盖物理、化学、矿物学、植物学、农学、解剖学、动物学、内科与外科等学科。

第二节　第一次工业革命时期科技经济组织的特征

科学社团在第一次工业革命中发挥着强有力的作用，对主要工业革命国家的对外全方位扩张、近代科学技术的建制化进程、现代科技的繁荣都产生了重要影响。

一、社员以中产阶级为主，社团建制逐渐规范

第一次工业革命期间，自发组织的科学社团是科技经济组织的主要形态，社团成员主要是中产阶级。17世纪，科学社团主要是贵族与富人进行科学研究，18世纪之前，科学技术信息仅在少数科学家和中产阶级等精英群体小范围传播。皇家学会、曼彻斯特文哲会、月光社等著名科学社团均如此，科学社团成为少数精英开展科学活动的场所。

随着工业革命的发展，科学社团的组织建制逐渐规范。在组织建制上，

较早成立的地方科学社团的非正式性比较明显。以月光社和曼彻斯特文哲会为例，后期建立的曼彻斯特文哲会比月光社更正式。在入会要求上，曼彻斯特文哲会更加正式；在学会目标上，曼彻斯特文哲会有明确的目标，即促进科学和商业的发展，终极目标是追求幸福；在学会交流方式上，早期月光社成员没有固定的交流场地和时间，曼彻斯特文哲会的学术交流内容则来自学会成员递交的论文，且论文审核相当严格；在学会探讨议题上，曼彻斯特文哲会明文禁止政治话题，讨论的主题包括高雅文学、民法、大众政治、商业和艺术等。[①]

二、搭建科学交流合作平台，促进科学发展

科学社团通过搭建科技交流平台满足了英国社会发展对技术升级的需求。科学社团通过一系列举措使其成为英国科学界联系国外科学力量的桥梁。第一，英国科学社团积极吸纳外国科学家。18世纪，英国皇家学会有一半成员不是英国人。例如，美国科学家本杰明·富兰克林（Benjamin Franklin）受邀成为英国多个社团的成员，1756年，其当选为英国皇家学会理事会理事，促进英国在电力领域取得进步。第二，英国科学社团与其他国家的科学家开启学习交流。英国科学家与其他国家的科学家长期保持通信，及时分享所在社团取得的科学理论或技术发明的成果。第三，英国科学社团将其他国家的科学著作翻译成英文，促进科学知识传播。例如，1776年，曼彻斯特文哲会的亨利翻译法国著名化学家拉瓦锡的化学专著，推动了英国在化学领域的发展。此外，科学社团让英国国内各科学研究力量联系紧密。例如，瓦特和韦奇伍德均为英国科学社团的倡导者，同时参与了多个社团，促进了科学知识在不同社团中传播，加强了各个社团之间的交流合作。[②]

---

① 陈曦. 英格兰工业城市的科学学会研究（1740—1840）[D]. 上海：上海师范大学，2020：43-45.

② 赵文媛，苟月. 科学与工业——论第一次工业革命时期的英国科技社团 [J]. 科学管理研究，2016，34（01）：117-120.DOI：10.19445/j.cnki.15-1103/g3.2016.01.030.

案例　英国皇家学会

英国皇家学会，全称"伦敦皇家自然知识促进学会"。1660 年 11 月 28 日，第一次"学术协会"会议在格雷欣学院举行。在著名学者罗伯特·博伊尔和约翰·威尔金斯的加入下，这个小组很快得到皇家批准，是英国成立最早、历史最悠久的科学组织，并于 1662 年、1663 年、1669 年领到皇家授予的各种特许证，也是世界上历史最悠久且从未中断过的科学学会。皇家学会的座右铭是"如未亲尝，切勿轻信"，表达了其科研决心。科学研究者要经受住权威的支配，并通过诉诸实验确定的事实来验证所有的陈述。[1]

皇家学会成立初期仅有 12 人，在 1660 年创立时会员约 100 人，到 1700 年有 125 位会员。伴随着启蒙运动和工业革命的进行，其会员数量在 1800 年达到 500 人，[2]但其中有一部分是名誉会员。1847 年，学会进行改革，决定根据科学家的成就来提名院士，这使得皇家学会实际上成为科学家学会。皇家学会成立早期在科学指导和科学传播方面起到重要的作用。当时关注科学的群体主要是以贵族为主的人群，所以科学普及首先发生在学会内部和贵族群体。[3]

皇家学会的主要学术活动是举办科学研讨活动，科学家作科学报告，在研讨和交流中加深对科学的认识，形成科学理论。[4]此外，皇家学会也强调知识的可用性和实践的重要性，为了加强科学知识

---

[1] 英国皇家学会官网［EB/OL］. https://royalsociety.org/about-us/history/.

[2] 王佐. 欧洲十九世纪前自然科学发展与科学社团［J］. 辽宁师范大学学报（自然科学版），1983（03）：49-54.

[3] 冉奥博，王蒲生. 英国皇家学会早期历史及其传统形成［J］. 自然辩证法研究，2018，34（6）：75-79.

[4] 吴海涛. 近代西方科学组织化对科学发展的影响作用分析——以英国皇家学会为例分析［J］. 产业与科技论坛，2017，16（22）：127-128.

对贸易和工业发展的促进作用，学会成立了 7 个委员会，分别是机械委员会、天文学光学委员会、解剖学委员会、化学委员会、地质（作物）委员会、贸易历史委员会、自然现象委员会、通讯委员会。然而，皇家学会的研究特点使其未能充分发挥对工业和贸易的推动作用。[①]

皇家学会在英国起着国家科学院的作用，成为英国近代科学的摇篮。一方面，皇家学会通过关注实验及其运用来发现科学知识，为推动科学革命和技术革命做出贡献；另一方面，皇家学会提供了一个聚集科学和技术领域的杰出人物并对其产生激奋性影响的平台。例如，皇家学会打破了宗派界限，不涉足神学和政治。据统计，1662—1730 年，皇家学会集中了世界 36% 以上的杰出科学家，产生了占世界 40% 的科研成果。虽然皇家学会不是诞生于第一次工业革命期间，但是其对推动英国科学进步起到了关键作用。也正是因为皇家学会先于第一次工业革命建立，其为后续技术革命和生产、生产组织结构等经济与社会变革提供了科学基础。[②]

三、连接科学与工业，强调科学的应用性

第一次工业革命期间，英国科学社团主要通过三种途径成为连接科学界与工业界的纽带。第一，科学社团为科学家、企业家、技术工人等主体提供结识和合作契机，社团成员及社团举办的各类活动有力地推动了技术进步和工业发展。例如，伯明翰的韦奇伍德和曼彻斯特的劳埃德等均是当地科学社团的活跃力量。其中，韦奇伍德加入了英国皇家学会和月光社等科学社团，除了资助科学讲座和研究计划，还亲自进行科学实验，最终发明了韦奇伍德

① 冉奥博，王蒲生. 英国皇家学会早期历史及其传统形成 [J]. 自然辩证法研究，2018，34（06）：75-79.DOI：10.19484/j.cnki.1000-8934.2018.06.012.

② 刘益东，高璐，李斌. 科技革命与英国现代化 [M]. 济南：山东教育出版社. 2020.6：64-67.

高温计。[①] 第二，当政府或皇家学会以实际问题为导向，面向全社会悬赏人才和技术时，地方科学学会或会员积极响应悬赏计划。例如，面对矿井排水问题，政府多次悬赏寻求解决方法，随后，蒸汽泵、蒸汽机问世。悬赏制不仅盛行于英国，18世纪末，法国与一直向其提供植物碱的西班牙断交，为了解决国内极度缺乏碱的困境，法国政府悬赏征求制碱良方。第三，科学社团的研究与所在城镇的主要工业有着密切关联。在伯明翰、曼彻斯特等工业革命蓬勃发展的地区相继建立的科学社团与当地的工厂、企业联系密切，科学技术的实用性受到极大重视，科学社团的学术研究和会议内容充满对城市产业的关注。

案例　伯明翰月光社

伯明翰月光社（Lunar Society）是一个由自然哲学家、工程师、企业家组成的学会。在1765年前的近10年间，博尔顿逐渐出现科学技术兴趣互助小组，并开始电学、地质学、气象学等研究，然而，此时小组的凝聚力和吸收新成员的向心力较弱。从1765年开始，成员定期会聚在英格兰的伯明翰，因为他们会定期在月圆之夜举行会议，学会最初的名称为月光派。1768年，月光派的共同兴趣集中于化学、冶金学和地质学等，当时伯明翰已经形成了一个地方性科学研究中心，是一个科学和技术信息的交换场所。1775年，月光派转变为月光社。1780—1791年，月光社的发展达到巅峰。1791—1813年，月光社逐渐衰落并最终结束。[②]

月光社是第一次工业革命期间将产学研创新结合的典范，具体表现出以下五个特征。第一，月光社作为地方性学会，具有显著的

---

① 赵文媛，苟月.科学与工业——论第一次工业革命时期的英国科技社团 [J]. 科学管理研究，2016，34（01）：117-120.DOI：10.19445/j.cnki.15-1103/g3.2016.01.030.

② 月光社官网 [EB/OL]. https://lunarsociety.org.uk/.

地域性。第二，独特的教育和宗教背景。大部分月光社成员都不具有英国国教徒的背景，而是接受苏格兰教育或跟随父辈积累知识和经验。第三，月光社成员具备多元化职业背景，成员是不同领域的优秀人才，而且科学家与企业家之间能进行深度合作，使研究和工业应用完美融合，为科学仪器的改进做出了巨大的贡献。第四，月光社十分重视科学知识的应用。18世纪之前，科学与工业生产之间的关系并不密切，而在月光社，工程师与科学家之间的交流变得频繁且密切，科学应用成为科学家和工程师共同关注的交叉领域，通过科学和工艺技术的结合，月光社取得了诸多成就。第五，月光社注重成员之间的交流和互助，交流密切，互相帮助。除了参加正式会议，月光社成员会保持密切的书信交流，形成了深厚的情谊。正是这种友谊，让月光社成员在制造和技术发明之间高效转换，为工业革命做出了巨大贡献。①

四、推动科学教育，培养专业科技人才

第一次工业革命中，科学社团承担了科学普及和科学教育的责任。传统教育在培养专业科技人才方面的表现不佳，为了增强工业革命所需的人才力量，科学社团主要开展了四方面举措。一是广泛开展讲座，提供科学启蒙教育。例如，皇家学会在成立之初即具备科学普及功能，科学家依托科学社团，在不同地方开展与工业革命相关的讲座。二是推动建立一批新式大学，开启高等科技教育。曼彻斯特文哲会在推动高等科技教育方面发挥了引领作用，英格兰相继创办曼彻斯特学院、伦敦大学等一批新式大学，开设自然科学课程，注重教授与工业革命相关的科学知识。三是推动建设新式科研机构。例如，月光社参与建设空气医疗研究所，社团成员在资金、设备等方面提供了

---

① 李斌. 月光社的历史及其影响 [J]. 科学文化评论，2007（1）：26-52.

重要支持。[①]四是参与运营技工所,加强对技术工人的科学教育。科学社团通过组织科学家去技工所开设基础课程、教技术工人新技术的方法,推动新技术在工业中的广泛应用,为从家庭手工生产形式向大工厂生产形式转变提供支撑。[②]

案例　曼彻斯特文学与哲学学会

曼彻斯特文学与哲学学会成立于1781年2月28日,是英国历史上第二个学术团体。许多创始人是医务人员,居住在国王圣皮卡迪利地区,第一次会议在十字圣教堂的一个房间举行。许多著名的科学家、工程师、物理学家和数学家都是学会成员,其中最著名的是约翰·道尔顿(John Dalton),他被称为"现代化学之父"。1799年,学会搬到了乔治街36号,1940年前,这里一直是学会的所在地。1960—1980年,学会重建,但自1981年起,学会没有了自己的办公地点。21世纪,曼彻斯特文哲会的主要功能是举办具有慈善性质的讲座,进一步促进了公众知识传播。邀请在特定领域有杰出表现的人士举办讲座,讲座结束后,会员通常可以享用晚餐,公众可以免费参加讲座。[③]

医学与化学的研究内容占据了曼彻斯特文哲会回忆录的很大篇幅,而化学物品有助于推动纺织行业技术进步,因此,学会的研究内容更偏向医学与纺织业。这使得学会在纺织产业、医疗、教育方面大力推动了曼彻斯特的发展。一是助力曼彻斯特成为纺织贸易中心。1729年,棉纺织品交易所的成立标志着曼彻斯特成为棉纺织中

---

① 赵文媛,苟月. 科学与工业——论第一次工业革命时期的英国科技社团 [J]. 科学管理研究,2016,34(01):117-120.DOI:10.19445/j.cnki.15-1103/g3.2016.01.030.

② 同上。

③ 曼彻斯特文学和哲学学会官网 [EB/OL]. https://www.manlitphil.ac.uk/our-history.

心。飞梭、珍妮纺纱机的发明，以及蒸汽动力在纺织业的应用，不断提高了生产效率，进一步加速了曼彻斯特工业的发展。二是改善了曼彻斯特的城市环境和医疗手段。面对卫生设施和医疗制度等医学问题，学会成员发挥了重要作用。例如，增设监管机构，增加更多的专业护理人员，改革医疗制度等。[①] 三是推动曼彻斯特的科学教育。18 世纪末，曼彻斯特文哲会先后成立艺术和科学学院、曼彻斯特学院，社团主席任学院院长，学院系统开设自然科学课程。[②]

① 陈曦. 英格兰工业城市的科学学会研究（1740—1840）[D]. 上海：上海师范大学，2020：43-45.

② 赵文媛，苟月. 科学与工业——论第一次工业革命时期的英国科技社团 [J]. 科学管理研究，2016，34（01）：117-120.DOI：10.19445/j.cnki.15-1103/g3.2016.01.030.

第二章

第二次工业革命与科技经济组织

　　第二次工业革命起始于 19 世纪 70 年代，人类社会在此期间掌握了新能源，电力与电器的出现和应用加速了工业化进程，重工业部门得以改造，从而确立了大工业在国民经济中的统治地位，无线电和交通技术方面的新发明也让世界的联系更为紧密。西方资本主义国家在此期间建立起完整的工业体系，资本主义步入成熟阶段，社会面貌发生剧烈变化。与第一次工业革命不同，第二次工业革命不是在实践经验基础上发展起来的工艺革新，"能工巧匠"不是主角，各种掌握专业知识的科学家、工程师走到台前，成为真正的"推手"，科学知识和应用技术的结合是第二次工业革命的关键动力。在近代基本科学理论的指导下，第二次工业革命如火如荼地展开，在此过程中，各种科学组织与工业界、政府的联系与合作也越来越密切。

第一节 第二次工业革命的兴起和特征

19 世纪中期，随着资本主义经济的发展，自然科学研究取得重大进步。在 19 世纪 70 年代左右，欧洲主要国家和美国、日本等国家迈入第二次工业革命阶段。第二次工业革命的技术革新以电气化为特征，电能和电力等技术被广泛应用，传统工业也得到发展，一系列新兴工业相继产生。第二次工业革命在很大程度上改变了工业的生产结构，重化工业开始取代轻纺工业，社会面貌发生剧烈变化。

一、技术突破与创新：电气化

第一次工业革命的标志是蒸汽机的实用化和广泛使用，人们开始使用化学能来做功，但其应用还局限在轻工业部门。伴随着运输业、工业、农业的快速发展，各国社会生产力得到了显著提升，也增强了对生产资料的进一步需求。因此，重工业在国民经济中的重要地位逐渐显现，以电能为主要动力的第二次工业革命浪潮也由此兴起。[①]

（一）电能和电力技术广泛应用

电能和电力技术得到广泛的利用和发展，这体现在电力补充和取代蒸汽动力、民用照明和通信等方面。电能本质上是一种二次能源，它的出现意味着人类社会对能源的充分发掘，获取能源的方式更加多样。1821 年，丹麦物理学家汉斯·奥斯特（Hans Ørsted）发现了电流磁效应，即通电导线周围存在着磁场。1831 年 10 月 17 日，英国科学家迈克尔·法拉第（Michael Faraday）发现了电磁感应现象，这成为之后发明电动机和发电机等有线电气设备良好的科学基础。同年 10 月 28 日，法拉第发明了圆盘发电机。之后，人们加大了对电机的研制，维尔纳·冯·西门子（Werner von Siemens）于 1866 年成功研制出发电机，实际可用的发电机于 19 世纪 70 年代问世，电力

---

① 王扬. 第二次科技革命的内容、特点及意义［J］. 学习月刊，1998（3）：15-17.

从此成为人们生产和生活的主要能源，成倍地提高了社会生产力。作为电力基础的电动机和发电机问世后，各类电器相继出现，如电车、电话等，电力相关的新兴工业也快速崛起。电气技术加快了人类社会物质基础的积累，也大大丰富了人们的生活。时至今日，电仍是人类社会的主流能源。

（二）内燃机的发明和使用

1862 年，法国工程师德罗夏（Alphonse de Rochas）提出了四冲程的内燃机理论，1876 年，德国人奥托（Nikolaus Otto）将这一理论变为现实。1883 年，德国机械工程师戴姆勒（Gottlieb Daimler）获热管点火式汽油发动机专利，并于 1885 年制成第一台热管点火式、加装汽化器并在曲轴轴箱中采用润滑油润滑方式的性能极为优越的汽油内燃机。1898 年，德国工程师狄塞尔（Rudolf Diesel）研制出柴油内燃机。内燃机相对于蒸汽机而言，有着更强的动力和更高的稳定性，工农业生产效率大幅提升，交通运输领域也在动力上产生质变。1899 年，德国工程师本茨（Karl Benz）和戴姆勒制成以内燃机为动力装置的汽车。1903 年，以内燃机为动力装置的飞机试飞成功，代表着内燃机的应用进入航空领域。与电动力系统一样，内燃动力系统对社会生产力的提升也具有重大贡献。

（三）化学工业的兴起和发展

随着化学基础理论的发展，科学家从石油、煤等自然资源中成功提炼出多种化学物质，将其作为工业原料制成化学合成材料，如人造纤维、橡胶、染料、药品、炸药等，促进化学工业的发展进入新阶段。

（四）炼钢技术的革新与发展

大工业发展在很长一段时间中受到钢材成本和相关技术的限制。1856 年，贝塞麦（Henry Bessemer）独立发明了"转炉炼钢法"，并于 1857 年取得了该项专利。1865 年，法国的马丁父子和英籍德国人西门子兄弟共同发明了"西门子—马丁炼钢法"，又被称为"平炉炼钢法"。这些炼钢技术的革新，极大地提高了 19 世纪下半叶的钢产量，世界粗钢产量从 1870 年的 51 万吨增加到 1900 年的 2783 万吨。1882 年，英国冶金学家哈德菲尔德

（RobertHadfield）制造出锰钢，标志着合金钢的出现。1900 年前后又出现了硅钢，其主要被用来制造发电机、电动机和变压器的硅钢片，成为 20 世纪电气工业发展的基础材料。19 世纪末，钢铁生产不仅在产品数量上，而且在品种和质量上都达到了前所未有的水平，工业生产在材料方面进入了"钢铁时代"。①

二、经济与社会变革

第二次工业革命的核心是电的发明、利用及电器研制等相关技术的革命，因此又被称为"电气革命"，此次工业革命最重要的标志是电气技术，人类社会由此进入"电气时代"。② 随着相关技术的广泛应用，一系列新兴工业相继诞生，如汽车、电力、石油工业等。除此之外，传统工业也得到发展，如造船业、钢铁业、纺织业等。第二次工业革命在很大程度上改变了工业的生产结构，重化工业开始取代轻纺工业成为工业生产的主要部分，社会面貌发生剧烈变化。

（一）生产不断集中，社会化趋势加强

第一次工业革命时，工厂的规模都比较小，工人数量也比较少，工厂之间的运作相对独立。第二次工业革命则大幅扩增了工业生产规模，工人数量扩展到成千上万，由此造成资本需求逐渐增加，加强了生产的社会化趋势。电气化使生产更加集中，资本主义不得不在生产领域做出重大调整，大企业为了独占某种商品的生产及销售市场，攫取高额利润，开始不断扩张，从而产生了垄断组织。垄断组织的目的是吸收并利用社会上的闲散资金，以满足迅速发展的资本主义工业的资金需求。1879 年，美孚石油托拉斯成立，托拉斯是垄断组织的高级形式之一，其把生产同类商品的企业或与产品有密切关

---

① 中国科学院. 科技革命与中国的现代化：关于中国面向 2050 科技发展战略的思考［M］. 北京：科学出版社，2009:17.

② 胡才珍. 略论第二次科技革命与人类社会互动手段的现代化［J］. 武汉大学学报（哲学社会科学版），1995（2）：91-97.

系的企业合并，参与企业丧失独立性，由董事会统一管理。之后的 20 多年间，美国工业部门的托拉斯数量增加到 300 多个。自由资本主义过渡到垄断资本主义，大型企业组织开始控制国家的经济命脉和政治事务。[①]

（二）经济全球化进一步发展，世界市场和资本国际化基本形成

在第二次工业革命中出现的发明改变了人们的交通和通信方式。交通运输能力随着汽车、火车和轮船等交通运输工具的发展和普及日益提高。全球各地信息的交流和传播随着电报、电话的出现进一步加强。这些使得各大洲的人连接得更为紧密，对于人类而言，1900 年的地球比 1800 年时要"小"很多。至少在较为发达的地区之间，重要信息的传递可以在极短的时间内完成。过去，经济活动往往集中于同一个国家内或交通特别便利的相邻几个国家之间，而新的发明使塑造一个全球市场成为可能。在第二次工业革命技术进步的推动下，国际市场和分工逐渐明显，亚非拉美洲等地区的原料和粮食大量运往工业发达国家，工业发达国家则将产品销售到全球各地。19 世纪末到 20 世纪初，世界贸易额增长接近 3 倍。在第二次工业革命中，城市能够提供的就业机会越来越多，城市生活也变得越发诱人，越来越多的农村人口迅速地变为城市人口。[②]

（三）两次世界大战改变国际格局

由于第二次工业革命的强有力推动，资本主义世界体系及其殖民体系最终确立，世界逐渐成为一个整体。新的交通和电信技术使得征服远方的殖民地变得越发容易。随着第二次工业革命的推进，欧洲人也开始了瓜分殖民地的狂潮，到 20 世纪初，资本主义列强基本将世界全部瓜分。由于资本主义国家不断夺取殖民地或半殖民地的原材料，这些地区民族资本主义工业的发展变得异常艰难，以欧美资本主义列强为主导的资本主义世界体系由此确立。除了少数几个，基本上世界的所有部分都可以被划为某个欧洲国家（或美国）的势力范围，世界历史进入帝国主义阶段。

---

① 贺敬垒. 论科技革命与资本主义发展的历史逻辑 [J]. 前沿，2013（3）：19-22.

② 翟文忠，张存刚. 科技革命与经济全球化进程 [J]. 兰州商学院学报，2001（1）：18-23.

英国国内市场相对狭小，再加上英国银行业对海外殖民地业务的倾斜，导致本国工业缺乏扩张资本。作为老牌资本主义强国，英国认为本国经济足以影响世界，根本不需要再耗费精力参与第二次工业革命，因此对前沿技术的认知和相关政策的制定越来越保守，最终使得英国错失第二次工业革命红利。此时，一些新兴大国凭借这次革命迅速崛起，如美国、德国、苏联和日本。他们将巨额资金投入研究工业革命，是本次工业革命中发展较为迅速的国家。国力迅速腾飞，他们开始计划重新划分世界势力范围。新兴国家对当时世界势力划分的不满和老牌国家的没落，注定了世界格局将发生新一轮洗牌。这轮洗牌以第一次世界大战的形式爆发，而第二次世界大战也可以说是其延伸。第二次世界大战之后的世界格局开始发生变化，资本主义世界的首领从英国过渡为美国，而社会主义世界势力也由苏联领衔。第二次世界大战后，欧洲资本主义国家最快恢复元气，美国的"马歇尔计划"使大量资本流入欧洲，助其快速摆脱战后后遗症。期间，英国在苏伊士运河纠纷、印度独立纠纷等问题上，因美国的干涉而采取了退让措施，这正式宣告美国取代英国成为资本主义国家领头羊。[①]

第二节　第二次工业革命时期科技经济组织的特征

进入第二次工业革命，科学研究逐渐完成建制化，科技研究体系与科学教育体系不断完善，自然科学与工业技术密切结合，产学研的跨界合作初现雏形，科技经济组织对促进经济社会发展的专业化、科学化的路径形成模式在世界范围内推广。

一、科学研究完成建制化

科学研究体制化起步于 17 世纪的英国，英国皇家学会作为历史上第一个官方认可的科学家组织，表明科学活动开始得到社会的认可，不再是一些

---

① 郑德洛. 近现代科技革命对国际格局演变的影响［D］. 南京：南京航空航天大学，2019.

孤立的个人行为，而是从属于恪守共同宗旨和规范的科学共同体。体制化的进一步发展表现为职业科学组织的建立，标志是法国科学院的建立，其建立的俸薪制度表明科学家开始成为一种社会角色，科学研究迈向专门职业化。科学体制化的最终实现，需要使科学研究成为一种稳定又有效的有组织的活动，或者出现教授科学的教育机构。第二次工业革命时期，德国大学实验室的建立实现了这一点。德国大学先是在柏林大学引领下设置收费讲师和教授席位，增加晋升考核制度，克服了之前大学教师只教学不研究的情况，使德国大学转换为一种教学与科研紧密结合的新型大学。此后，德国大学设立了各种科学实验室，在从事精密自然科学研究的教授的指导下，研究助手和来自世界各地的学生一起进行实验研究和学术讨论活动。经过这一系列改革，德国大学形成了现代意义上的研究所或研究中心。大学教育制度的改革分离了科学家与自然哲学家，最终确立了从事科学研究的专门职业，科学家正式成为社会角色的一员。[①]

科学研究的体制化包含三方面的内容。一是科学研究价值观的确立。科学研究以获得对自然规律的纯认识为目标，致力于用科学原理和科学方法解决实际技术问题，并且创造新的产品和工艺及改进现有产品和工艺。二是科学研究行为规范的形成。教师须以研究为必要职责，学术任命须基于科学家的研究成果和学科知识，技术实践应该和科学理论结合，并受后者指导。三是适应其他领域活动的规范，科研行动具备组织化。研究活动须有专门研究人员（教授、助教和学生）一起在实验室里进行，实验室要设立专门的管理制度和经费支持。[②]

二、科技研究和科学教育融合

科技组织的主要组成人员发生变化，最初主要是少数科学家、工程师和工业家，此时科学家和学生逐渐成为主流，人员规模也逐步扩大，科技研究

① 马佰莲. 西方近代科学体制化的理论透析［J］. 文史哲，2002（2）：126-131.
② 樊春良. 19 世纪德国的科学体制化［J］. 自然辩证法研究，1996（5）：45-50.

和科学教育逐渐融合。科技组织促进了科学教育的发展。科学的发展需要大批的科学人才，而当时的一些高等院校教学仍然以神学和哲学为主，无法满足社会发展对科学人才的需求。高等院校改革后以科学教育取代神学训练，在学校内建立研究所和实验室。学生通过课程和科学讲座学习科学知识，在研究所和实验室进行训练，并参与科学研究。高校这种训练和教育融合的模式培养出大批科学家和工程师，科学组织在其中的贡献极为显著。

科学研究和科学教育的融合还表现在社会层面。科技推动了社会财富的增长积累，其实用性激发了社会对科学的热情。除了工业家资助研究活动以求提升工业生产效率，其他社会成员也以加入科学组织或了解科技发展为荣。据统计，19 世纪 60 年代，仅英国就有近 5 万人加入各种科学组织。科学发展每前进一步都有重重的阻力，不仅有自然界的，而且有社会的，科学的发展与大众理解科学的程度不无关系。此时的科技组织已经通过推广科学研究成果的方式向公众传播科学知识。科技组织不仅进行科学研究，而且承担着为大众传播科学的职能，这是科学教育的重要组成。①

三、自然科学与工业技术密切结合

在第二次工业革命期间，科学发挥着十分重要的作用，开始推动自然科学真正同技术发明、工业生产密切结合。第一次工业革命时的许多发明创造都直接来源于实践经验的积累，而第二次工业革命的进步背后都有自然科学理论的支撑。自然科学的发展基本上是由受过良好教育的科学家和工程师做出的。这一时期的科学组织十分强调应用技术研究的重要性，开始由综合性的学术社团细化为专业学会，研究目标是推动产生促进社会经济进步的可应用技术。

案例 哥廷根应用数学与物理促进协会

19 世纪中期，普鲁士政府为提高普鲁士大学的整体竞争力，

---

① 梁敏花. 英国科技社团的职能演变过程研究 [J]. 科学技术创新，2019（24）：141–142.

计划将各大学打造为由首都柏林管理和领导的中心导向"大公司"。哥廷根大学的定位为数学和自然科学中心。1886年，克莱因担任哥廷根大学数学教授，因不满当时德国高等教育体系中大学远离社会需求而追求纯学术研究的状态，希望将数学与物理及工程等其他相邻学科联系起来，使数学家不局限于自己的领域。美国工业界和私人基金会对大学的资助给了克莱因启示。在1893年访问美国大学时，克莱因认识到，随着科学与技术的关系日渐密切，大学不宜再分离纯研究与应用。

克莱因先是提出建立一个带有物理实验室的物理技术研究所。1896年，克莱因获得企业界资助，建立了一个小型机械实验室，这开创了德国大学接受工业界捐款建立实验室的先例。随着哥廷根大学与工业界的关系日益密切，为促进哥廷根大学应用科学的发展，1898年2月26日，克莱因与多位工业界人士在哥廷根召开了首次讨论会，宣告了哥廷根协会的成立。之后在协会的推动下，哥廷根大学建立了一系列应用科学研究机构。1898年成立了主要研究大地测量和地球物理的物理研究所技术物理部。1904年建立了德国第一个应用数学机构——应用数学和力学研究所。1906年建成应用电学研究所、物理化学研究所和地球物理研究所。

在协会推动建立各类研究所的趋势下，应用科学得以实现自身的发展，著名的哥廷根应用力学学派就在此发源，直接推动了空气动力学的发展。[1]协会使哥廷根大学超越了小作坊式科研的局限性，组织开展交叉学科的大科学研究。1914年设立世界第一间原子核物理中心，1938年完成人类史上第一次核裂变，这一切使得哥廷根大学在20世纪30年代成为自然科学领域全世界景仰的顶尖学府。

协会是克莱因进行数学教育改革的起点，这项改革使纯粹数学

---

① 黄佳，方在庆. 克莱因与哥廷根应用物理及数学促进协会 [J]. 自然辩证法研究，2015，31（9）：64-67.

和应用数学并立融合，而且使数学与其他学科的关系更加密切，并侧重实用方面，带动整个理科教育的改革，培养大量精通数学和物理技术的人才。另外，哥廷根大学因纳粹而移民美国的大批科学家后来成为"曼哈顿工程"大科学工程的主力。

大学负责从事基础研究，即获取新原理、新方法，揭示自然现象及规律的研究，而由政府或企业与高等教育机构合作设立的实验室从事应用研究，即为达到具体的、预定的目标，解决某个实际问题创造新方法和新途径的研究。基础研究是技术进步的先行官，相比应用研究更为重要，也可以指明应用研究的方向。基础科学知识的薄弱将阻碍一个国家工业的进步，影响其世界贸易地位。但应用研究也会反过来推动基础研究的发展。法国微生物学家巴斯德在为解决企业家难题所进行的实用性研究中形成了诸多理论，发展了化学微生物学及免疫学。求知和实用相互联系、相互促进，如同一个硬币的正反两面。基础研究和应用研究的结合，让科学第一次以无可争议的姿态，改善了普通人的生活。①

案例　德国帝国技术物理研究所

19 世纪末，德意志电工设备和机床制造行业正处于起步阶段。当时，德意志学习英国的机械制造，但其机床产品质量尚不能与英国相比。

1887 年，当时的著名学者赫尔曼·冯·亥姆霍兹（Hermann von Helmholtz）和西门子公司总裁西门子给国家提出建议，成立德意志帝国物理技术研究院（PTR）。他们的建议得到议会的投资支持，西门子也捐出 2 万平方米土地用于该院建设。亥姆霍兹在 1887—1894 年担任首任院长。PTR 独立于大学，以纯研究为宗旨，

① 成素梅，孙林叶. 如何理解基础研究和应用研究 [J]. 自然辩证法通讯，2000（4）：50-56.

是一种创新形式的学术研究机构，且只接受中央政府的拨款及来自私人企业的捐赠。PTR 的主要任务是物理基础研究，研发测量技术和测量仪器的准确性及结构。[①] 许多有名望的物理学家相继担任所长，如波特、科尔劳什、瓦尔堡等，爱因斯坦、普朗克和劳厄都曾在研究所工作。PTR 因以热力学为基础的精密测量热辐射研究而名声大振。第二次世界大战期间，PTR 被严重破坏。1950 年，德意志联邦共和国在布伦瑞克和柏林（西）恢复成立了德国联邦物理技术研究院（PTB）。目前，其主要任务是进行计量学基础研究和应用技术开发，代表联邦政府与国外开展计量领域的双边和多边合作。[②]PTR/PTB 负责物理量单位、计量单位的复现，保存和量值传递，以保障国家和国际量值单位的统一及确定基本常数，从事物理计量技术尤其是精密测量技术的科学研究，从事材料结构和材料物理性能方面的研究，开展计量仪器和计量装置的检测和校准，参与计量、标准、检验和质量安全、安全技术方面专业委员会的活动对德国工业与科学技术的发展起到了很大作用，在保证德国工业产品的质量方面也起了决定性作用。

而纵观 100 多年的科学发展史，PTR/PTB 不仅证明了计量科学的发展可以促进自然科学的进步，而且可以认为，计量科学是技术科学的科学基础。[③]

四、产学研合作初现雏形

第二次工业革命时期，科研与教育形成了一个紧密结合的综合体。政府

---

① 赵克功，刘新民，HERRMANA K. 德国联邦物理技术研究院成立 125 周年中德计量技术合作回顾与展望 [J]. 中国计量，2012（9）：48-49, 58.

② 德国联邦物理技术研究所——世界国家重点实验室介绍之三 [J]. 科技导报，2010，28（6）：125.

③ 同①。

主要以宏观决策者、投资者的身份参与科教事业的发展。但是，无论是决策还是投资，政府并不大包大揽，其影响仅限于宏观调控。政府有意维护研究机构与高等院校的学术独立性，引导和发挥社会各界对科教事业投入的热情。而科研机构的自由研究并未导致研究人员忽视国家和社会的需求。于是，在科研的组织机构、领域分工和政策制定等方面形成了一套相对完善的协调机制。这种做法既稳定了科研与教育发展所需的资金与政策，又确保了研究和教育机构有足够的学术自由。科学组织、工业界和政府开始密切合作。[①]

案例　马克斯·普朗克学会

　　19世纪末至20世纪初，随着科学技术的发展，普鲁士王国文化部官员阿特霍夫和柏林大学教授哈纳克认识到，科学研究的规模逐渐扩大，需要科学家、财团和政府之间的合作，以保障科学研究的物资需要。因此，值柏林大学成立100周年之际，威廉皇帝科学促进学会（简称威廉皇帝学会）应运而生。工业界捐助的研究经费占了很大比例。1917年10月1日，威廉皇帝物理研究所正式成立，由爱因斯坦担任所长。在威廉皇帝学会存在的37年间，有15人获得诺贝尔奖。[②]第二次世界大战后，威廉皇帝学会更名为马克斯·普朗克学会（简称马普学会）。[③]

　　马普学会是独立的非营利性组织，现在是德国最大的从事基础科学研究的科研机构，管理总部设在慕尼黑。马普学会拥有充分的学术选择权和自主权，不接受政府的行政领导，采用"总裁＋评议会＋学术委员会"的管理架构，拥有独具特色的科技创新体制。马

①　方在庆，朱崇开，孙烈，等. 科技革命与德国现代化［M］. 济南：山东教育出版社. 2020：114-134.

②　同上。

③　朱崇开. 德国基础科学研究的中坚力量——马普学会［J］. 学会，2010（3）：56-62.

普学会由数十家研究所和研究中心组成，雇用人员包括科学家、博士生、博士后和客座科学家，主要从事自然科学、生命科学、人文科学和社会科学的基础研究，其规模现在仍在持续扩大。[①]

马普学会一直遵守普朗克所提的"知识要先于应用"规则，放弃全方位研究策略，更关注以应用为导向的基础性、交叉性研究，并相应投入资金和科研力量，以提升国家在基础研究领域的竞争力。此外，马普学会还确立灵活的建制，可以通过改变实验室和研究所的研究方向或成立新的研究所来任命杰出的科学家，使得马普学会研究所能够适应瞬息万变的科研需要。[②]

马普学会坚持自主独立、重视技术转移的项目运营理念，于1978年创立马普创新公司来帮助科学家维护、转移技术成果。马普学会重视构建全球化研究网络，国际合作促进了科研成果的产出。总之，马普学会用国际化的视野、充满活力的研究氛围、认真的研究态度、合理的科研经费、科学的管理理念不断吸引全球顶尖科学家到此工作，这为其持续引领科学前沿发展提供了充足的人才基础和保障。[③]

在组织上，科研机构与各教育部门之间不是简单的条块分割式管理，而是采用了一套相对复杂的管理模式，科研与教育也被视为一个有机的整体。在决策和投资的过程中，政府往往将研究与教育放在一起考量，这就使得科研机构与高等院校形成了相互补充、相互倚重，各自发挥独特优势的局面。科研机构在偏重研究的同时，也利用平台资源培养和训练后备人才。高等院校以培养各类高素质生力军为主，同时积极开展多种基础性与

① 栾瑞英，初景利. 国外典型高水平科技智库运行机制剖析与启示 [J]. 中国科技论坛，2017（11）：174-179.
② 房强. 德国马克斯·普朗克学会及其研究所 [J]. 科学对社会的影响，2000（3）：12-14.
③ 栾瑞英，初景利. 国外典型高水平科技智库运行机制剖析与启示 [J]. 中国科技论坛，2017（11）：174-179.

应用性研究。①

科研资助的形式多样化，既有联邦政府的拨款，又有各州提供的资助，还有由企业、政治组织或慈善机构提供资金的基金会。资金来源渠道的转变造就了科研长期高投入、高产出的良性循环。一方面，政府减少在科研投资上的比例；另一方面，经济界和企业界对应用研究的投资越来越多，形成了一个覆盖面广、形式多样、资源分配相对均衡的资助体系，切实促进了科学事业的发展。企业在科研投入的主导作用也表明企业在创新体系中已经占据主体地位。企业成为创新主体，能够充分考虑企业需求，满足不同行业的需要。而在强调企业投入的同时，政府可以用资助金、投资津贴或税收优惠的形式平衡企业与科研的关系，从而进一步推动企业界积极支持科研的投入。生产、教育和科研的相互促进、密切结合推动了科技在生产中的应用，同时造就了一批集企业家、科学家和工程师于一身的人才。基础研究、应用研究和开发研究三者之间，既彼此分工，又相互促进，推动国家发展和企业扩张。②

案例　美国科学促进会

美国在建国初期虽有一些科学研究，但当时的先进科技主要来自欧洲。1848年，美国地质学家和自然学家协会的成员达成一致意见，终止地质学家和自然学家协会的活动，并在其基础上成立一个新的组织，以在国家层面促进科学和工程学发展。这个新的组织就是美国科学促进会（简称科促会）。科促会主要在两个方面展开工作：一是推动科学家同行之间的交流与合作；二是寻求社会各界对

① 方在庆，朱崇开，孙烈，等. 科技革命与德国现代化［M］. 济南：山东教育出版社. 2020：132-137.

② 方在庆，朱崇开，孙烈，等. 科技革命与德国现代化［M］. 济南：山东教育出版社. 2020：132-137.

科学的理解与支持。①

科促会积极为政府提供科技政策咨询，并以推动学术交流、科学教育和科技人才培养为宗旨，②科促会自1848年起，每年举办年度会议，现在，该年度会议已成为世界规模最大的科学会议，年会主题紧跟国际性科技政策的热点和走向，汇集各国各界声音，探讨科技发展的新趋势和新挑战。另外，科促会每年实施研发预算和政策计划，支撑联邦科技预算决策，这是科促会参与科技决策咨询影响最大的一项工作。③

科促会重视推进科学学科领域交叉融合，旨在利用学科的综合性和多样性夯实学科交叉融合的学科基础；通过协同创新联盟构建了综合性的科研管理体系，增强了产学研之间的合作，促进了国际科技资源的优化配置和科技成果供需调节。在科促会统合下，跨行业、跨部门、跨区域、跨国界、跨学科的个人智慧凝结为有组织的集体智慧。

---

① 美国国家科学院和美国科学促进会掠影 [J]. 科学文化评论，2005（5）：127-128.

② 王晓迪. 美国科学促进会科研发展、热点分析及经验借鉴 [J]. 天津科技，2018，45（12）：1-4.

③ 夏婷. 美国科技社团参与决策咨询的体制机制及其对我国的启示——以美国科学促进会为例 [J]. 学会，2013（8）：5-9，21.

第三章

第三次工业革命
与科技经济组织

　　开始于 20 世纪 50 年代的"第三次工业革命"以电子计算机技术、互联网的发展为主要标志，是一场信息革命。随着这场工业革命的不断深化，美国、苏联、日本等国的国际关系发生深刻变化，由于生产工具和生产方式的转变，各国经济布局和世界经济结构、就业结构发生深刻转变，借助网络信息技术，生产系统也全面趋向数字化，同时推动了社会经济的全球化进程。通过对贝尔实验室、国际标准化组织、法国科研中心等科技经济组织的发展历程、模式与成就的分析，可将第三次工业革命时期科技经济组织的特征总结为四点：政府成为重要参与者、产学研合作成为重要趋势、国际化组织发展迅速、注重合作和组织机制创新。

第一节 第三次工业革命的兴起与特征

第三次工业革命开始于第二次世界大战之后，其主要标志是电子计算机技术、信息网络技术的发展和普及，因此又被称为信息革命、数字化革命。第三次工业革命率先出现在以美国为首的工业化国家中，体现为由重大的技术突破推动的工业技术领域中的重大飞跃，半导体、电子集成电路和计算机的发展加速了信息时代的来临。第三次工业革命涉及电子计算机、互联网、原子能、空间技术、新材料等技术，范围远超前两次工业革命，网络通信、自动化系统和互联网都得到了大规模应用与发展。

一、技术突破与应用：信息化

20 世纪 60 年代，半导体、电子计算机、微电子技术等方面的突破使信息时代加速来临，网络通信、自动化系统和互联网都得到了大规模发展。

（一）第一代到第四代计算机的研发

由于军事需要和电子技术的发展，1946 年，美国军方成功定制世界上第一台电子计算机"电子数值积分计算机"（electronic numerical integrator and calculator，ENIAC）。ENIAC 是美国军方为满足弹道导弹技术鉴定计算的需要而研制的，其问世标志着电子计算机时代的到来。1950 年，"离散变量自动电子计算机"（electronic discrete variable automatic computer，EDVAC）在美国问世，其采用二进制及冯·诺伊曼结构，这种电子管计算机被统称为第一代（1946—1958 年）电子计算机。

20 世纪 50 年代以后，由于晶体管与半导体集成电路等技术的兴起，计算机技术以惊人的速度发展，先后经历了第二代（1958—1964 年）晶体管计算机阶段、第三代（1964—1970 年）集成电路计算机阶段和第四代（1970年至今）大规模及超大规模集成电路计算机阶段。1971 年，英特尔成功研制世界上第一台微处理器，计算机自此进入微型时代，并逐步从科学研究生产领域向家庭和办公场所普及。

电子计算机不同于历史上人类曾经创造的任何其他机械，其不仅具有运行速度快、计算精度高的特点，而且有存储和逻辑运算功能，极大地放大了人类的智能，是科学技术发展的辉煌成就，对人类进步起着重要的推动作用。

（二）微电子技术的发展

电子计算机的迅速发展和广泛应用同微电子技术的发展密切相关。微电子技术的基础是集成电路技术，其发端可以追溯到晶体管的诞生。1947年，美国贝尔实验室的约翰·巴丁（John Bardeen）、威廉·肖克利（William Shockley）和沃尔特·布拉顿（Walter Brattain）研制出世界上第一个点接触型晶体管，不久后又成功试制出第一个结型晶体三极管，使电子设备向小型化和轻量化迈出了一大步。

晶体管的问世使科学家将注意力集中到对晶体管进行组合和集成的问题上。1958年，美国德州仪器公司的工程师杰克·基尔比（Jack Kilby）发明了第一块包容4个晶体管和6个阻容元件的集成电路。集成电路是科学、材料、技术和工艺高度统一的产品，为微电子技术指明了发展方向。

20世纪70年代以后，集成电路技术的发展日新月异。1971年，美国英特尔公司的工程师特德·霍夫（Ted Hoff）制出大规模集成电路。1980年，美国国际商用机器公司研究中心制出超大规模集成电路。集成电路的跃进有力推动了各项应用技术和产品的发展，如微型电子计算机[1]。

（三）互联网的出现

随着微电子技术的迅速发展，信息传输的手段与方式发生了巨大变革，与其他技术结合形成一系列新的信息传输手段和方法。互联网的出现是信息技术的又一次重大飞跃。1969年前后，美国将4所大学的4台主要计算机连接起来，建立了"阿帕网"，开启了计算机互联网时代。20世纪80年代初，

---

[1] 远德玉. 科学技术发展简史［M］. 沈阳：东北大学出版社，2000：264-265.

随着个人计算机的普及，对计算机的互联互通提出了极大的需要，促进了互联网的发展 [1]。

二、经济与社会变革

信息技术的创新使生产力和生产关系又一次出现巨大变革，大规模重构了政治、经济、文化格局。

（一）国际关系：美苏冷战和美日竞争

技术创新及其相关制度演进是工业发展过程中两条并行的主线。除了技术的外生驱动，第三次工业革命的不断深化也是主要工业化国家体现其战略意图的制度安排和政策设计内生拉动的结果。

在第三次工业革命中，苏联是美国最强的竞争对手。在计算机发展的早期竞争中，苏联借助在工程学、数学、物理学等领域的创新基础，与美国的差距并不大。但在竞争中后期，由于体制官僚化、缺少民间力量和创新效率低等，苏联在推动技术进步时无法有效地将军事技术转化应用到民用产品，技术进步难以持久，最终未能成功挑战美国。除此之外，美国还对苏联进行战略打击，在对苏联的竞争中采取缓和战略，以低于苏联成本的价格向其销售电子元器件产品，在"造不如买"的情形下，苏联逐渐放弃了元器件的自产。因而，苏联的计算机产业在竞争中越来越弱，直至最后被淘汰。[2]

20 世纪 70 年代后，日本逐渐成为美国的威胁。第二次世界大战以后，为了对抗苏联，美国不仅在政治上给予日本相当程度的自主权，在经济上也开始扶持日本，把日本视为其在世界经济分工中的一部分，没有太多的防范。日本自 20 世纪 70 年代开始推动芯片产业发展，成立了超大规模集成电路技

---

[1] 中国科学院. 科技革命与中国的现代化：关于中国面向 2050 科技发展战略的思考 [M]. 北京：科学出版社，2009:18.

[2] 高奇琦. 人工智能、四次工业革命与国际政治经济格局 [J]. 当代世界与社会主义，2019，06（6）：12-19.

术研发合作产业联盟 VLSI，到 20 世纪 80 年代中期，其半导体技术已经超越美国。美国在感觉到自身半导体产业受到威胁后，立即采取强硬措施向日本施压。此时的日本虽然在经济上一跃成为占有举足轻重地位的世界大国，但是在政治和军事上依然受美国控制，因此被迫减少出口、提高价格、废除芯片关税、开放国内市场，并于 1986 年同美国签订了《日美半导体协议》。美国还通过扶持其他经济体的相关产业来压制日本[1]。在美国的施压及日本自身的房地产泡沫、人口老龄化因素的共同作用下，日本的半导体产业逐渐丧失竞争优势甚至退出市场。

（二）就业结构：由操作型和技能型向知识型就业转变

第三次工业革命引起生产力的构成要素发生了质的变革，使劳动生产率显著提高，各国经济布局和全球经济结构产生重大变化，同时就业结构也发生了深刻转变。

从生产工具层面看，第一次工业革命是通过机械化实现机器对工人的简单劳动的替代，第二次工业革命是通过电气化实现标准化生产线对工人的复杂劳动的替代，第三次工业革命则是通过信息化颠覆人类传统的生产方式，同时对人的技能和知识结构提出更高要求。[2]

制造业对操作型和技能型工人的需求逐步下降，对工程师和设计开发人员等知识型人才的需求不断增加。因此，第三次工业革命对就业的影响可以分为两方面：一方面，高度自动化的生产会导致低技能工人的失业；另一方面，生产的智能化又提供了更多高技能的岗位。20 世纪 80 年代兴起的自动化生产，由于其带动的新增就业岗位抵消了自动化替代造成的失业，因此并没有出现大规模失业的情况，它对就业产生的影响更多的是结构性

---

[1] 高奇琦. 人工智能、四次工业革命与国际政治经济格局 [J]. 当代世界与社会主义，2019，06（6）：12–19.

[2] 贺俊，姚祎，陈小宁. "第三次工业革命"的技术经济特征及其政策含义 [J]. 中州学刊，2015（9）：30–35.

影响。①

（三）生产系统：数字化特征显现

在第三次工业革命中，由于网络信息技术的普及，生产系统全面向数字化方向转型，互联网成为贸易和信息交流的重要渠道，同时成为经济社会发展的重要基础设施。②

作为信息交流平台，互联网已成为重要的销售途径，涉足电商业务的传统企业日益增多。互联网对企业的渗透逐渐深入生产经营的全过程，推动了传统企业信息化水平的提升。另外，互联网新技术、新业务也在加快创新发展，不断催生新的商业模式和创造新的经济增长点。以移动互联网为代表的互联网技术及应用发展势头强劲，带动了大批相关产业的创新发展。③

除此之外，互联网在社会公共服务领域也发挥着越来越重要的作用，互联网技术在公共服务领域的应用使得公共服务的手段和平台进一步丰富和拓展，社会服务管理模式不断创新。

（四）经济影响：促进了全球化进程

全球化是符合时代潮流、契合人民发展期望的、不可阻挡的、无法逆转的客观历史进程。借助互联网，信息资源的开发和利用变得比以往更简单。通过专门的社会、行业、企业信息网络，社会经济的各部门把企业生产和经营决策建立在及时、准确、科学的信息基础上，大幅提高社会经济水平。计算机技术及互联网的发展应用，使全球化信息沟通、全球化市场、全球化协同生产、全球化营销和由此产生的全球化经济管理成为可能。在全球化发展环境中，互联网成为企业经营管理的有力工具，有助于形成信息化社会，推动社会经济的全球化进程。

① 贺俊，姚祚，陈小宁. "第三次工业革命"的技术经济特征及其政策含义 [J]. 中州学刊，2015（9）：30-35.
② 中国社会科学院工业经济研究所课题组，吕铁. 第三次工业革命与中国制造业的应对战略 [J]. 学习与探索，2012（9）：93-98.
③ 吕铁. 第三次工业革命与中国制造业的应对战略 [J]. 学习与探索，2012（9）：93-98.

第二节　第三次工业革命时期科技经济组织的特征

第三次工业革命中，随着信息技术的快速发展，科技经济组织不断突破边界，在更广的范围内实现跨界。同时，不少科技经济组织意识到传统的专业化科学分工体系可能成为科技创新的壁垒，在领域上的交叉融合成为科技经济组织协同跨界的新发展态势。

一、政府成为重要参与者

军事需求是第三次科技革命的重要推动力之一，而军事研发通常由各国政府和军方协调组织。与第一次和第二次工业革命相比，第三次工业革命涉及人员的范围进一步扩大，各国政府和军方成为科技组织活动的直接参与者。各国政府和军方不再只是投入大量的资金参与新的科技研发，而是同时在总体上直接协调和组织了众多大型研发活动。[①]

以电子计算机为例，第一台电子计算机的诞生与美国陆军密切相关。由于研制先进导弹需要提供高速精确的数学运算设备，而常规计算工具难以满足这种要求。在这种情况下，工程师莫希莱（John Mauchly）于 1942 年提交了一份实际上是第一台电子计算机初步设计方案的备忘录。这一备忘录立刻引起美国军方注意，1943 年 6 月，美国陆军军械部签订研制合同以实现这一方案。在军方的大力支持下，研制人员利用多项第二次世界大战中的其他科技成果，终于在 1945 年年底研制出世界上第一台电子计算机——电子数值积分计算（ENIAC）。ENIAC 的运算速度比已有的计算器的速度快 1000 倍，使当时弹道计算的时间从 7 小时下降到了 3 秒。[②]除了电子计算机，雷达、原子能、空间技术的发展也离不开美国、苏联等国政府的重金投入和直接参与。

---

① 封凯栋. 发展转型与自主创新：基于工业革命历史经验的讨论 [J]. 经济社会体制比较，2012（06）：24-35.

② 魏贵娟，刘彦平. 在社会发展过程中计算机的影响 [J]. 电子技术与软件工程，2017（04）：163.

二、产学研协同成为重要趋势

产学研协同指科研机构、高校和企业出于加快技术创新、应对市场竞争的目的而采取的一种资源合理配置、优势互补的合作关系。[①] 第二次世界大战之后，随着科技创新的复杂性和不确定性日益增加，创新周期日益缩短，单个机构独立完成技术创新和商业化过程的难度更大、成本更高，创新不能靠单枪匹马、单打独斗。高校、科研院所、企业分别拥有大量科技资源，高校在基础研究方面领先，科研院所擅长应用研究，而企业则是技术的使用者，在产品制造和市场开发方面具有优势。三者脱节，高校和科研院所的研究成果就难以进一步转化为生产力，创新活动和创新成果的内在价值就得不到市场检验，企业的生产和销售也失去了技术支撑。在此情况下，高校、科研院所和企业开始自发地合作，产学研协同逐渐成为重要的趋势。

案例　贝尔实验室

1925 年，美国电报电话公司（American Telephone & Telegraph Company，AT&T）收购了西方电子公司的研究部门，创立"贝尔电话实验室公司"（简称"贝尔实验室"），致力于数学、物理、材料、计算机、电信等方面的技术研究。1927 年，贝尔实验室验证了电子的波动性，为物质和能量同时具有波和粒子特性的假说提供了有力证据。1933 年，贝尔实验室发现银河中心在持续发射无线电波，因此开创了射电天文学这门新学科。1947 年，贝尔实验室发明晶体管，标志着电子工业革命的开始，开启了微电子技术和信息革命的新时代，人类正式步入电子信息社会。[②]1948 年，贝尔实验室的香农基于贝尔实验室的先前成果，发表了《通讯的数学原理》，奠定

---

① 蔡兵，赵超，史永俊. 创新与产学研合作 [M]. 广州：广东经济出版社，2010：2-12.

② 周尊丽，高显扬. 美国贝尔实验室兴衰及启示 [J]. 合作经济与科技，2018，24（1）：125-127.

了现代通信理论的基础。1956 年，贝尔实验室制成第一台晶体管式计算机，使计算机小型化。[①]

贝尔实验室曾被称为"世界首要的研发机构"，并有着研发的"象牙之塔"的美誉，至今没有机构能够超越它对科技发展所做的贡献。作为第二次工业革命中的科研殿堂，贝尔实验室成功的运行模式至今仍值得借鉴。[②]

在多年实践探索的基础上，贝尔实验室逐步形成了一套适合自己企业研发平台定位的理论与应用结合的创新机制，即"基础研究→应用研究→产品设计→产品生产销售→市场反馈→基础研究"的闭环。这种机制将基础研究、应用研究和市场需求紧密联系在一起，设立专职"市场工程师"，避免了科学研究与生产销售不匹配的情况，再配合贝尔实验室科研经费与销售收入挂钩的政策，有效保证了科学研究的持久经费投入，持续推动 AT&T 获得市场竞争优势。[③]

20 世纪 80 年代后，由于反垄断，美国电报电话公司被美国政府多次强制拆分，形成了专营通信服务业务的新 AT&T、从事设备开发制造的朗讯和 NCR、多个本地电话公司，贝尔实验室也被剥离出来。多次拆分对贝尔实验室的创新能力造成了致命打击。一方面，多次拆分使得贝尔实验室通过通信服务业务获取科研经费的机制被打破，破坏了贝尔实验室的创新闭环，导致贝尔实验室无法获得充足的科研经费，持续创新能力下降；另一方面，贝尔实验室面临被分拆出去的新公司的强大竞争压力，无法在市场上为母公司创造竞争优势和获取利润，反而靠母公司提供经费维持运行。[④]此后，

---

① 蒋景华. 贝尔实验室创新经验的启迪 [J]. 实验技术与管理，2010，12（3）：5-8.

② 周尊丽，高显扬. 美国贝尔实验室兴衰及启示 [J]. 合作经济与科技，2018，24（1）：125-127.

③ 同②。

④ 同②。

面对通信新巨头的激烈国际竞争，贝尔实验室的境况更是每况愈下，最终，贝尔实验室科研人员纷纷离去，大楼被出售，曾经的科研殿堂如今已失去昔日的荣光。

三、组织国际化发展迅速

20 世纪 60 年代的信息技术革命极大地深化了科技全球化的进程，全球范围内的科技创新、科技活动、科技人才流动日益活跃，科技成果的扩散影响深远。[1]从 20 世纪 70 年代开始，世界各国进一步见证科技全球化的快速发展。20 世纪 90 年代，系统的"科技全球化"概念被提出。[2]

随着科技全球化，科技人才跨国流动趋势加剧，科技组织为了在全球范围寻找最佳学术资源（科研经费、科研条件或实验室条件等）、科研合作伙伴，追求共同学术兴趣，应对共同挑战，以全球学术合作导向的科技合作也在不断加强。同时，各国政府为了促进本国科技能力的提高，解决与国家经济、社会发展相关的重大科技课题，加强国家间政治、社会和经济的联系，也支持国际科技合作。如此，国际化的科技组织迅速发展。[3]

案例　国际标准化组织

国际标准化组织（International Organization for Standardization，ISO）成立于 1947 年，是世界上最大、最具权威性的国际标准化机构。不一致的标准会形成贸易的技术壁垒，ISO 的主要功能是提供一个达成国际标准的平台，促进国际标准的制定。其前身是国

---

① 弗里曼，卢桑. 光阴似箭从工业革命到信息革命［M］. 沈宏亮，译. 北京：中国人民大学出版社，2007：313-349.

② 薛澜，陈衍泰，何晋秋，等. 科技全球化与中国发展［M］. 北京：清华大学出版社，2015：148-149：1-10.

③ 同②。

际标准化协会国际联合会（International Federation of the National Standardizing Associations，ISA）。第二次世界大战的爆发导致 ISA 被迫停止运行，第二次世界大战结束后，世界上 25 个重要的国家联合成立了现在的 ISO。我国于 1978 年加入 ISO，并于 2008 年成为常任理事国。目前，ISO 有 160 多个成员，约 800 个技术委员会和分技术委员会，已经制定了数万个国际标准，如胶片速度编码标准、电话磁卡和信用卡格式标准、质量管理和质量保证框架、货运容器标准、国际单位制标准等，覆盖了各行各业，给企业、贸易和消费者带来明显的便利和收益。

从组织机构来看，ISO 的构成较为复杂，包括全体大会、主要官员、团体成员、通信成员、技术委员会等。全体大会是最高权力机构，每年举行一次，讨论 ISO 的战略计划和财政运行等情况。ISO 的主要官员有 ISO 主席、政策副主席、技术副主席、司库、秘书长等。团体成员指各国的代表机构，负责传达信息等；通信成员指缺少代表机构的国家或地区，仅可获取信息但无权参与技术标准制定工作。

从运行模式来看，ISO 的技术工作十分分散。全球各地的技术委员会和分技术委员会协调工业界、研究所等平等协商解决全球标准化问题，标准委员会协助成员达成关于最好解决方案的一致性意见。团体成员可以根据自己的兴趣参与某些学科的委员会工作，同时，各国政府、其他国际组织也可以参与 ISO 的工作，如 ISO 既与国际化标准伙伴国际电工委员会（IEC）合作，也与联合国组织下的国际电信联盟（ITU）合作。

从资金来源看，ISO 的资金来源较为多元。成员会费和出版物的收入构成了中央秘书处的资金来源。团体成员承担各技术委员会和分技术委员会的运行开支。[①]

① 李博，于明. 国际标准化组织（ISO）介绍［J］. 电力标准化与计量，2000，24（1）：7.

四、合作和组织机制创新

第三次工业革命时期，科研参与者范围扩展到政府、高校和企业，研究领域进一步扩展，科研机构规模也在不断扩大，原有的科研制度已不能完全适应当时的科技创新需求。科技组织纷纷开始注重合作制度或管理机制创新，希望以此来优化科研资源配置、降低沟通成本、提高科技创新能力。

案例 法国国家科研中心

法国国家科研中心（简称科研中心）于 1939 年成立，隶属于国民教育部，其使命是"协调相关工作，推动科研进步"。科研中心继承了之前的相关科研机构，同时在建制和使命上又有了质的提升，标志着法国科研体制建制化的正式形成，国家资助科学研究步入正常运行的轨道。20 世纪 60 年代，科研中心的发展进入黄金阶段。1958 年法兰西第五共和国成立，对科研中心给予了全方位的、绝对的支持，使科研中心成为法国最为重要的科研机构。[1] 科研中心自成立以来，在物理学、生物学、化学等多个领域长期处于世界领先地位，培养了一大批国际顶尖科研人员，如今，该科研中心有 15 人获得过诺贝尔奖等。[2]

制度创新是提到科研中心时必不可少的关键词，其中最引人注目的当属联合实验室合作制度。科研中心的联合实验室主要分为两种。一种由科研中心在大学等机构组建，双方共同领导管理并由国家科研委员会定期检查，被称为混合研究单位。另一种主要由大学等机构负责，科研中心不负责学术领导，只以适当形式有限参与，被称为协作研究单位。联合实验室通常每两年进行一次考核，每四

① 孙承晟. 法国国家科研中心及其合作制度 [J]. 科学文化评论, 2008（5）：46-59.

② 法国国家科研中心官网 [EB/OL]. https://www.cnrs.fr/fr/talents/international?medal=118.

年根据需要进行一次续签。联合实验室合作制度通过签订协议和公约的方式，一方面保证了人才与设备资源的合理分配；另一方面优化了科研活动竞争，激发了科研活力。

除了合作制度创新，科研中心也在发展过程中不断探索管理制度的创新。20世纪70年代，由于科研中心快速发展，机构规模日益庞大，为了更好地管理，也为了均衡发展全法国的科研创新能力，科研中心采取了科研机构分散化的行动。分散化即将原本集中在巴黎一个城市的科研力量，尤其是一些重要的科研机构，迁移到里昂、图卢兹、格勒诺布尔等有一定科研基础的城市。科研中心的另一个管理创新是科研人员公务员化，即终身聘用科研人员，使研究人员摆脱了时时竞聘的困扰，能够安心做研究。当然，科研人员公务员化的管理创新也产生了一些新的问题，如官僚气息严重、科研人员惰性滋生等，这也是科研中心要不断改革的原因。

纵观前三次工业革命与其在发展过程中涌现的科技经济组织，无一不是大时代、大变局下的产物，工业革命带来的科技、社会、经济的快速发展为革新的科技经济组织的产生提供了必要条件。与此同时，各类科技经济组织也是前三次工业革命中重要的创新推动力量，各类组织在自身不断创新的基础上，承载着不同时期的历史使命，协同形成由技术突破引领经济和社会变革的整体创新演进格局。

从典型科技经济组织产生的动力和设立目标来看，科技经济组织的驱动力在不断演进。从第一次工业革命看，科学系统化发展驱使形成专门科技组织支撑科学技术的体系化研究。第一次工业革命促使人类第一次认识到科学力量在推动社会发展中的重大作用。以往科学家由兴趣促发的个人科学探索在效率上不能满足科技促进社会发展的需求，亟须专门组织对科学力量进行体系化建构，提升科技力量服务社会发展的效率（英国皇家学会、伯明翰月光社等）。同时，由于纺织、钢铁、造船等行业纷纷建立工厂，人们发现技术不仅对生产力有着巨大的推进作用，而且会对生产关系变革产生重要影响。在第一次工业革命末期，一些研究社会科学的跨界科技经济组织也初现雏形（曼彻斯特文哲会）。在第二次工业革命中，科技对生产力与生产关系的推动作用达到了第二次高潮。在科学研究体系逐渐完善的条件下，科学研发对工业技术发展的支撑更加精准。由此，企业成为科技经济组织变革的重要推动力，以产学研合作为直接支撑工业发展的科技经济组织开始涌现，并朝着更加领域化、专业化的方向发展（德国帝国技术物理研究所）。同时，现代管理科学的发展不仅促进了工厂的体制变革，而且促进了科技经济组织对科研活动的组织管理。科技经济组织在科研管理、任务分工上也更加科学化、体系化和机制化。

在第三次工业革命中，科技创新对生产力的决定性作用被进一步验证和重视，科技发展上升为诸多国家的大国战略，政府成为重要的推动力量，并赋予科技经济组织更大的历史使命（法国国家科研中心、贝尔实验室）。与此同时，信息技术的发展推进了全球化发展，一批跨境科技经济组织成为时代先锋，在促进国际科技交流与合作的同时，也推进了先进的科研范式的国际化（国际标准组织）。

在三次工业革命背景下，各个时期的科技经济组织在跨界协同的广度和深度上不断加深，朝着更加科学、专业、开放、动态的方向发展。

在第一次工业革命中，科技经济组织初现雏形，科技经济组织多以科学社团的组织形式涌现，其组织机制不完善，科学学科体系还没有形成，对科研活动、人才选拔、研究资助、成果应用等方面的要求较为松散，科技经济组织对促进经济社会发展还未形成成熟范式。

进入第二次工业革命后，自然科学与工业技术逐渐加深结合，产学研的跨界合作初现雏形，科技研究体系与科学教育体系不断完善，推动了科技经济组织的建制化、专业化，科技经济组织对促进经济社会发展的专业化、科学化的路径形成模式在世界范围内推广。

在第三次工业革命中，在信息技术的迅速发展下，尤其是人才、资本、知识等创新要素能够以较低成本在全球范围内广泛流动，也促进了科技经济组织在跨界的广度上不断突破边界。同时，在经济社会发展需求下，不少科技经济组织意识到传统的、专业化的科学分工体系可能成为科技创新的壁垒，在领域上的交叉融合成为科技经济组织协同跨界的新发展态势，科技经济组织在跨界深度上也达到了新的高度。

第二篇
理论篇：新科技革命与跨界协同组织的兴起

当前，新一轮科技革命和产业变革正不断向纵深发展。习近平总书记指出"进入 21 世纪以来，全球科技创新进入空前密集活跃的时期，新一轮科技革命和产业变革正在重构全球创新版图、重塑全球经济结构"。"信息、生命、制造、能源、空间、海洋等的原创突破为前沿技术、颠覆性技术提供了更多创新源泉，学科之间、科学和技术之间、技术之间、自然科学和人文社会科学之间日益呈现交叉融合趋势，科学技术从来没有像今天这样深刻影响着国家前途命运，从来没有像今天这样深刻影响着人民生活福祉。"

本篇在历史篇的基础上，总结科技革命与科技经济组织变革的关系，进一步剖析在新一轮科技革命与产业变革下，科技经济组织的新发展，分析科技经济组织对解决复杂科技创新问题和人类重大问题挑战的价值和意义。本篇阐述了在高度不确定性的时代科技经济组织的新变化，以跨界协同为核心特征的科技经济组织大量涌现，研究着重介绍其新挑战和新使命，并展开了理论探索，梳理了跨界协同组织的驱动因素、内涵特征、协同机制及运行逻辑。本篇通过分析跨界协同组织在科技创新中的重要支撑作用，论述了跨界协同组织在科技创新中的典型角色，并进一步展望我国典型科技经济组织走向跨界协同的前景，前瞻智能科技背景下我国跨界协同组织的可能趋势。

第四章

新科技革命、产业变革
与跨界协同组织兴起

从科技革命来看，科学在各尺度上加速纵深演进，技术创新呈现多元深度融合；从产业变革来看，颠覆性创新呈现几何级渗透扩散，以革命性方式颠覆传统产业。

第一节　新科技革命与产业变革的内涵

新科技革命和产业变革受到全球业界广泛关注。2013 年，德国汉诺威工业博览会正式提出"工业 4.0"概念，翔实描述了正在发生的技术引领制造业的深刻变革，认为新一轮科技革命的核心是智能化变革，利用物联信息系统（Cyber Physical System，简称 CPS）将生产中的供应、制造、销售信息数据化、智慧化，最后达到快速、有效、个人化的产品供应。美国学者杰里米·里夫金认为，新一轮科技革命是可再生能源和互联网技术相结合，从根本上改变化石燃料时代的革命①。中国学者贾根良②、胡志坚③等认为，新一轮科技革命包含信息通信技术革命和可再生能源革命两大领域，或者是两者的结合。科技部部长王志刚认为，全球科技创新呈现出新的发展态势和特征，基础科学沿着更微观、更宇观、更辩证、更人本等方向加快演进和交叉融合，信息、能源、材料和生物等技术领域呈现出群体性、融合性重大革新态势，传统意义上的基础研究、应用研究、技术开发和产业化边界日趋模糊，科技创新链条更加灵巧，围绕产业链部署创新链、围绕创新链完善资金链、强化科技创新全链条一体化发展的要求越来越高。④世界经济论坛创始人克劳斯·施瓦布认为，新一轮科技革命包含多领域技术创新和产业革命，数字化制造、人工智能等领域同时发展，交叉渗透，通过相互作用产生更多创新。⑤

世界科技从宏观、中观、微观三个层面实现突破。白春礼院士认为，在宏观层面上，宏观宇宙学的研究焦点主要是"两暗一黑三起源"，即暗物质、暗能量、黑洞、宇宙起源、天体起源和宇宙生命起源。这些方面一旦取得重大突破，就将使人类对宇宙的认识实现重大飞跃，可能引发新的物理学革命。在中观层面上，研究焦点为广泛的社会应用科技的发展。例如，推动经济社会加速向数字化转型的信息技术；能源、材料、先进制造等领域技术；具有颠覆性的生命健康技术和具有革命性医疗卫生技术；为新的能源资源开发利用深海深地探测技术。在微观层面上，世界科技前沿聚焦结构探究物质世界和生命的本质及运行活动规律的研究。例如，对微观粒子

---

① 杰里米·里夫金. 第三次工业革命———新经济模式如何改变世界［M］. 北京：中信出版社，2012.

② 贾根良. 第三次工业革命与新型工业化道路的新思维———来自演化经济学和经济史的视角［J］. 中国人民大学学报，2013（2）.

③ 胡志坚. 世界科学、技术、工业革命趋势分析［EB/OL］. https://mp.weixin.qq.com/s/EsuE0U-bNswadG97hF5ts1g.

④ 王志刚. 勇立新科技革命和产业变革潮头［EB/OL］. http://www.most.gov.cn/xinwzx/mtjj/mtzf/201501/t20150108_117356.htm.

⑤ 克劳斯·施瓦布. 第四次工业革命［M］. 北京：中信出版社，2016.

及其新物态、量子调控相关信息技术、对生物大分子和基因的精准调控。[①]

在微观层面，以人工智能为代表的新一代信息技术正向各个领域渗透，引发链式突破，推动经济社会各领域从数字化、网络化向智能化加速跃升。智能化是一种新的生产范式和组织范式，其本质是在数字化和互联化基础上对生产要素进行超大规模的自动化、精准化、个性化处理，指数化提升组织效率，创造崭新价值。[②]

第二节　新科技革命与产业变革特征

科技是第一生产力，为人类文明进步提供了不竭动力。科技创新伴随了人类农业文明、工业文明的数次飞跃，带来了生产力大发展、社会生活的巨大变革和治理模式的演进更替。同以往历次科技革命相比，新一轮科技革命与产业变革呈现多种新特征。新一轮科技革命和产业变革呈现六个主要特征：①重要科学领域从微观到宇观各尺度加速纵深演进，科学发展进入新的大科学时代。②前沿技术呈现多点突破态势，正在形成多技术群相互支撑、齐头并进的链式变革。③科技创新呈现多元深度融合特征，"人—机—物"三元融合加快，物理世界、数字世界、生物世界的界限越来越模糊。④科技创新的范式革命正在兴起，大数据研究成为继实验科学、理论分析和计算机模拟之后新的科研范式。⑤颠覆性创新呈现几何级渗透扩散，以革命性方式对传统产业产生"归零效应"。⑥科技创新日益呈现高度复杂性和不确定性，人工智能、基因编辑等新技术可能对就业、社会伦理和安全等问题带来重大影响和冲击。[③④] 从技

---

① 白春礼. 世界科技前沿发展态势［EB/OL］. http://www.npc.gov.cn/npc/c30834/202012/82db70cfa c174b609efe2dc64cb9c68a.shtml.

② 王迎春，李辉. 在动态平衡中构建全面系统的智能治理体系［J］全球科技经济瞭望，2018，12（30）.

③ 王志刚. 阐述新一轮科技革命和产业变革六大特征［EB/OL］. http://www.xinhuanet.com/tech/ 2018-05/28/c_1122896078.htm.

④ 郭哲. 科技产业变革和创新决策的第三方角色［EB/OL］. https://mp.weixin.qq.com/s/_QOxX9- VjHsMsGiHsV8ApPw.

术自身发展、对经济社会的影响来看，主要有以下三方面的特征。

（一）前沿技术多点突破推动技术集群式发展

人工智能、生物技术、能源技术、材料技术等形成多技术群相互支撑、齐头并进的链式变革。例如，在人工智能领域，自主机器、增强式分析（大数据）、人工智能驱动的开发、边缘计算、沉浸式技术、智能空间和量子计算正在崛起；在生物技术领域，生物制药、基因编辑、生物能源和生物基化学品成为未来发展的重点；在能源技术领域，小型模块化反应堆技术、能源区块链管理、电池储能技术取得重大进展；在材料技术领域，化合物半导体材料和仿生材料技术发展也取得了重大突破。集群式的技术发展推动了技术整体架构的变革，为社会治理、经济发展提供了重要支撑。

（二）技术交叉融合推动形成"人—机—物"三元融合社会

技术临界点的到来催生人类思想认知的科学革命，随着新一轮信息技术的发展，"互联网+""AI+"与生物技术、制造技术、能源技术、材料技术等新兴科技交叉融合，共同构成的终端产品和服务将改变全球传统的生产和服务业，促进生产和商业模式的转变及产业和服务业的综合发展，推动新技术、新理念、新模式、新经济的出现，并逐步重塑人类社会的生产和生活方式。同时，新一代信息技术、生物技术将推动形成"人—机—物"三元融合社会。在"人—机—物"智能技术的推动下，通过信息资源使人类社会、虚拟空间、自然空间、机器物理间实现联通互动、数字双生、虚实交融，从而形成人与自然、人与机器和谐相处的，以人为中心的新社会形态[①]。中国工程院院士、原常务副院长潘云鹤指出，人类社会空间（Human society space）、物理世界（Physical space）、信息空间（cyberspace）使得我们的世界正从原来的两元空间变成一个三元空间。人工智能、数字孪生等新技术的突破使得三个空间形成映射。此外，人工智能特别是脑科学的突破对人类意识本质的挑战将成为

---

① 潘教峰. 大变局下的创新转型图景 [EB/OL]. https://mp.weixin.qq.com/s/P-rtaMMZSubSSzmqztoqCA.

一种革命性的工具，颠覆创新决策者的地位。①

（三）技术重大创新提出社会治理新要求

技术的每次飞跃都面临着新的治理挑战。在新一轮科技革命中，多种技术的交叉融合与创新应用正带来高度不确定性的颠覆性影响和社会重构。数据成为重要的生产要素，算法成为提供服务和创造价值的中枢，推动大规模自动化精准定制时代的到来，进而推动人类进入智能社会；合成生物学、基因编辑等不断改造人的自然属性，挑战人的基本价值和权利理念。新产业、新模式快速迭代，造成上次工业革命时代的治理体系和治理机制系统性"失灵"，由人工智能、大数据、生物技术引发的隐私、伦理等成为政治经济社会的重大敏感问题。社会经济结构面临新的挑战，就业结构、工作模式的新技术应用正在发生快速变革，技术创新应用不均衡带来的数字鸿沟、智能鸿沟可能加剧如何推进科技创新的普惠性成为重大战略问题。此外，社会治理正发生新变革，技术赋能推动社会治理走向智能化、精准化。

第三节　新科技革命与产业变革推动
新一轮跨界协同组织变革

从历史来看，科技革命、产业变革一直伴随着组织变革，二者是协同演化的关系。历史上共发生了四次由科学技术创新驱动的工业革命，分别对应蒸汽时代、电气时代、电子时代和信息时代。据此先后出现了四种相应的组织结构，每种都与工业革命相关：蒸汽时代带来了工厂制，产生了直线型结构；电气时代催生了大批现代公司组织形式，普遍实行职能制结构；电子时代为大公司涌现提供了机遇，众多大型组织开始采用多分部制结构；信息时代促进了共享制组织的发展，大批以平等、合作、分享为基础的跨界协同创

---

① 郭哲. 科技产业变革和创新决策的第三方角色［EB/OL］. https://mp.weixin.qq.com/s/_QOxX9-VjHsMsGiHsV8ApPw.

新组织出现，传统企业也开始去行政化和层级化，网络型结构开始流行，不同阶段的组织变革也推动了组织理论的发展。组织理论体系的发展也经历了古典主义、新古典主义、现代主义、当代主义四个阶段[1]。

当前，新科技革命推动新一轮组织变革。全球科技创新正加速推进，并深度融合、广泛渗透人类社会的各个方面，宏大的技术应用图景正在展开[2]。同时为新一轮组织变革提出了新需求，并提供了新土壤。教育部部长怀进鹏指出，要充分估量科技产业变革对创新组织的大尺度影响。在未来发展中，科技组织的方式会迎来新的变化，实现更有效地支撑产业变革，支撑经济的发展和社会文明的再造。

历次科技革命对科技经济组织产生影响，第一次科技革命时期的科技经济组织以英国皇家学会、曼彻斯特文哲会为代表，作为综合性的学术社团，基于非正式形式形成联结，聚焦专门领域，促进科学发展。该阶段的科技经济组织以开展兴趣研究、实现知识传播交流为目的。

第二次科技革命时期的科技经济组织以德国帝国技术物理研究所、马普学会、哥廷根应用数学与物理促进协会、巴斯德研究所为代表，该类型组织属于专业化学会或研究机构，形成专业化、体系化运作模式，推动科研和教育融合、科学和技术结合。该阶段的科技经济组织以实现创新要素积累，开展应用研究，实现专门领域突破为目的。

第三次科技革命时期的科技经济组织以贝尔实验室、国际标准化组织、法国科研中心为代表，该类型组织属于工业实验室或国际组织，形成扁平化的运作模式，并打破地理边界和领域边界限制，实现主体和资源协同。该阶段的科技经济组织以实现各类创新要素流动、围绕技术难题和工程问题、推动领域交叉实现创新为目的。

第四次科技革命时期的科技经济组织以 Github 社区、美国国家制造创新

① 刘汉民，解晓晴，齐宇. 工业革命、组织变革与企业理论创新 [J]. 经济与管理研究，2020，41（8）：3–13.

② 白春礼. 创造未来的科技发展新趋势 [J]. 中国科学院刊，2015，30（4）：431–434.

网络、江苏省产业技术研究院、盖茨基金会、世界顶尖科学家论坛为代表，该类型组织属于技术社区、创新联合体或新型研发机构等，形成网络化、生态化的运作模式，达到跨组织、跨产业、跨地理边界高效协同。该阶段的科技经济组织以实现大范围创新要素集聚，围绕重大和前沿领域问题，贯通创新链完整链条为目的。

表 4.1 阐述了历次科技创新变革下科技经济组织的组织类型与核心特征。目前正处于科技经济组织变革的窗口，纵观科技经济组织的变革过程，研究发现，在新一轮科技革命和产业变革的驱动下，新一轮创新组织变革主要体现在以下四个方面。

表 4.1　科技革命与科技经济组织变革

科技革命与科技经济组织变革				
第一次科技革命	**时期**	**主要标志**	**实质**	开展兴趣研究，实现知识传播交流，大机器生产成为工业生产主要方式
	18 世纪 60 年代至 19 世纪中期	蒸汽机的发明与应用	机械化	
科技经济组织变革第一阶段	**典型组织代表**	**组织类型与结构**	**组织功能与特征**	
	英国皇家学会、曼彻斯特文哲会等	综合性的学术社团，非正式联结	聚焦自然科学领域，促进科学的发展	
第二次科技革命	**时期**	**主要标志**	**实质**	实现创新要素积累，开展应用研究，实现专门领域突破
	19 世纪 70 年代至 20 世纪初	发电机、电动机和内燃机等技术的发明与使用	电气化	
科技经济组织变革第二阶段	**典型组织代表**	**组织类型与结构**	**组织功能与特征**	
	德国帝国技术物理研究所、马普学会、哥廷根应用数学与物理促进协会、巴斯德研究所	专业化学会、研究机构，专业化、体系化	应用研究，科研和教育融合、科学和技术结合	
第三次科技革命	**时期**	**主要标志**	**实质**	实现各类创新要素流动，围绕技术难题和工程问题，推动领域交叉
	20 世纪 50 年代至 21 世纪初	计算机和互联网等技术的发明与使用	信息化	
科技经济组织变革第三阶段	**典型组织代表**	**组织类型与结构**	**组织功能与特征**	
	贝尔实验室、国际标准化组织、法国科研中心	工业实验室、国际组织，扁平化、国际化	基础研究和应用研究，多个领域协同	

续表

科技革命与科技经济组织变革			
第四次 **科技革命**	**时期**	**主要标志**	**实质**	实现大范围创新要素集聚，围绕重大和前沿领域问题，贯通创新链完整链条
	21 世纪初	人工智能、大数据和物联网	智能化	
科技经济 **组织变革** **第四阶段**	**典型组织代表**	**组织类型与结构**	**组织功能与特征**	
	Github 社区、美国国家制造创新网络、江苏省产业技术研究院、盖茨基金会、世界顶尖科学家论坛	技术社区、创新联合体、新型研发机构等，网络化、生态化	贯通创新链各环节，跨组织、产业、地理边界协同	

（一）智能技术重塑创新主体关系

以移动互联网和人工智能为核心的新一代信息技术加速应用，改变了生产者与消费者之间的连接方式[1]，进而可能使成熟组织的既有市场位势归零，传统优势组织在技术升级过程中不占有任何优势，主动应用技术变革、重塑竞争优势成为组织转型的根本途径。同时，科技革命推动个人力量的崛起，移动互联网、人工智能新技术的兴起大大降低了信息阻隔，个人可以轻松获取所需要的各种信息、资源，让亿万人针对同一个问题提出解决办法，大大降低了创新的准入门槛，每个人都可以参与创造社会的未来，个人将成为最基本的经济单元和社会最大的价值源泉。[2] 在数字信息技术的推动下，组织与组织、组织与用户、用户与用户之间的关系进行了重塑。

（二）重大科技设施推动创新范式转型

大型量子对撞机、离子阱质谱仪、便携拉曼光谱仪、"探霾"激光雷达等技术利器和基础设施推动了各领域的科学发展。在科技的迭代更新中，大数据研究逐渐成为一种全新的科研范式，新兴技术开始强力反哺科学研究。新冠肺炎疫情中，大数据挖掘、智能算法成为疫情预测、基因测序、疫苗研发的新方法，并逐步成为科研工作的新范式。在新的技术工具支持下，许多组

---

[1]　闫长坡. 新一代信息技术重塑商业逻辑［J］. 企业管理，2019（01）：107-108.

[2]　吴家喜. 创新秩序重构：未来 30 年世界与中国大变局［M］. 北京：清华大学出版社，2018：44-48.

织开始构建智慧组织，实现知识管理及运营的全过程管理，整合组织内外部资源，全面提升组织的动态能力，以适应数字化时代多元化的外部环境。同时，组织可以采用以大数据为基础的管理工具，通过数据分析优化业务流程，组织构建以大数据、云计算和人工智能等数字技术为基本元素的新型创新大脑，改变过去的人机关系，实现机器的自主思考。在数据层面深度感知的基础上，进行高能处理和自主学习，从而创造知识、科学决策。

（三）技术复杂性推动创新组织网络化变革

新科技革命和全球变局对组织发展提出新的要求和挑战，世界创新生态系统的网络复杂性空前加剧，创新要素的流动日趋活跃、范围越来越广，创新的来源、主体、类型及创新收益的方式也变得更加多样化、复杂化。越来越多跨组织、跨部门、跨地域的创新互动促成了各种形式的全球创新网络，衍生了多种多样的跨界协同创新组织。单个组织个体由于自身能力和条件的限制，由"单打独斗"向"结网"发展。技术联盟、专利贸易与授权、联合研发等各类创新组织形式不断兴起。在组织发展层面上，创新从企业内的部门间协作扩展到外部不同主体间的网络合作，甚至扩展到更广阔的社会组织、金融服务、社会文化等层面。在成长速度上，技术创新推动新商业模式创新，让组织影响力或产出通过网络链接发生非线性的指数型增长[①]。

（四）可持续发展推动开展使命导向研究

环境恶化、气候变暖和不平等加剧等问题需要全人类共同的努力才能解决。世界经济发展面临的问题越来越艰巨，需要多元、多样、多层的资源协同才能解决，如中国经济正处于动能转换关键阶段，研究如何抓住新一轮科技产业革命与国家经济动能转换交汇的机遇，发挥跨界力量探索创新组织在驱动科技创新治理、变革创新秩序方面的驱动作用，以应对经济下行、再造现代产业基础和产业链，对保障经济持续健康发展具有重大现实意义。科技发展给经济社会带来的不确定性越来越大，如何制定全球数字经济新规则，

---

① 吴家喜. 创新秩序重构：未来 30 年世界与中国大变局［M］. 北京：清华大学出版社，2018：51-54.

推进科技负责任发展和应用等问题，需要各国各界共同参与、协调解决。

在新的形势下，一批以跨界协同为重要特征的创新组织迅速崛起。

例如，Github 技术联合研发平台等全球超级创新网络型组织的形成；欧盟人脑计划、开放科学计划旨在通过人工智能、脑科学、大数据等领域交叉实现重大创新；盖茨基金会、全球顶尖科学家论坛由人类命运共同价值驱动而形成的全球组织的产生。以上这些呈现新发展特征的各类组织已成为国家创新体系中的关键主体，成为推动社会经济发展重要的新生力量。如表 4.1 所述，当前科技经济组织通过跨组织、跨产业、跨地理边界实现大范围的创新集聚，推动基础研究、应用研究、试验开发和成果转化的创新全链条贯通，是一种全新的组织形态。由此，这种新形态的科技经济组织以跨界协同为关键特征，因此在以往创新理论、组织理论基础上，本书将其定义为跨界协同组织，并进一步拓展。第五章将在此基础上从全球视角分析跨界协同组织的新挑战与新使命。

全球视角下跨界协同组织的
新挑战和新使命

当前，世界正面临百年未有之大变局。新一轮科技革命和产业变革加速孕育，科技、产业、社会发展面临着多重不确定性因素的影响。以数字化为特征的第四次工业革命推动全球化进入 4.0 阶段，与此同时，逆全球化也以民粹主义和贸易保护主义的姿态愈演愈烈，国际政治经济格局处于深刻调整中，全球治理模式日渐陷入"失灵"的窘境。在此背景下，跨界协同组织作为一种新型组织形式，如何面对新挑战和新机遇，担负起新职能和新使命，具有重要意义。

第一节　全球视角下跨界协同组织新挑战

在全球范围内，跨界协同组织的发展面临一系列新挑战。这些挑战一是来源于国际格局、经济发展、新冠肺炎疫情等多重不确定性的叠加；二是源于当前全球化和逆全球化双重交织的状况；三是重构全球治理体系成为诸多国家的共同呼声。

一、多重不确定性的叠加

从人类社会发展史看，不确定性是微观世界的本质。当前，在全球视角下，社会的政治形态、经济格局、自然环境、科技进步及社会文化正在以前所未有的速度发生改变，并且这些因素相互作用加剧了不确定性。

（一）经济领域的不确定

2020年，多个国家的经济出现历史性萎缩，经济下行压力持续加大，未来全球经济也将面临巨大变数。根据联合国报告统计，受新冠肺炎疫情影响，2020年全球经济萎缩4.3%，新冠肺炎疫情造成的影响超过2009年全球金融危机影响的2倍，其中发达经济体萎缩5.6%，发展中国家萎缩2.5%。从企业层面来看，根据波士顿咨询研究，全球企业的繁荣周期越来越短，从20世纪70年代的55年缩短至2010年的31年。同时，企业的平均寿命也在逐步缩短，尤其是中小企业面临的倒闭风险正在不断加剧。

（二）科技革命和产业变革的不确定

进入21世纪以来，全球科技创新活动进入空前密集活跃期，新一轮科技革命和产业变革加速演进，人工智能、互联网、大数据、新生物技术等多点突破、交叉汇聚，从人工智能到合成生物学，新技术正在以越来越快的周期出现，颠覆性技术不断涌现，未来还将更加不可预测。不管是科学发展、技术进步的非线性演化，还是科技创新和产业变革过程的演进和对社会经济活动的影响，都带有不确定性。

（三）科技创新对社会领域的影响不确定

科技创新日益呈现高度复杂性和不确定性，尤其是人工智能、生物技术等新兴技术的应用，可能会伴随着各种新兴社会风险的出现，随之对就业、社会伦理和社会安全等方面带来重大挑战和冲击，深刻改变着人类生产方式、生活方式和思维方式，对经济发展、社会进步等产生重大而深远的影响。

（四）全球性流行病带来的长期不确定性

截至 2021 年 7 月，新冠肺炎疫情全球累计确诊病例已经超过 1.9 亿例，其中死亡病例超过 400 万例。从非典、埃博拉病毒到新冠肺炎，世界卫生组织定义的全球大规模流行病正从 100 年前的 40 年一遇急速缩短至 5 年一遇，21 世纪以来，疫情甚至有频繁爆发的趋势，病毒感染人数也从此前的亿级跃升至十亿级[①]。

人类发展还面临其他重大问题和未知领域的潜藏风险。在深度全球化的历史进程中，人类社会已经进入高度依存和相互关联的新时代。在此背景下，全人类需要共同应对包括老龄和健康、气候变迁和生态环境恶化等一系列人类发展问题，这些问题都加剧了人类发展风险和不确定性。而人工智能、大数据等新兴技术的蓬勃发展和应用，则将这些全球性问题变得更加复杂[②]。

二、全球化和逆全球化的双重交织

追溯历史，人类目前已进入第四次全球化时期。第一次全球化，地理局限的突破使得全球贸易成为可能，人们开始就有限的初级产品开展贸易。第二次全球化，第一次和第二次工业革命的到来极大地提高了生产力，工业制成品贸易大幅增长。第三次全球化则表现为以国际组织和规则为基础的国际治理体系逐渐完善，从而推动国际分工进一步深化、细化，中间品贸易开始兴起。当前，在第四次工业革命的推动下，全球化进入以数字化为特征的 4.0 时代。数字经济的发展使国际经济关系从物理世界转向了数字世界，数字化成为引领服务贸易蓬勃发展的强劲动力。

在全球化步入新阶段的同时，逆全球化趋势愈演愈烈。作为全球唯一的超级大国，美国曾经对全球化无比热衷，而当下其国内掀起了一波又一波反全球化的声浪，贸易保护主义的浪潮此起彼伏；大西洋彼岸的英国完成脱欧，但仍面临重重困难；欧盟内部在一系列问题上出现分歧等。更加值得注意的

---

① 周园. 高韧性社会：应对不确定危机的八种能力［M］. 北京：中译出版社，2021.

② 何小勇. 当代发展风险问题的哲学研究［D］. 西安：西安交通大学，2009.

是，随着以中国为代表的新兴市场国家的快速崛起，已经影响了美国自第二次世界大战以来长期保持的领先地位。根据胡润研究院发布的《2020 胡润全球独角兽榜》显示，全球独角兽企业的数量，中美两国领先，中国有227 家，美国有 233 家。上榜的亚洲企业达到了 278 家，占据全球总量的半壁江山。相比之下，北美洲企业占比约为 40%，欧洲则不足 10%。这些数据都显示出，当前国际格局正在发生巨大变迁，中美之间的贸易战、技术战尤其剧烈。

三、全球治理体系重构

作为全球化"社会形式"之一的全球治理体系，其自诞生之日起，就被赋予了应对全球性危机的重要使命，被寄予了人类克服全球化风险的美好愿景，被视为全球问题的解决方案。随着经济全球化，国际社会也日益呈现出政治多极化、全球性问题复杂化等时代趋势，经济失衡、社会摩擦、贸易纷争迭起，全球治理模式日渐陷入"失灵"的窘境。同时，从第四次工业革命来看，全球化 4.0 给企业治理与全球治理变革也带来巨大挑战。第四次工业革命带来的挑战还与其他问题并存，这一系列挑战开辟了一个新的全球化时代[1]。为此，约翰·柯顿指出，"当今全球治理机制及其多边组织和世界秩序建立在对上个世纪（20 世纪）的毁灭性战争的反思之上，但是全球化带来的新变化和新问题使得这些治理模式备受质疑"。[2] 在新冠肺炎疫情的影响下，逆全球化浪潮不断演进，地缘冲击持续爆发，许多国家纷纷提出重塑全球秩序，要求催生新的全球治理体系形式与之相适应。

毫无疑问，现在我们身处全球化的世界，全球事务愈发错综复杂。"一体化的世界就在那儿，谁拒绝这个世界，这个世界也会拒绝他。"[3] 面对两种

---

① 全球化 4.0：打造第四次工业革命时代的全球架构［EB/OL］. http://www.clii.com.cn/lhrh/hyxx/201901/t20190129_3926099.html.

② 约翰·柯顿. 全球治理与世界秩序的百年演变［J］. 国际观察，2019（1）.

③ 习近平. 在纪念马克思诞辰 200 周年大会上的讲话［N］. 人民日报，2018-05-05.

趋势相互交织的新形势，全球治理难度愈发凸显，重塑"新型全球治理秩序"
迫在眉睫。

第二节　全球视角下跨界协同组织新使命

当前，人类社会需要共同面对的安全风险，涉及科技、产业、经济、社
会等领域。跨界协同组织作为新兴组织之一，有望承担起应对人类重大危机、
驱动科技经济融合和国际合作及推动人类命运共同体建设三大新使命。

一、人类重大问题和危机的应对力量

跨界协同组织具备更加柔性和灵活的制度设计，能够对人类重大问题和
危机中的不确定性做出快速反应。快速反应机制一般指由于危机具有突发性、
不确定性的特点，一旦危机发生，需要危机决策者迅速做出果断决策，合理
调动各种资源，尽快控制危机发展。以人类发展重大问题为例，跨学科、跨
部门的合作研究势在必行。一方面，人类发展重大问题关乎全人类的生存和
发展，是全球的重要议题；另一方面，由于其复杂性和多维性，也客观需要
在全球范围内开展多学科跨领域的广泛合作。

此外，在面对新兴问题和潜在危机时，跨界协同组织也展现出了强大的
灵活应对能力。例如，在抗击全球新冠肺炎疫情中，众多跨界协同的社会组
织在全球抗疫中发挥了重要作用。其中较为突出的是盖茨基金会，其多次呼
吁开展国际合作，"新冠肺炎疫情是一场全球危机，需要全球共同应对，呼吁
全世界在诊断、疫苗和治疗方法的开发上展开合作……"截至 2020 年 12 月
10 日，盖茨基金会提供总计 17.5 亿美元的抗疫资金，在抗击疫情、组织疫苗
研发方面发挥了重要作用。

二、科技经济融合和国际合作的驱动力量

科技经济如何紧密结合，如何实现科技成果向现实生产力转化，是全世

界共同面临的一大难题。习近平总书记指出："科研和经济联系不紧密问题，是多年来的一大痼疾。这个问题解决不好，科研和经济始终是'两张皮'，科技创新效率就很难有一个大的提高。科技创新绝不仅仅是实验室里的研究，而是必须将科技创新成果转化为推动经济社会发展的现实动力。"党的十九届五中全会通过的《中共中央关于制定国民经济和社会发展第十四个五年规划和二〇三五年远景目标的建议》（以下简称《建议》）提出："推进产学研深度融合，支持企业牵头组建创新联合体，承担国家重大科技项目。"[1] 其中，产学研融合是科技经济融合的核心内容，大力推进包括产学研融合在内的科技经济深度融合的相关实践已经成为我国"十四五"时期区域创新发展的重要环节。特别是开展相关理论研究和实践，加快建设体系化、生态化的创新联合体，对于探索包括党中央、地方政府、社会各界共同参与的关键核心技术攻关及其重大成果产业化的新型举国体制，具有重大理论意义和实践价值。

加强融合组织创新已然成为助力科技经济融合的主要抓手。在当前国际、国内形势复杂多变、世界经济增长放缓的情况下，充分发挥跨界协同组织的组织体系能力，柔性和无边界的组织特性，以及其人才荟萃、技术富集的独特优势，深化研发组织模式、产学融合机制、资源配置方式的变革，有效协同各类创新主体，创新组建和鼓励各类跨界协同组织的发展，以聚集优势资源突破关键核心技术，培育产业集群带动区域创新竞争力，融通产学研完善成果转化链条，营造开放融合创新生态为主要手段，助力我国科技经济融合发展。[2]

同时，跨界协同组织也是推动国际科技合作的重要力量。在构建人类命运共同体的进程中，国际科技合作要以更加开放的思维和举措推进国际科技交流合作，在全球化新阶段，各国人民只有通力合作，才能应对数字科技发展带来的各种新挑战。因此，跨界协同组织可以充分利用其优势和特点，依托广泛的资源网络，在推动国际科技合作和科技治理方面发挥更大的作用，

① 李春成，郭海轩. 加强科技经济融合组织创新，建设创新联合体 [J]. 安徽科技，2021（1）：4-7.
② 刘兴平. 科技社团是推动新兴产业创新发展的重要力量 [N]. 学习时报，2020-09-16（006）.

成为一股重要的新兴力量，包括多渠道、多领域推动民间科技合作，促进民间科技人文交流。

三、人类命运共同体的推动力量

近几十年来，科技创新引领和支撑经济社会发展成为新的世界潮流，创造了前所未有的新的文明成果。科技创新已经成为促进经济社会持续快速发展的关键因素。我国要实现创新型国家建设的目标，不仅要推动各类创新主体的发展，而且要促进主体之间的良性互动，其中科技中介服务机构的发展成为重要的推动力量。《国家中长期科学和技术发展纲要（2006—2010）》将"建设社会化、网络化的科技中介服务体系"列为中国特色国家创新体系建设的重点之一。科技中介服务组织能够依托其专业知识和技能，紧密连接各类创新主体和要素市场，有效降低创新创业风险和加速科技成果产业化，从而为科技创新活动与经济发展的融合提供重要的支撑服务[①]。跨界协同组织作为联合政府、科研机构、科技类社会组织及企业为主要组成单元的创新型组织，亦具备科技中介组织的功能属性，为国家创新体系建设发展贡献力量。目前，我国的国家创新体系建设取得了显著成效，但仍存在一些不足，如创新主体间的资源协同和共享有待进一步加强，科技体制改革的步伐滞后于创新效率提升的要求等。

（一）跨界协同组织为创新活动提供必要资源

创新活动的顺利开展是以科技资源的合理配置为前提的，由于科技资源的稀缺和自身的局限性，创新主体往往面临着人才缺乏、融资困难、信息不对称、技术不足等问题，跨界协同组织可以为创新主体提供资金、信息咨询、技术服务、科技评估等方面的服务，有效地解决了创新主体自身资源不足的问题，同时促进了全社会科技资源的合理配置。

（二）跨界协同组织是创新成果转化的重要载体

创新成果能否真正成为社会发展的推动力取决于其能否成功转化和扩

---

① 科技中介：国家创新体系的重要组成部分［J］. 中国科技成果，2006（8）：4.

散。创新成果转化率低的主要原因是提供方与需求方之间存在着严重的信息不对称，而新兴科技经济组织是双方信息传递和信息反馈的重要载体。新兴科技经济组织将技术提供方的创新成果向下游转化，同时将技术需求方的市场需求及时反馈给提供方，从而实现技术提供方和需求方之间信息的双向互动。

（三）跨界协同组织是创新主体之间的润滑剂

创新体系是一个复杂的系统，各创新主体在自身发展的同时相互依存、相互作用。随着各主体之间的协作越来越紧密，跨界协同组织能够充分利用自身的专业和平台优势，以资源开放共享为手段，协调各类主体之间的关系，促进主体间的信息交流合作，促进跨界协同组织在政府和市场之间，在不同市场主体之间，在平台和个体之间发挥更好的黏合作用，促进国家创新体系开放协同[①]。

同时，在全球治理体系重构的呼声和需求中，对于新的治理体系尽管尚未达成共识，但是对于治理主体多元化、治理方式多样化则成为一种必然选择。习近平总书记在党的十九大报告中率先提出构建人类命运共同体的理念，促进全球治理体系变革。2021 年 1 月 25 日，世界经济论坛"达沃斯议程"对话会上，习近平总书记进一步宣示中国推动构建人类命运共同体五大举措，即继续积极参与国际抗疫合作、继续实施互利共赢的开放战略、继续促进可持续发展、继续推进科技创新和继续推动构建新型国际关系。当全球性问题成为全球发展掣肘的因素，构建人类命运共同体为探索全球治理秩序重塑提供了一种重要的发展理念。而跨界协同组织正在成为一种蓬勃发展的新兴力量，成为顺应人类命运共同体召唤，通过加强跨界多边合作来应对全球化挑战的一种重要的组织形式。

总体而言，跨界协同组织为科技供求双方提供所需的知识、技术、经验、资金和信息等支持，在推动技术转化、降低交易成本、整合资源等方面

---

① 张丽莉，冯艳. 浅析我国政府在科技中介服务发展中的作用 [J]. 中国化工贸易，2011，03（6）：83-84.

发挥着不可替代的作用，将为我国国家创新体系建设和全球治理体系的重构做出重要贡献。

　　本章阐述了全球视角下跨界协同组织面临新挑战和新使命，为从理论层面对跨界协同组织进行探索提供了价值引领，第六章将就跨界协同组织的驱动因素、内涵与特征、协同机制进行深入剖析。

跨界协同组织的理论探索

在竞争日益激烈的市场环境中，产业边界愈发模糊，各要素间加速融合，为了在融合中寻求新的成长点，跨界协同组织作为一种以"使命导向""场景驱动""跨界融合""智能化支撑"为特征，具有"市场精神、全球视野、社会情怀"的创新组织形式迅速崛起。面对新挑战和新使命，跨界协同组织利用多种新兴技术手段，采用跨学科、跨产业、跨国界的创新资源组织方式，以高度的责任感和使命感，解决重大人类生存和发展的复杂共性问题，从而为构建"人类命运共同体"做出重大贡献，并不断带来新的颠覆式创新。

第一节　跨界协同组织的驱动因素

新一轮科技革命与产业变革持续深入演进，为创新组织提出了新需求、提供了新杠杆。人类面临的环境、健康、贫困等全球普遍性的重大挑战不断增多，科学家倾向于寻求他们领域内最优秀的同行进行合作。通过跨界协同的方式实现知识和技能的互补，激发新的灵感，寻求更好的解决方案。"科学无国界，创新无止境"，科技活动自身的需求也在驱动更具有未来使命和公益价值观的组织发挥更大的作用，要求组织主动跨界协同，推动技术创新与社会创新不断融合。与此同时，移动互联网、大数据、人工智能等新一代信息技术的应用对传统行业组织模式的优势带来归零效应，传统的封闭式创新模式导致组织陷入创新者的窘境。

为应对复杂挑战、避免创新者的窘境，组织纷纷抓住机遇进行新的组织变革，主动寻求跨界、协同，依托新技术平台采用新的"玩法"和资源组合方式对传统行业进行"降维打击"、创造新的市场领域和价值空间。跨界协同组织成为国家创新体系的重要组成部分和国家治理体系现代化的重要力量。具体而言，驱动跨界协同组织涌现的主要因素体现在以下五个方面：

（一）跨边界的全球基础共性问题大量涌现

国际竞争愈加激烈，人类亟待解决的全球性问题日益增加，如气候变化、能源短缺和传染病等。[1] 这些复杂的问题需要全球科学家共同应对，是任何单一学科、单一经济组织都没有能力独自解决的。跨界协同合作有助于找到应对全球性问题的更好解决方案，这客观要求跨界协同组织发展进程的加快与规模的扩大，推动跨界协同组织在解决人类共同面临的全球性问题中发挥重要作用。

（二）科技融合创新范式的内在要求

当前，全球整体的科技力量逐步增强，研究规模不断扩大，研发成本也在逐渐提升，科技分工变得尤为重要。同时，数字技术的不断兴起也增大了跨界协同的可能性。任何学科发展到一定程度会出现难以逾越的知识屏障，科学家之间进行跨界协同能够越过这道屏障，克服资源的限制，分享专业知识、提高研究效率，实现共赢。因此，跨界协同是科学发展到一定程度的必然趋势。

（三）复杂的科技创新问题要求多方优势互补

立足各方优势的合作，可实现强强联合。目前，我国科学技术飞速发

---

① 樊春良. 关于加强中国科学技术国际战略的思考 [J]. 中国科学院院刊，2009，24（06）：617-622.

展，新的科学发现和重大科技攻关已经很难通过单兵作战或是散兵游勇来实现，更多的重大科技成果表现为通过合作科研、团队攻关来实现。在当今社会生产条件下，政府、高校、企业和科研院所纷纷组建跨学科科学家团队，以提高承担重大科技项目的能力：一方面，科学家团队能够提高组织的科研水平和科技成果质量；另一方面，组织能够为科学家提供良好的合作平台和资金支持，提升科学家自身的科研能力和水平。跨界合作不仅能实现双方业务共赢，而且助力了科技创新发展。①

（四）智能化技术构筑了跨边界协同的底层架构

在万物互联的智能世界，信息技术和信息基础设施水平不断提升，数字科技成为新一轮变革力量的重要动力，数字技术的应用为跨界创新提供了技术保障，各产业领域和各行业依托数字技术实现了与其他行业的跨界融合，有效地加快了跨界协同的进程。云存储、大数据技术应用、物联网成为经济社会发展的助推器，新技术、新产品、新模式、新业态日益成熟，加速步入质变期。数字技术已经向各行业扩散与渗透，通过数字技术能够创造新的需求，对社会资源进行合理分配，使社会效率获得提升，推动信息对接和共享。数字技术的发展从根本上为跨界融合发展注入了动力，解除制约跨界发展的瓶颈因素。大数据、增强现实技术等方面的技术突破和应用也成为跨界协同发展的必要技术支撑。

（五）政策支持为多方协同提供了环境支撑

当前，创新模式正从单打独斗走向众创、共创、广域协同，资源整合从产业链整合走向跨行业、跨界融合互补，组织间不再是独立割裂的个体，而是以创新创业为纽带紧密地连接在一起。② 跨学科、跨产业、跨国界的跨界协同有利于促进本国科技能力的提高，解决与国家经济、社会发展相关的重大科技问题，有助于加强国家间政治、社会和经济的联系。在新冠肺炎疫情

---

① 夏斌. 组建科研团队的若干思考［J］. 安徽农学通报，2013，19（15）：143–145.DOI:10.16377/j.cnki.issn1007-7731.2013.15.023.

② 本报评论员. 勇担推动大中小企业融通发展的时代责任［N］. 人民邮电，2017-08-03（001）.

期间，政府相关部门提出强化跨领域、跨部门协作，鼓励跨界发展，发挥产业链辐射带动效应。此外，跨界协同的组织模式取得了较好成效，未来或将成为各方共同合作的另一种模式。

第二节　跨界协同组织的内涵与特征

面对复杂科技创新问题、重大人类生存和发展的复杂共性问题，探索跨界协同组织的内涵界定、与其他组织类型的区别及协作模式尤为重要，能够剖析跨界协同组织的不同理论维度，为进一步研究提供一定的理论基础。

一、跨界协同组织的内涵界定

跨界指独立的行业主体与其他主体建立联系并随着时间的推移加深这种联系以达到实现预期目标的行为[1][2]，其本质在于整合并扩大组织边界，将自身资源与其他看似不相关的资源融合，以提升自身优势、扩大经营范围。传统意义上的跨界通常指跨越组织边界，组织边界则是组织与外部环境之间的界限，是一种组织应对外部环境压力的保护机制[3]。在竞争激烈的环境中，组织可以通过跨界改变组织边界的功能和形态，实现组织内部的高效沟通和对外部资源的有效整合，增强组织的灵活性和韧性，进而在动态情境中始终保持竞争力。从当前的科技创新变革来看，科技经济组织的跨界行为已不局限于组织边界，而是呈现出跨科学、跨产业、跨国别的一种综合性跨界行为。协同是协调两个或两个以上的不同资源或个体，协同一致地完成某一共同目

---

① ANCONA D G, CALDWELL D F. Demography and design: predictors of new product team performance [J]. Organization Science, 1992, 3 (3): 321-341.

② MARRONE J A, CARSON T J B. A Multilevel Investigation of Antecedents and Consequences of Team Member Boundary-Spanning Behavior [J]. Academy of Management Journal, 2007, 50 (6): 1423-1439.

③ SANTOS F M, EISENHARDT K M. Organizational Boundaries and Theories of Organization [J]. Organization Science, 2005, 16 (5): 491-508.

标的过程或能力①，用最简单的方式理解就是要获得"1+1>2"的效果。元素之间的有效协同能够推动各要素相互增强、共同前进，达到互利共赢的状态。具体而言，本书的跨界协同组织指利用多种新兴技术手段，采用跨学科、跨产业、跨国界的创新资源组织方式，以高度的责任感和使命感，解决复杂科技创新问题、重大人类生存和发展的复杂共性问题，从而为推进创新发展和构建人类命运共同体做出重大贡献的创新组织形式。

跨界协同组织的组织形态一般是在传统科技经济组织基础上进行功能拓展和模式创新，既可以从传统的、已有的组织衍生或演化而来，或者全新的组织形态的涌现。通过有机整合跨边界资源、有效地联结各类多元主体，跨界协同组织在服务科技创新和经济社会发展中发挥重要作用。典型代表一般包括技术交易组织、科技服务团、产学研联盟、学会联合体、新兴研发机构、技术（生态）社区等。根据其功能定位，可以将其划分为两大类。第一类瞄准人类社会重大问题，以跨界协同科技创新为手段。例如，盖茨基金会依托创新才能解决人类健康和发展领域不平等的问题；GitHub 社区在新冠肺炎疫情防控期间，上线开源项目，致力于借助开源平台与开源技术汇聚力量解决疫情信息交流不通的难题；世界顶尖科学家协会聚集获得诺贝尔奖、沃尔夫奖、拉斯克奖、图灵奖等世界顶尖科学家，持续关注人类当前与未来面临的科技挑战，发布顶尖科技成果和思想理念，最终反哺人类、赋能人类。第二类瞄准复杂的、深层的科技创新问题，以跨界协同组织创新为手段。例如，OpenAI 项目以完全开放的形式，与其他研究机构共同建造通用人工智能，以造福全社会；阿里巴巴达摩研究院立足于基础科学、创新性技术和应用技术，以人类愿景为驱动，致力于探索科技未知；之江实验室依托浙江大学、阿里巴巴集团面向全球集聚人工智能和网络信息领域的科研力量，以重大科技任务攻关和大型科技基础设施建设为主线，攻关技术难题、开发核心技术，力图打造世界领先的基础研究和技术创新中心。

---

① KIM T K, MANIATIS T. The mechanism of transcriptional synergy of an in vitro assembled interferon-beta enhanceosome. [J]. Molecular Cell, 1997, 1（1）: 119-129.

二、跨界协同组织的主要特征

（一）使命导向

当前，科技创新进入"深水区"，面临一系列复杂交叉、基础性和原理性的重大难题。跨界协同组织以高度的责任感和使命感关注复杂科技创新和人类生存发展重大共性问题，已成为应对社会复杂问题的有效响应机制、推动国际科技合作和治理的重要新兴力量、促进国家创新体系开放协同的生态"黏合剂"为使命，积极推动构建人类命运共同体。

（二）场景驱动

随着数字时代、智能时代的到来，技术与市场知识日新月异，传统的封闭式创新模式难以为继。在新形势、新背景的驱动下，开放式创新成为主流，以数字为新型生产要素催生了基于场景驱动的各类复杂问题的创新，使得跨界协同组织能够基于复杂多变的社会、经济、政治、科技环境，进行深入的创新变革。

（三）跨界融合

跨界协同组织采用跨学科、跨产业、跨国界的创新资源组织方式，将创新主体、创新要素、创新资源连接在一起，打造一种新型的创新生态，包含不同行业、领域、文化的理念、方法和技术，打破传统创新的惯性思维和心智模式，推动渐进式创新向颠覆式创新、突破式创新变革。

（四）智能化支撑

跨界协同组织构建了融合的创新生态，在运行中离不开智能架构的支撑，亟须在大数据、人工智能、云计算和物联网等数字技术（平台）的支持下，实现跨学科、跨产业、跨国界的创新资源组织模式。

第三节　跨界协同组织的协同机制与运行逻辑

一、跨界协同组织的协同机制

跨界协同组织是利用多种新兴技术手段，采用跨学科、跨产业、跨国界的创新资源组织方式的一种灵活的科技经济组织模式，其核心在于开放边界、协同共创价值；出发点在于组织内部与外界创新资源的流动和交换；归宿点在于使用科技和经济相结合的方式解决人类社会重大的共性、高度不确定性问题。在运作模式方面，跨界协同组织在使命牵引下利用不同学科、产业、国界的优势互补和共性开展创新，以满足社会需求、实现价值共创。在价值共创的过程中，跨界协同组织的各参与成员根据自身需求和能力寻找需要的信息，并调整其任务、角色和职能，同时采取多个目标并进，使资源得到最大限度的利用。

协同机制决定跨界协同组织中各成员间合作的情况，完整、有效的机制能够保障组织成员协同创新的有序运行。跨界协同组织的协同机制主要体现在支持平台、互动网络和治理策略三者之间的联系上，其中支持平台是基础，互动网络是保障，战略选择是核心。其中，支持平台提供了创新所需的社会需求、制度保障、政策支持、技术支撑和文化促进等条件。互动网络由参与跨界创新的不同主体构成的创新网络，通过依托支持平台提供的若干条件推动目标实现，此外，互动网络的主体目标实现与若干条件形成了匹配关系。治理策略是一种决策运行过程，是组织基于支持平台所能提供的条件所选择的战略，同时决定着互动网络的协同方式。在实现任何一种产品或服务创新过程中，支持平台、互动网络和治理策略都会涉及，三者互为条件、相互促进。

支持平台以政府为核心，通过需求整合、协同创新项目布置、政策资金支持等，从最高层面引导各方利益主体相互连接，推动协同创新体系有效运转。在评估项目是否符合国家战略和社会发展的重大前沿需求方面，政府具有不可取代的前导性和战略价值；在协调各创新主体间关系方面，政府通过问责机制针对暗箱操作等问题进行调控和监管；在监管协同创新主体跨领域运作和磨合过程中，政府的引导作用贯穿整个协同过程，促进各主体协同发展，实现螺旋式上升的创新价值。

互动网络由不同主体组成，相互之间产生不同互动，跨界协同创新主体间要健全组织章程，确定发展愿景，部署研究方案。其中主导组织应起到引领作用，以项目为切入点，集合相关主体构建"价值共同创造体系"，搭建资源共享平台，实现各主体间的深入合作，充分发挥各主体的优势和价值，整合各方资源，协同实现价值共创。同时，协同创新反哺整个平台的发展，为其提供资金支持，汇集多方力量、汇聚多种手段，以知识创新和实践创新为先导，通过多领域的交叉融合提高跨界协同组织的创新能力和水平。

跨界协同组织治理机制选择可以根据创新任务的不同分为两种。一是组织任务间的相互依赖性较高，个别成员的盲目行为或自私行为会对其他成员的价值创造和最终产品的质量产生较大的影响，阻碍创新目标的实现及利益的获取。此时，主体组织会对参与者的创新活动进行较多控制，即除了建立信息交流平台，还会更多地参与创新者的决策过程，对其创新行为进行引导、限制或纠正，同时通过专家对创新成果进行评价。二是创新任务之间的相互依赖性较低，基于技术标准的界面规则对于成员的创新活动已经产生了约束与引导，个别成员的负面行为并不会对其他成员的价值创造和最终产品的质量产生影响。此时，主体组织对参与者创新活动的控制较低，主要是建立信息交流平台，但不会进一步影响创新者的具体活动，主要采取同级评价或用户评价。

二、跨界协同组织的运行逻辑

跨界协同组织中不同创新主体的合作就像"化合反应"，负载在不同成员身上的知识、技能、思维、认知、情感、习惯等要素经过相互融合、冲突、排异、整合等过程，最终形成跨界合作的闭环流程（图5-1）。

知识贡献作为催生组织创新成果的原材料，是输入端；呈现状态和组织互动是产生组织成果的中间加工流程，组织成果即输出端。

（一）输入：知识贡献

知识贡献作为产生最终成果的关键性投入，凸显出跨界协同组织的整体

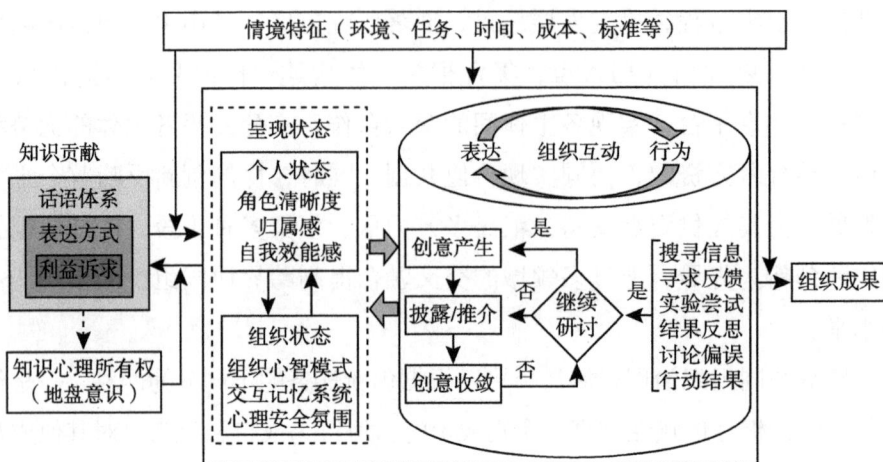

图 5-1　跨界协同组织的运作原理

知识资源存量。从知识创新的知识资源供给来看，差异性和多样性的知识资源成为重要保障，拓展了组织可用知识的广度和深度，为颠覆式创新或突破式创新提供了丰富异质性知识。同时，由于知识本身的特性使得组织的跨界合作充满挑战，需要探索有效的治理机制推动不同主体达成一致，构建"创新联合体"，集中力量办大事。

（二）中间过程：呈现状态和组织互动

呈现状态和组织互动共同构成了跨界合作的中间加工过程。组织互动过程实时调整和重塑呈现状态，良好的呈现状态反过来影响组织互动过程。这两方面在组织动态合作过程中密不可分，共同构成了组织合作过程。

1. 呈现状态

在良好的跨界合作过程中，不同领域知识贡献的流入与交互塑造了个体状态和组织状态。个人状态与组织状态相互作用、互相成就，共同影响组织互动过程。其具体表现为以下两个方面。

一是组织交互过程塑造跨界成员的个体状态。个体知识贡献之间的互补性是激发其他成员与之合作的前提。彼此贡献的知识之间相互启发、嫁接、杂交、整合，是催生创新成果的基础。在这个复杂的交互和知识迭代过程中，个体获得了自己在跨界组织中的角色清晰度、归属感和自我效能感，也进一步帮助他明确了组织的目标、规范与惯例，实现自我状态更新。

二是跨界成员之间的深层互动巩固组织状态。跨界成员关于知识贡献之间的深层次、高频次互动，帮助他们了解彼此擅长的知识技能，在组织中构建了一个隐形的共同的编码、储存与检索知识的机制，以备所需，这就形成了一套组织交互记忆系统。在此基础上，深层的知识交往与合作促使组织形成组织心智模式，对任务需求、团队流程、角色职责的共同理解达成心灵相犀的默契。如此，便形成一种心理安全氛围，保障跨界成员可以自由辩驳和发表观点且无须担忧人际风险。①

2. 组织互动

组织互动过程涉及个体产生创意与组织整合创意两个子过程，包含"搜寻信息、寻求反馈、实验尝试、结果反思、讨论偏误、行动结果"一系列行动。具体来说，一是组织成员通过不断搜寻和获取新信息与新知识获得行动结果反馈，产生创意或方案；二是组织成员通过向他人披露/推介创意，促使其他成员获得该创意和创意背后的知识、技能或经验；三是组织成员在原始创意的基础上进行研讨整合，将创意收敛为最终的组织整体方案。

（三）输出：组织成果

依靠良好的跨界合作，组织在短期内能够围绕核心任务顺利开展攻关，长期发展形成有效的循环，激发创新行为的可持续。短期成果指在跨界合作过程中产生的流程、服务或产品的创新，以及获得的高组织绩效。长期红利指成员个体在跨界合作中取得利益为组织带来的长远影响。长期红利保障了新一轮跨界合作，激活了整个跨界合作流程。具体表现为，组织成员在跨界合作中拓宽了知识视野，完善了已有知识体系，获得了跨界合作经验，从而更有能力在组织新一轮的跨界合作中跨越知识边界，打破跨界合作障碍。同时，组织成员之间建立了更为密切的社会网络体系，能够为组织新一轮的跨

---

① 马君，董北松，赵爽. 从跨界到无界——团队如何实现高水平的协同共创 [J]. 清华管理评论，
　2021（03）：49-55.

界合作提供更广泛的社会网络支持。

（四）情境特征

组织情境特征包括环境特征、组织任务特征、时间框架和领导力等要素，通过作用于呈现状态和组织互动，影响跨界组织合作中输入和结果之间的关系。第一，环境特征中的组织绩效压力负面影响组织成员间的合作程度，进而影响组织产出。第二，不同的组织任务特征也会对组织合作产生不同的影响。相对分割独立的任务关系会使组织成员间由于缺乏沟通交流，难以发挥出多样性知识基的优势。第三，依据项目生命周期、任务持续时间等因素，跨界组织的时间框架也不同。第四，组织领导力也是组织情境特征中的关键要素。组织领导若是能够鼓励创新、包容失败，在组织内部营造良好的心理安全氛围，则会促进组织内部的良好合作。[1]

本章从理论层面探讨了跨界协同组织的驱动因素、内涵与特征、协同机制与运行逻辑，进一步凸显了在新科技革命与产业变革情境下，以使命导向、场景驱动、跨界融合、智能化支撑为核心特征的跨界协同组织的理论研究价值。此外，跨界协同组织的出现为支撑科技创新的变革提供了重要支撑，科技创新逐渐向"深水区"迈进，颠覆式创新、突破式创新等的重要性日益凸显。鉴于此，接下来将重点探讨跨界协同组织在科技创新中的角色及与科技创新的关系。

---

① 马君，董北松，赵爽. 从跨界到无界——团队如何实现高水平的协同共创 [J]. 清华管理评论，2021（03）：49-55.

第七章

跨界协同组织与科技创新：相互联动

在以人工智能、大数据、区块链等新兴技术引领的新一轮科技革命与产业变革下，大科学时代推动了全球科技创新范式的变革，使科技创新的发展模式、创新主体及其功能、组织方式及科技创新成果的分配等都发生了明显的变化。跨界融合、创新主体协同成为大科学时期科技创新的主要特征，全球主要经济体纷纷布局，力图通过科技创新抢占未来竞争高地。科技是国家强盛之基，创新是民族进步之魂。唯有将科技与创新紧密结合，给新的发展动力插上充满活力的双翼，才能抓住历史机遇，迎来飞跃和发展。[1] 本章将以科技创新为核心目标，探讨跨界协同组织的目标使命、角色定位及赋能作用。

第一节　跨界协同组织的目标使命

在新时代的科技创新中，跨界协同组织将成为重要科技领域的领跑者，

---

[1] 张磊. 为加快建设新时代人才强国不懈奋斗 [J]. 中国人才, 2021 (11): 18-21。

新兴前沿交叉领域的开拓者，在科技发展中无疑扮演着重要的、不同于以往的角色。正如上一章所述，跨界协同组织致力于解决复杂的科技创新问题、重大人类生存和发展的复杂共性问题。具体而言，跨界协同组织在新时代的科技创新中应当回应基础科学前沿突破、复杂多变技术攻关、人类社会发展、技术扩散和转移关键性问题。

一、实现基础科学前沿突破

基础科学研究在整个科学领域发挥着重要作用。随着社会发展中各种问题的大量涌现，对基础科学研究的要求也随之提高。作为科技创新的重要承担者之一，跨界协同组织推动基础科学研究水平提升。凭借汇集跨学科、跨产业、跨国界的创新资源的独特优势，其不仅对基础科学的发展具有重大的引领和带动作用，而且可以带来强大的溢出效应，如进行重大技术难题的攻克和推广，引进和拓展国际先进技术，以及发现和培养优秀的科学家、工程技术人才。跨界协同组织在基础科学研究中占有重要的位置。

二、实现复杂多变技术攻关

当前，创新系统的复杂性日益增强，基础研究、应用研究、试验开发及成果转化的非线性特征明显。科学研究工作愈加强调整体观或大系统观，通过技术系统的网络化联结，推动实现"卡脖子"技术、"关键核心"技术的攻关。跨界协同组织利用多种新兴技术手段，采用跨学科、跨产业、跨国界的创新资源组织方式，将研发与产业实际需求接轨，依托更加完善的"政产学研用"网络化研发体系，汇聚全球研发力量的精华，将基础科学研究与产业技术紧密联系，有效解决高度复杂多变的重大战略技术问题。

三、回应人类社会发展的重大问题

新冠肺炎疫情在全球暴发，引发了科技创新工作的深入思考。2020年，习近平总书记在科学家座谈会上强调："科技创新要坚持面向世界科技前沿、面向经济主战场、面向国家重大需求、面向人民生命健康。"在全球化背景下，世界各国相互依存的程度空前深入，以致力于人类命运共同体构建的科技创新工作成为主旋律。当环境、健康、贫困等重大挑战来临，跨界协同组织瞄准人类社会发展的重大问题，通过跨学科、跨产业、跨国家的边界，坚决协同联动，在打造开放共赢的合作模式、迎接全球挑战、创造美好人类社会、构建人类命运共同体方面发挥重要作用。

四、推动技术扩散与技术转移

技术扩散与转移是技术向市场流动的过程，是实现研究商业化的重要通道，发挥科技突破带动产业发展的关键方式。国家创新体系的研究指出，以知识和信息为代表的技术在市场需求和资本驱动下产生移动，在国家或区域范围内形成产业集聚趋势。跨界协同组织在技术的扩散和转移过程中发挥着重大作用，一方面为技术扩散和转移提供知识产权、检验检测等科技服务机构、金融资本、技术经纪人等第三方的资源和服务支撑；另一方面通过科学运用大数据技术、区块链技术、人工智能算法等底层支撑技术，实现技术的高效扩散与转移。

第二节 跨界协同组织在科技创新中的角色

在新时代的科技创新中，跨界协同组织无疑扮演着重要的、不同于以往的角色。

一、战略科学家

跨界协同组织在科技创新中扮演着战略科学家的角色。战略科学家是科学研究领域的战略家，不仅在国家层面有爱国情怀，在科学领域也有远见卓识，能够精准捕捉科学技术前沿，将国家战略与科学技术无缝衔接，提出具有科学品质的战略思想和理论。作为战略科学家，跨界协同组织站在科技的制高点把握全球科技发展趋势，做好基础研究部署，集结精锐实现科技"卡脖子"难题的重大突破，引领重要科技领域、开辟新兴技术篇章，为建设科技强国夯实基础。

二、伯乐

"世有伯乐，而后有千里马。千里马常有，而伯乐不常有。"科技创新需要的人才多种多样，每个人都必然有不同的闪光点和优势，跨界协同组织在科技创新中扮演着伯乐的角色，为推动科技创新挖掘具有独特价值的优秀人才，并且知人善用，将合适的人放在合适的位置中经营每个组织成员的长处，因人制宜，合力而为，使每个组织成员发挥最大价值，真正达到聚人、聚力的共赢态势。

三、资源提供者

跨界协同组织在科技创新中扮演着资源提供者的角色，在科技创新中主要发挥以下作用：一是提供开放、有序、公平的创新平台，为其他主体提供数据咨询等，同时确保各主体的合法权益不受侵犯。二是提供资金的支持，通过提供项目研发资金等推动创新。三是提供和谐的创新环境和氛围，保障各主体顺利开展协同创新，使协同主体能够更好地协作配合。

四、链接器

资源、链接交叉融合是跨界协同组织的一个显著特征。因此，跨界协同组织在科技创新中扮演着链接器的角色，具有跨学科交叉研究的渗透能力。当前，全球科技创新活动空前活跃，跨学科、跨领域、跨国界的交叉融合，重构科创版图成为必然趋势。跨界协同组织在这样的背景下将不同学科、产业、国家连接，进行跨界交叉研究，通过协同创新和优势互补探索各领域相互印证的规律共识。

五、跨界沟通的翻译人

在科技创新中，不同学科、不同产业、不同国家之间的跨界沟通往往因为信息和知识的不对称，交流双方会产生不同的分歧和差异，最终造成跨界各方协同创新的效率降低。跨界协同组织则在科技创新中扮演着跨界沟通翻译人的角色，它为不同领域的专家、学者提供了一个创新平台，使拥有不同学科和不同教育背景的创新主体因为某一共同的项目和目标密切联系在一起，就共同的问题展开"头脑风暴"，穿越知识边界，让跨界沟通无障碍。

六、裁判

科技创新中经常会存在不统一、不和谐、不协调、矛盾甚至对抗的现象，当这种现象出现的时候，如何应对就显得至关重要。处理得好，就能化解一场危机；处理得不好，就可能引发一场危机。跨界协同组织要具有辨别真伪、判断是非曲直的能力，能够快速有效地处理危机、化解矛盾、解决问题，这是跨界协同组织的重要职责之一。实际上，跨界协同组织无时无刻不扮演着裁判的角色，对跨界创新主体的工作和整个创新活动进行协调，确保整个组织步调一致，顺利展开科技创新工作。当创新主体在科技创新中出现问题和矛盾时，跨界协同组织必须以裁判的角色去调停，使创新活动秩序恢复正常。因此，跨界协同组织在科技创新中应定位好自己的裁判角色，并将这个角色做好。

七、共创官

在科技创新中，跨界协同组织以共创能力作为自己的核心能力，在创新项目中扮演着催化剂的角色，也在科技创新中扮演着共创官的角色。简单来说，共创官是基于项目需要，将合适的同创者聚集在一起并引导大家共同解决问题的人。跨界协同组织作为科技创新中的共创官，快速构建跨界合作的共创环境，集结跨领域的群体智慧，使每个创新主体的才能都发挥到极致并创造价值，通过打造一个联结跨界组织协同发展的共创生态圈，使组织和个人突破边界束缚，让创新诞生于无边界的协同共创中。

第三节　跨界协同组织与科技创新活动相互赋能

在新一轮科技革命和产业变革背景下，跨界协同组织与科技创新活动的互动关系更加紧密和复杂化。一方面，跨界协同组织作为一种新兴组织类型，有可能重构科技创新的活动网络，塑造新的控制、协调和合作模式；另一方面，科技创新活动也成为不同主体进行跨界协同的新契机和新渠道。

一、跨界协同组织重构科技创新活动网络

随着科学技术的快速发展，人们需要解决的问题的难度、深度也日趋增大，这些难题已不是单一学科所能解决的，必须依靠多学科的综合运用和总体优势。随着科学技术的快速发展、数字技术和数字平台的应用、全球性研究课题的兴起，科技创新活动对科技资源整合要求日益增加。跨界协同组织的核心在于通过跨组织、跨产业、跨国别，实现创新资源的集聚，解决全球性的科技创新问题或高度复杂的科技难题。通过高度集成化、网络化的组织方式，跨界协同组织提供了丰富的科技资源，促进了创新活动网络化，使得研究型大学、顶尖科研院所、龙头企业、非营利性组织、产业资本等核心组织成为创新主体，使得各类创新资源在科技创新网络快速扩散和紧密融合，推动科技创新转型提质增效。

二、科技创新丰富跨界维度和协同渠道

跨界协同组织重构科技创新活动网络的同时，科技创新活动的有效开展也丰富了跨界维度和协同渠道。5G、人工智能、大数据、物联网等新技术不断涌现、相互融合，中国市场的消费升级、产业配套能力、数字化的全球化

2.0 时代正在酝酿一个新时代。大科学时代是对当今全球科技创新特征最为准确的描述[①]，在科技创新上具有目标高、投入大、学科多、领域广、主体多等特点[②]，科技创新的导向性、组织方式、创新主体及创新成果的分配均发生了巨大变化[③]。多层次、多学科、多领域的协作创新也使科技创新具有明显的分布式特点[④][⑤]。科技创新呈现出既高度分化又高度整体化的趋势。科技创新活动的蓬勃发展使得技术越来越依靠科学，科学也正在转变成技术。科技创新活动使不同学科和技术之间横向联合、交叉渗透，出现大批交叉学科，甚至涌现出超越学科门类的横断学科，形成了以解决人类面临的全球性问题为目标的新兴综合学科，推动了不同领域科技的创造性融合，使各领域尽可能地相互协同，产生共振现象和共鸣作用，这在一定程度上丰富了跨界维度。此外，数字经济时代，科技创新活动的快速发展极大地改变了人们的生活方式，大数据应用正在深度改造着社会生产、生活方式，数字技术推动组织发生创新变革，组织创新活动敏捷高效，形成了新的治理、协调等模式，例如，"线上＋线下"同步发展，人机交互进一步优化，AI、机器人等数字智能加入互动关系网络。深化大数据、人工智能发展等科技创新活动，重新定义了跨界，为跨界提供了丰富的协同渠道。

　　本章从科技创新发展的前沿和科技创新组织的功能作用出发，探讨跨界协同组织的目标使命、角色定位及科技创新的赋能作用，进一步凸显了跨界协同组织在实现基础科学前沿突破、实现复杂多变技术攻关、回应人类社会发展的重大问题、推动技术扩散与技术转移中的重要地位。此外，跨界协同

---

① 贺福初. 大科学引领大发现时代 [J]. 国防，2019（1）：5-9.

② 贺小桐，汤书昆. 大科学背景下产学研合作创新过程中的"科学"角色演变研究 [J]. 科技管理研究，2015，035（19）：255-258.

③ 熊志军. 试论小科学与大科学的关系 [J]. 科学学与科学技术管理，2004（12）：5-8.

④ 许为民，崔政，张立. 大科学计划与当代技术创新范式的转换 [J]. 科学与社会，2012，02（1）：90-98.

⑤ 张玉明，张馨月，朱艳丽. 共享创新：面向未来的科技创新范式 [J]. 科学研究管理，2020（10）：3-4.

组织的战略科学家、伯乐、资源提供者等多重角色赋予了其实现科技创新的时代使命，推动其迈向科技创新前沿，解决更深层次、更广范围、更高价值的创新难题，贡献于国家创新体系建设。鉴于此，第八章将剖析我国跨界协同组织的发展历程，前瞻我国跨界协同组织的新发展。

我国跨界协同组织的发展兴起

当前，全球科技创新进入空前密集活跃期，世界科技经济发展呈现出新态势和新特征。新一轮科技革命正以全新的形式对传统模式发起冲击，推动社会经历一次影响深远且广泛的科技革命和产业变革。

跨界协同组织在传统科技创新机构未能涉及的研究领域发挥的作用是关键性的，其独特之处在于将运作优势充分发挥，具备了强大的科研成果转化能力。为满足经济和社会发展对科技创新研发的巨大需求，响应技术和产业变革，跨界协同组织逐渐成为当下科技创新的主流模式。

各国为了在维持其当下所占据的竞争优势进程中的领先地位及做到反超他国，纷纷对科技发展战略布局及相关政策进行了适应性规划，力图满足经济和社会发展对科技创新的巨大需求，使得各行业协同完善国家创新体系，响应技术及产业变革，精准导航新兴科研产业创新发展进程，提高新兴科技研发工作和技术变现的针对性和有效性。

近年来，随着我国科技创新改革的不断深化，当下国家科技体制与市场组织经济体系的不匹配，使得技术需求与创新供给的矛盾日益增加，迫切需要国家科技体制改革向纵深推进。随着传统科技创新机构与新兴产业体系之间的联系逐渐加强，目前急需科研机构在形式和机制上取得突破与发展，于是，在跨界协同组织的改革与发展中，政府与社会各界均对此给予极大的帮助和关注。这进一步推动了研发体制改革向纵深加速发展，这也正是当前我国大力推进新兴科技产业创新发展需要优化的发展问题。其作为当下科研组织机制的重要构建部分，既是推动加强深化科技组织体制改革的突破口，也是国家创新能力转化的不可忽视的方式。

客观来讲，跨界协同组织之所以能够蓬勃地发展起来，一方面体现了当前国家对新兴科技产业的关注；另一方面也契合了时代发展要求。在新一轮科技革命来临之际，中国如何在新兴科技经济的急速发展下抓住战略机遇，依靠创新优势在当今世界科技经济格局重构布局规划过程中保持全球领先态势，是当前要思考的问题。

第一节　我国科技经济组织的发展历程

近年来，随着国家战略部署的不断调整，推动经济社会发展的驱动力也随之发生变化。社会组织作为我国创新体系主体之一，在实现创新驱动发展和治理现代化建设服务经济社会发展中亦发挥着重要作用。与此同时，社会组织自身也随之发生巨大的转变，逐步实现从被动遵循政府指引行事到积极发挥自身优势主动参与国家科技创新和社会治理建设的转变。随着国家创新体系的不断完善，科技类社会组织体系得以壮大发展，除传统意义上的科技社团外，大量新兴科技社会组织蓬勃发展，在某种程度上助推了以学会为代表的科技社团进行转型发展，以灵活多变的服务形式提供更加专业的科技与公共服务，满足新时期社会公众对科技类公共服务和产品的需求。

新一轮科技革命加速发展，使得科技与经济融合窗口期随之浮现。随着新一代信息、生物技术、新能源、新材料及智能制造技术的不断突破发展，新一轮科技、产业和军事革命与变革在全球呈现加速发展的趋势。为适应新一轮科技革命和产业变革所带来的新机遇与新挑战，世界各国都已根据自身发展特点提出振兴制造业的战略或规划。我国作为全球最大的发展中国家，整体还处于工业化中后期，因此更需要积极做出战略调整，为我国经济社会高质量发展适应新时期的新要求与新挑战做准备。为此，党的十八大明确提出实施创新驱动发展战略；中共中央、国务院印发了《国家创新驱动发展战略纲要》，全面部署推进创新驱动发展战略。以期抓住新科技革命和产业转型的"机遇之窗"，着力推动新一代信息技术、生物技术、新能源、新材料及智能制造等领域创新和产业化，加快消除"创造性破坏"的体制性障碍，通过增加科技创新资源存量，加快信息基础设施建设，实现我国科技创新能力提升，提高生产要素配置效率，以科技创新为核心推动全面创新，推动中国经济社会发展动力根本转换。科技类社会组织是促进科技经济融合的重要力量，天然具有联系科技界、产业界的优势。在此背景下，以科技社团为连接平台，联合政府、科研机构及企业等为主要组成单元，依托新兴科技，服务科技与经济融合，促进国家创新驱动发展的新兴科技经济组织应运而生，并在不同学科交叉融合及跨界协同创新等方面先行一步。

当前，我国科技经济组织涌现出跨界协同特征，如世界顶尖科学家协会将世界顶尖科学家聚集在一起，助力实现多学科合作、创建丰富多元的人才库、搭建友好型生态系统，更好地助力、积极营造适宜高端创新人才发展的科研环境，以开放包容的姿态和胸怀吸引世界各地顶尖科学家落户，助力实现健康科技力量的高质量增长；以清华大学科技与人才优势为基础设立的清华长三角研究院，在充分了解长三角地区科技经济发展实际需求的基础上，通过提供科技创新、技术咨询、人才培养及新兴技术成果转化等服务，推动长三角地区科技经济发展转型升级，为实现科学发展、和谐发展、率先发展做出积极贡献；之江实验室依托浙江大学、阿里巴巴集团聚焦人工智能和网络信息领域，开展重大前沿基础研究和关键技术攻关；阿里巴巴达摩研究院已建立包括浙江大学－阿里巴巴前沿技术联合研究中心、中国科学院－阿里巴巴量子计算实验室、清华大学－蚂蚁金服数字金融科技联合实验室的多家高校联合研究所，并与 10 多个国家、百余所高校科研机构及 200 多支科研团队达成产学研开放协作，构建全球学术合作网络。

当前，中国科技经济组织正在向跨界协同组织转变，这种趋势在新一轮科技革命与产业变革、后疫情时代下更加明显。鉴于此，接下来将重点对我国的科技经济组织发展历程及未来趋势进行探讨。

1949 年至今，我国社会组织、科技类社会组织、科技服务中介组织发展快速，在经济发展、科技创新上发挥出重要作用。在新一轮科技革命与产业变革影响下，我国逐渐兴起以跨界协同为核心特征的科技经济组织。

一、社会组织的发展历程

（一）探索发展阶段（1949—1978 年）

中华人民共和国成立后，国家对政治、文化等方面实行全面管控，以有效应对建国初期的国情及社会发展面临的主要矛盾，国家与社会化一体特征显著。为确保社会组织符合国家发展需求的定位，1950 年政务院颁布《社会团体登记暂行办法》，开始对社会团体进行清理、取缔与重组，对具有浓重封建色彩乃至反动的社会团体进行清理与取缔，对政治性较强的社会团体予以保留并适当重组，以构建政府与社会各个领域、各个阶层联系纽带为目的，重新构建行业类、宗教类及文化类社会团体，并形成以政务院负责登记全国性社会团体，地方政府负责登记地方性社会团体的"分级登记"管理制度，社会组织类型涵盖人民群众团体、学术研究组织、文工艺术团、宗教团体、社会公益组织和其他符合人民政府法律组成的团体。总体而言，该阶段的社会组织有一定的发展规模，但发展速度较为缓慢。

（二）高速发展阶段（1978—1989 年）

1978 年，党的十一届三中全会确定"以经济建设为中心"的工作重心，社会组织进入高速发展阶段，其特征表现为以学术性为主的科技类社会组织高速发展。在政府的推动下，各类学会、研究会相继成立，科技类社会组织的发展正式进入轨道。全国科学大会的顺利召开使科学界迎来"科学的春天"，带动科技类社会组织蓬勃发展。自改革开放以来，随着体制机制改革和国民经济的进一步发展，人民投身社会发展建设的积极性被充分调动起来，社会参与意识普遍增强，促使行业协会和基金会也得以快速发展。20 世纪 80 年代，科技类社会组织在主要社会组织中占比最高，基本代表了当时社会组织的总体发展态势。[①]

（三）归口管理阶段（1989—1998 年）

随着改革开放和现代化建设的持续推进，社会组织经历了一个快速发展阶段，各类官办组织或草根组织如雨后春笋纷纷涌现。随之而来的问题是社会组织的发展过于依赖政府的资源和政策，缺乏自主性。同时，由于对社会组织的管理制度仅有 20 世纪 50 代出台的《社会团体登记暂行办法》及其实施细则，导致社会组织实践领域的多样性与制度管理和指导的单一性的矛盾日益显著。为此，国家于 1988 年出台归口管理社会组织的政策，将社会组织管理决策权交给业务主管单位。1989 年颁布实施的《社会组织登记管理条例》标志着我国进入对社会组织进一步规范和清理整顿的阶段。1998 年 10 月颁布新的《社会团体登记管理条例》，进一步强化双重管理体制，提高社会团体登记资格条件，标志着社会组织"双重管理体制"正式形成。[②]

（四）多元化发展阶段（1998—2012 年）

进入 21 世纪，随着政府执政理念的转变和体制机制改革的深入推进，我国的社会与经济结构同步进行优化调整，社会组织的发展方向也更加趋向多元化。以 2001 年中国科学技术协会第六次代表大会的召开为标志，科技类社会组织积极调动广大科技工作者的主观能动性，促进广大科技工作者投身科技创新推动国家现代化建设，为我国建设创新型国家贡献重要力量。自此，以中国科学技术协会为领导的学会、协会、研究会得以快速发展，会员规模大幅增长，形成科技类社会组织的多元发展时期。2006 年的《关于构建

---

① 刘春平. 新中国成立 70 年科技类社会组织发展历程与重大转型［J］. 中国科技论坛，2020（04）：130-138.DOI:10.13580/j.cnki.fstc.2020.04.019.

② 同上。

社会主义和谐社会若干重大问题的决定》提出，要健全"党委领导、政府负责、社会协同、公众参与"的社会管理格局，对"支持社会组织参与社会管理和公共服务"做了清晰表述。从此，我国的社会组织进入了一个新的发展阶段。

（五）社会组织的增速发展阶段（2012 年至今）

党的十八大以来，党中央对重点领域的深化改革作出了全面部署，《中共中央关于全面深化改革若干重大问题的决定》中明确要求，"要改进社会治理方式，发挥政府主导作用，鼓励和支持社会各方参与，实现政府治理和社会自我调节、居民自治良性互动。要激发社会组织活力，正确处理政府和社会关系，加快实施政社分开，推进社会组织明确权责、依法自治、发挥作用"。为此，各级政府及国家有关部门对社会组织，尤其是科技类社会组织的发展给予高度重视，并根据实际需求有针对性地制定和出台一系列政策法规，促进社会组织的高质量发展。经过近 70 年的发展，科技类社会组织已经从早期仅以学术交流为主的社会团体发展为当下涵盖学术、专业、行业等的科技社团，包括科技类民办非企业单位和基金会也得以蓬勃发展。

二、科技类社会组织的发展历程

在发展过程中，我国科技类社会组织呈现出鲜明的社会与行政交叉的组织特性，其主要原因在于，多数组织是因学科或行业发展需要，由学科或行业成员自发组织形成，同时因与各级政府或行政机关在业务上有交叉而被政府或行政机构吸纳，被赋予"官方"身份。科技类社会组织的发展主要分为四个阶段。

（一）政府推动阶段（1978—1988 年）

自 1978 年我国实施改革开放以来，社会大众参与国家建设的意识不断增强，积极性得以发挥，科技类社会组织在政府的推动引导下蓬勃发展，为推动我国经济社会的各个领域快速发展做出重要贡献。全国科学大会的召开标志着政府推动科技类社会组织发展进入正式轨道。

（二）归口管理阶段（1988—1998年）

在这一时期，由于科技类社会组织过于依赖政府提供资源与政策来支撑自身发展，致使国家忽视了会员代表大会及理事会在科技类社会组织发展中的作用。以1988年国务院出台的民间组织统一归口管理的政策为标志，科技类社会组织由业务主管部门统一进行决策管理，成为政府机构下设组织。

（三）多元发展阶段（1998—2008年）

随着政府体制改革的不断深化，社会组织管理体制实现较大变革，双重管理体制的强化使社会组织的活力得到进一步解放。中国科学技术协会第六次代表大会的召开及《关于推进科技类学术团体创新发展试点工作的通知》的发布，标志着我国科技类社会组织在制度建设、法制建设、监督机制建设等方面进入新阶段，广大科技工作者的主观能动性被充分调动起来，促进广大科技工作者积极投身国家科技创新体系建设，为我国实现创新型国家和科技经济深度融合贡献力量。

（四）快速成长阶段（2008年至今）

近年来，国家高度重视社会组织发展，民政部、财政部等部门针对社会组织发展所涉及的领域颁布了一系列法律法规，如民政部建立了社会组织评估机制，并于2009年全面实施，完善了社会组织监督机制；国家颁布的《企业所得税法》通过降低社会组织公益性捐赠税点，鼓励社会组织从事公益活动；各级政府部门通过各种引导方式，促进社会组织向从业人员专职化、专业化发展，推动社会组织改革，使得社会组织得以快速发展。

三、科技服务中介组织的发展历程

科技服务中介组织是为服务经济发展建设和科技进步需要而设立的，面向企业提供科技成果产业化等科技服务为主的组织。在我国，科技服务中介组织产生于改革开放之后，随着改革开放的不断深入，科技体制改革，高新技术产业的兴起以及社会经济结构的调整逐步兴盛起来，其发展历程主要包括三个阶段。

（一）探索发展阶段（1978—1984年）

改革开放初期，科技服务中介组织随着"技术商品化"概念的产生应运而生。早期的科技服务中介组织多由科技工作者自发组建，并具有较为鲜明的特点。一是该时期科技服务中介组织多产生于改革开放较为深入的沿海地区，主要提供科技咨询服务；二是因为科技服务中介组织并没有受到重视，很难获得国家或政府的政策支持，所以多由科技工作者自发组织；三是由于科技服务中介组织是新生事物，国内外没有可借鉴的经验，所以科技工作者只能通过我国改革开放发展与社会转型的实践来探索科技服务中介组织在服务科技创新促进经济社会发展建设中的作用，其发展中存在巨大的风险。

（二）快速发展阶段（1984—1997年）

科技服务中介组织紧密联系科学技术发展，二者相辅相成的关系确定于《关于经济体制改革的决定》和《关于科技体制改革的决定》的发布。从此，科技服务中介组织迎来了快速发展阶段，随着党中央与地方政府在政策扶持、改革策略和提供良好发展环境等方面提供有力保障，科技服务中介组织的规模和数量大幅增长，基本形成了以各级政府为主，科研机构、科技类社会组织、金融机构与企业多元主体参与的局面。同时，科技服务中介组织所面临的问题亦非常明显，主要表现为组织性质存在事业法人和企业法人多元并存，组织发展混乱无序情况严重，且运作模式单一，无法满足科技创新和经济社会发展的需求。

（三）高质量发展阶段（1997年至今）

随着社会公众对科技服务中介组织认可度的提升，特别是在党的十五大之后，各级政府在不同领域制定了一系列政策法规，通过规范科技服务中介组织发展，营造有利环境、满足创造需求，推动科技服务中介组织市场化进程，通过创新运作模式和参与主体多元化等路径，促进我国科技服务中介组织的蓬勃发展。在此过程中涌现出一大批实力雄厚、能起到带动和典型示范作用的大型创新型科技服务中介组织，推动科技服务中介组织不断向市场化、规范化、产业化和服务专业化方向发展。

第二节　我国跨界协同组织的兴起

新时期，我国建设创新型国家和实现科技经济深入融合都亟须发挥跨界协同组织的重要力量，有效地连接政府、科研机构、科技类社会组织、高校、金融机构及企业等主体，在服务科技创新和经济社会发展中更好地发挥跨学科、跨领域、跨行业、跨区域，乃至跨国界的协同作用。当前，我国典型科技经济组织正在向跨界协同组织转变。

一、平台化的技术交易组织

新时期，科技与经济的融合发展成为推动国家经济发展的重要方面，二者融合的深度和广度影响创新链贯通。在新经济条件下，通过平台化的技术交易组织，以合作伙伴关系和契约精神，联结政府、科研机构、科技类社会组织、高校、金融机构及企业等不同领域、不同行业等多元主体，并借助互联网形成平台化组织，通过互联网的便利实现知识技术共享、创新资源互补、信息良性互通的协同创新局面。从整体来看，平台化的技术交易组织有效地推动了跨界融合创新，提升创新资源整合能力，提高科技成果转化率，在整合创新要素、构建新兴产业创新融合新业态的过程中发挥着重要作用。

二、以全国学会为主组建的科技服务团

作为联系科技与经济的重要纽带，全国学会以其独有的第三方属性，在促进科技经济深度融合的过程中发挥着独一无二的作用。针对区域、产业及企业实际需求，依托全国学会、地方科协、基层科协，会集跨界人才资源，跨学科、跨领域、跨区域组建科技服务团，推荐具有专业领域科研成果和实践经验、学风正派，有开展科技服务意愿的跨学科、跨地域专家学者，按产

业链、创新链要求匹配组合，重点提供科普资源、技术服务及国际技术转移交易三类"套餐式"科技服务。引领科技工作者投身国家重大战略区域与重点产业领域经济建设主战场。推动所属全国学会充分发挥在人才资源、产学协同、国际合作等方面的独特作用，服务科技与经济深度融合，拓展服务渠道和空间，对接产业链、创新链、价值链。

三、以不同科技创新主体为主导的产学研联盟

产学研联盟组建的最基础的模式是由各科技创新主体以利益为驱动力，以市场需求为导向组建的多种形式的创新联合体。随着科技创新活动中的基础研究、应用研究、试验开发、成果转化的创新链条非线性整合，产学研联盟由传统的以满足不同创新主体需求为目的的科研生产联合体向以科技创新为主要目的的科技创新联合组织发展。与此同时，龙头企业在行业中的定位随着新时期经济社会的不断发展发生了改变，从最初的行业垄断者转变成行业生态构建者和产业创新引领者，助力形成以行业龙头企业为主导的，引领行业大中小企业从行业内部融通创新、跨界协同的新型产学研联盟。

四、以联合不同学科领域组建的学会联合体

随着建设创新型国家和全面深化改革的持续推进，学会发展也需适应时代发展要求。在此基础上，中国科学技术协会党组根据国家科技发展战略的重大部署，通过深入调研并征求学会意见，借鉴国际科学理事会等国际组织的组织模式，在保障学会原有合法权益的基础上，又创建了一种学科知识资源与科技人才资源相互协同、互通有无的长效合作机制，提出在一些重点学科领域，由学科相近的学会自愿联合组建非法人的学会联合体，这是一种新型学会合作模式。中国科技领域的学会联合体一般由两个或两个以上独立的学会、协会、研究会等科技社团联合形成，涵盖政府部门、高校、企事业单位、科研院所等组织和团体，通过与不同学科、不同领域和不同行业的社会各类组织建立联系和合作机制，形成一种既不同于传统的以某一专门学科或

一个大学科领域为基础形成的组织，也不同于具有较大社会影响力的科技组织，同时比行业联合会、商会具备更多学术科研和科普特色的具有学科交叉及领域交织的新型社会组织。[①]

五、以科技成果转化为特征的新型研发机构

新型研发机构是顺应科技革命和产业变革的产物。当前，全球科技创新进入空前密集活跃期，科技革命不断冲击着传统模式，全球正在经历一次影响深远且广泛的科技革命和产业变革。新型研发机构在传统科研组织未能涉及的领域发挥了关键作用，其独特之处在于将运作优势充分发挥，具备了强大的科技成果转化能力。为满足经济和社会发展对科技创新研发的巨大需求、响应技术和产业变革，新型研发组织逐渐成为当下建设研发机构的主流方式。

第三节　我国跨界协同组织的前景展望

随着近年来我国经济体制改革的深化，各类以跨界协同为核心特征的科技经济组织在创新运作模式、合作协同机制、组织资源管理等方面迎来新的发展前景。

一、平台化技术交易组织的前景展望

（一）清晰定位目标责任

技术交易组织应率先与市场经济全面接轨，协同发展。技术交易组织能加快科技和经济的融合，是将科技成果转化为现实生产力的有效途径，也是我国科技体制改革中推动技术商业化的突破口。要从市场经济的角度看待技术交易组织的发展，了解技术交易组织在市场经济中的突出作用及配置资源的基础功能。要发挥技术交易组织应有的作用与功能，实现技术要素的进

---

① 刘春平. 新中国成立 70 年科技类社会组织发展历程与重大转型 [J]. 中国科技论坛，2020（04）：130-138.DOI:10.13580/j.cnki.fstc.2020.04.019.

一步流动，关键是要使其与市场经济全面接轨，这也是其未来发展的必然趋势。

一方面，技术交易组织要与高新技术产业发展同步。高新技术产业的发展能够衡量国家的核心竞争力，也是推动经济发展的重要增长点。高新技术产业是以新技术为基础发展起来的产业，而新技术的发展主要依赖技术要素的投入。要想促进科技成果产业化，必须加速技术要素的流动与配置，即技术交易组织必须与高新技术产业的发展同步。

另一方面，技术交易组织还要与其他要素市场的发展协调，并适度超前。在当前知识经济时代，一项新技术的问世不仅会推动这种技术的产生与扩散，而且会推动资本、劳动力、信息等其他要素市场的发展。技术交易组织是一种生产要素交易组织，不能脱离整个市场体系而发展。因此，技术交易组织要与其他要素市场的发展相协调，并适度超前于其他生产要素市场的发展，这样才能更好地为其他生产要素市场的发展提供技术支持，体现技术交易组织在市场中的先导作用。

（二）创新组织运行模式

在当前的知识经济时代，国内外对技术转移的需求不断增加，技术转让活动日益活跃，这正是充分发挥技术交易组织作用的好时机。但同时应注意，当今的技术交易形式已经不再局限于技术转让、技术咨询、技术服务和技术开发的"四技"方式。目前，技术交易的形式已经横向扩展和纵向延伸，其形式表现为技术、技术拥有者和技术流程结合更加紧密，创新进程加速以更好地协调资源整合，技术许可逐步推进到早期开发，以及以战略联盟的形式，通过合资、兼并、收购、参股、控股等金融利益的结合来完成技术转让。技术交易组织应认清这一新的发展趋势，及时跟进实践、完善服务功能、拓展服务领域、改进服务流程、强化服务质量、提高服务理念、树立全过程和全方位服务支持意识。要进一步创新技术交易组织的运行模式，采用技术入股、企业并购等组织形式，加快技术成果产业化，这样才能更好地服务技术交易市场，推动我国技术交易迈上新台阶。

（三）组织自身建设

第一，大力发展"硬科技"企业。要以解决经济发展的主要问题为突破口，着力提升科技力量，推动科技型企业发展壮大，使其成为技术市场中的中坚力量。此外，要进一步加强企业与高等学校、科研机构等开展深入合作，建设产学研联盟。第二，技术交易组织应逐渐向独立性与社会化转变，发展成合伙制、股份制的专业组织，使之与社会主义市场经济体制相适应。第三，技术交易组织未来的发展方向应以"机构专业化、组织网络化、市场国际化"为标准，在新时期更好地服务社会。第四，需要培养一批高素质的技术经纪人队伍。要想技术交易组织更好、更快地发展，其基础性工作就是要加强人才队伍建设，打造一批精通技术、法律、运营与管理的高素质的职业技术经理人，全面提高从业人员的素质水平和业务能力。

（四）加强政府沟通协作

技术交易组织应积极配合政府工作，共同打造和谐的技术市场环境。政府，尤其是科技行政部门，应以对人民负责为基本原则，充分发挥宏观调控作用、激励和保障功能，以为技术市场的发展提供服务为核心，为其提供必要的法律环境和政策支持。例如，建立完善的知识产权保护制度、采取一定的税收优惠政策等。科技行政部门作为技术市场的执法主体，应进一步规范技术市场规则制度，加大技术市场监管力度。技术交易组织在政府建立的良好市场环境下方能积极推动技术创新与技术转移。①

（五）强化跨界技术转移

技术交易组织应积极响应国家政策，体现我国在科学技术方面的比较优势，"引进来"和"走出去"并重，努力开拓海外技术市场，促使我国科技在国际技术交易市场占有一席之地。第一，技术交易组织应帮助企业培育"一带一路"跨境科技合作品牌。以国家技术转移战略为基础，探索开放式技术转移，构建更加稳定的科技合作机制和更加开放的创新制度，促使我国技术更好、更快地"走出去"。第二，建设海外技术孵化器。技术交易组织应积

① 金为民. 中国技术市场现状分析及发展原因探析［D］. 中国科学技术大学，2009.

极引导企业进入"一带一路"沿线国家和地区开展科研创新活动，同时引进国际高端技术，促使国际技术更好、更快地"引进来"。我国技术交易组织可借鉴美国 Innocentive、UTEK 等，英国 BTG、IPEX 等技术交易平台建设经验，建设高水平技术交易平台。另外，在国际技术转移中，存在技术输出国和技术引进国之间文化背景、法律制度、开放程度、市场结构等方面的差异，这就对技术交易组织的服务提出了更高的要求。在这种情况下，投资者面临的问题更加复杂，技术交易组织所提供的服务广泛性与专业性更加明显。例如，市场准入、知识产权、贸易冲突等问题不仅会影响正常的技术转移和技术扩散，而且可能会引起贸易争端。解决这些问题更需要技术交易组织的高级人才提供国际化、专业化的智力与智慧的支持服务。

（六）建立大型技术交易数据库

技术市场的一大缺陷就是信息的不对称性，而技术交易组织的存在就是为了减少这种信息不对称，加速科技成果转化。随着知识经济的发展，技术交易组织应以大型技术交易数据库为基础，确保技术供应方和技术需求方之间的精准对接。首先，技术交易组织要探索建立一套全球性技术大数据系统，该系统能够与国际、国内各大专利检索平台对接。在交易过程中，技术需求方首先提出技术需求，技术交易组织专业人员通过检索技术大数据系统，确定当前是否有现成的科技成果、所需科技成果目前在哪位科研人员或哪家科研机构手中，主动联系技术拥有者，促成交易的完成。如果大数据系统没有检索到现成的科技成果，还可以帮忙匹配出在该领域具有较强的科研能力的科研人员或科研机构，委托其开展技术研发。此外，技术交易组织还可以开发一套技术交易价格测算系统，制定完善的技术成果定价程序。第一，该系统会自动收集技术交易价格数据，根据技术分类与大数据评估对技术成果给出参考价格。第二，由多位专家对每项具体技术进行评估提出建议价格。第三，将这些价格向技术交易双方公开，通过双方的协商最终确定成交价格。技术交易组织还可以开发交易担保、结算等平台系统，使技术交易更加轻松、便捷、可靠。

二、科技服务团的前景展望

（一）跨组织组建研究生科技服务团

社会上众多企业对研发具有技术需求，然而高校拥有的大量科技成果却未能向市场转化，或者说其市场化程度远不能满足社会的需求，从而造成了如今的局面：一方面，企业，尤其是创新能力较弱的中小企业，在发展过程中迫切需要先进的技术作支撑；另一方面，由于经费不足、科研任务繁忙等因素，高校科研人员无暇顾及技术成果的市场问题，导致许多先进的技术成果仍停留在科研阶段，未能转化到市场。建立一个交流平台促进企业与高校的合作交流是十分必要的，让组建研究生科技服务团具有了现实基础。组建研究生科技服务团相当于建立了一个覆盖校园的研究生人才市场，通过科技服务团将各类人才的分类汇总，通过对各类企业不同需求的了解，使研究生与企业精准对接，发挥高校研究生在技术上的能力，帮助有需求的企业进行技术攻关、企业策划、外文资料翻译等。同时，科技服务团也为高校研究生提供了就业基地、丰富了其社会实践，帮助地方高校探索人才培养新模式。例如，在山东科技大学研究生科技服务团建设中，最典型的案例是科技服务团与国家矿用支护产品质量监督检验中心的相关工作，该校近 20 名科技服务团的优秀研究生通过了质检中心的测试并走上岗位。这些研究生给质检中心带来了先进的采矿专业技术，质检中心也成为学校创新研究生培养模式、提高办学水平的重要基地，实现了双赢。

（二）提供线上线下全方位科技服务

科技服务团可采取"线上 + 线下"相结合的模式，全方位提供科技服务。线下可以采取举办讲座和现场咨询、培训基层技术人员等方式。此外，专家深入基层到生产现场进行技术指导，解决基层技术人员在生产过程中遇到的实际问题。通过线上交流，与高校、科研院所专家、教授对接，及时解决企业项目申报难题；发挥各类新媒体平台的作用，联系对接高校与企业在数字平台上开展线上直播，邀请专家讲授创业项目的机遇识别与选择；及时发布科技资讯和省、市科技动态等。

（三）构建可持续组织机制

充分调动大量的顶级外部资源助力顶层设计，帮助政府对城市的产业进行总体设计和方向性把握。科技服务团的专家具有跨领域的特点，在战略层面为地方政府做规划具有前瞻性和科学性。同时，很多专家直接参与国家部委政策和规划的制定，为地方政府做顶层设计，有天然的优势，能够引领发展方向。此外，聚合创新资源，提升科技经济融合的组织力，还需要建立长效机制，构建产学研融合的可持续组织机制。在平台搭建、成果转化输出、资源协同等方面形成长效运营机制，让科技服务团的组织优势持续赋能城市转型发展。

（四）创新模式从"政府端菜"变为"企业点餐"

为企业提供"订单式"服务是科技服务团未来的发展方向。科技服务团的目的不仅要使每次服务都是企业最迫切需要的，而且要实现"精准"二字。通过需求匹配，让企业家找到科学家，通过专家资源下沉，第一时间了解和掌握企业真实需求，结合不同企业开办、运营、发展等阶段所面临的差异化、个性化需求，为企业纾困解难，实现"点对点"对接。聚焦企业技术痛点、经营难题，以企业实际需求为牵引，汇聚精准资源为企业的科技创新突破出谋划策。从企业的产品生产技术到企业未来技术路径选择，科技服务团的工作应紧密围绕企业发展的实际需求。以企业的需求牵引工作的方向，为企业提供精准的服务。企业把技术需求提出来，然后结合科技服务团庞大的专家库，更精准地匹配专家团队，做到与企业的对接更有成效。

（五）创新服务做到"以点带面"

一是进一步辨识和找准城市、产业、企业的发展需求。组织科技服务团的专家与当地政府、企业等加强沟通交流，针对当地政府、园区、企业等不同发展诉求，分级分类，明确城市、产业、企业的功能性需求和技术性需求，分类施策，制定相应的解决策略和方案。二是进一步推动合作深化和固化。

加强与省科协的协调与联动，推动省科协发挥统筹作用，汇聚省内资源支撑保障试点工作。推动搭建各种工作平台，推动科技服务团积极融入当地产业和企业，共同搭建"政产学研金服用"融通创新平台组织，组建产业联盟、创新共同体、产业研究院等新型研发机构和赋能组织，促进常态化服务机制形成。三是示范带动、重点突破。抓住重点领域和关键环节，找准切口，以点带面。统筹推进相关活动组织筹备，并以此作为"催化剂"，形成具有示范引领作用的"样板间"效应。

（六）真正实现由"官办"到"民办"的转变

我国的科技服务团承担着党和国家联系科技工作者桥梁和纽带的作用，各类学会在各自的领域为科技的进步发挥着不容忽视的作用。学会如何真正办成科技人员之家，真正体现由"官办"到"民办"的转变需要一个漫长的过程。现在普遍的认识是："官办"团体就是依靠（行政）挂靠单位人、财、物的全包，学会的领导、组织人事全揽，在行政体系下开展活动；"民办"团体就是由社会自然人单个聚集而成，没有融合行政事务的参与而开展活动。这些认识都有盲点和误区。学会是科技社团，应该由相应学科的专业技术人员及组织工作者自愿按章程聚集组成。如何正确地认识、界定"官办"和"民办"的性质和内涵，是需要理论界和社团工作者（学会的登记管理机关和业务主管部门）认真探索的问题。更需要科技服务团的组织工作者思想大解放，坚持改革创新，探索适合我国"民办"科技社团的路子，促使学会真正实现由"官办"到"民办"的转变。

三、产学研联盟的前景展望

目前，我国产学研联盟仍处于发展的初级阶段。在实践中，缺乏能够连接产学研联盟各方的利益纽带，创新链尚未真正形成，导致联盟整体运作质量不高，运行效率相对低下。分析产学研战略联盟实际发展状况，研究发现仍然存在运行机制方面的现实挑战。针对目前存在的突出问题，对产学研联盟的日后发展作出以下展望。

（一）发挥政府在产学研联盟中的重要作用

政府应在产学研联盟的优化资源配置与提升创新能力方面起到重要的"启动"作用。政府在产学研联盟科技计划项目中要给予必要的资金支持，应提供一系列"先行先试"配套政策，在税收、商业贷款等方面进行政策扶持。在产学研联盟发展后期容易出现运行机制僵化、缺乏内生创新动力、合作纠纷和违规行为急剧增多等问题。这时就需要发挥我国政府部门的"阻化"作用：政府要用法律规范产学研联盟行为，保障产学研联盟的开展与在市场经济有效监管下的有序推进；要健全产学研联盟的管理机构，如区域监察部门、产学研联盟督导组等，协调联盟各方利益，化解矛盾，发挥联盟机制应有的功能；建立有效的监测机制和动态评价机制，发挥"筛选"功能，以"淘汰"那些不具备产学研联盟条件的单位，加快联盟自我更新进程，抓住新一轮创新改革机遇，确保联盟的循环发展和健康运行。

（二）实现各方组织协同创新

技术中介、高校和科研院所等机构是产学研联盟的催化剂，只有各方机构与组织协同创新，才能充分释放联盟内部创新活跃因子，保持产学研联盟的创新活力经久不衰，确保创新能够健康有序发展。一方面，产学研促进会、行业协会等技术中介服务平台要为产学研联盟提供必要的信息服务和行业趋势研究，并实施跟踪服务，及时解决合作过程中存在的协调、规划问题，增强联盟合作的可操作性和可持续性；另一方面，高校和科研机构应调动将科技成果市场化的积极性，如适度改革现有的评价机制，将发明成果转化和科研人员联合研发项目进展纳入其管辖范围进行学术考核评估。

（三）优化联盟战略路径

产学研联盟是开放式创新的一种重要组织形式，但我国产学研联盟管理体制未能与经济市场相适应，联盟各方定位还不够明确。产学研联盟需要有效整合社会各方资源，进一步优化联盟战略路径，具体可从以下几方面着手：第一，政府、金融机构和中介平台在产学研联盟中发挥的重要作用不可忽视，改变产学研联盟仅是在利益主体各方之间进行的单一模式，构建"产学研—

政金介—商贸用"三位一体的多元产学研联盟协同创新体系。第二，政府从整体布局、顶层设计视角选择合适的国外高校、科研机构、企业，与我国产学研联盟实现对接，与国际企业、世界顶级高校和科研院所进行联盟。第三，在产学研联盟内部，技术创新资源向企业集聚，使企业成为国家科技计划重大项目的承担主体，真正形成以企业为创新主体的项目实践。第四，有效发挥产学研联盟内部资源共享优势，邀请各方技术专家担任指导老师、建立博士后流动站等，通过一系列举措培养适应社会发展需求的创新型高端人才。第五，建立相应信息交换平台，促进联盟成员之间的沟通交流，减少因信息不对称造成的影响，发挥中国产学研促进会、行业协会等组织应有的功能与作用，形成跨部门、跨领域、跨区域等资源共享的协同创新服务平台。

（四）优化联盟经费使用机制

目前，产学研联盟多以科技项目为合作载体，政府项目专项资金是产学研联盟的主要资金来源。我国政府科技计划大多向包括产学研联盟在内的承担单位提供全额资助，对承担单位投入的资金比例没有硬性要求。在这种情况下，产学研联盟对申请资助的项目不需要承担任何投资风险，导致很多单位和联盟在申请项目时夸大自身实力，虚增科研成本，使有限的科研经费无法得到有效分配。因此，在产学研联盟过程中，必须重视企业的研发资金投入，企业在享用成果的同时付出资金成本。另外，还应有效利用金融部门和投资机构在资金方面的优势，真正体现产学研联盟的价值。

（五）跨部门整合各类信息资源

目前，高技术产业各联盟专利创新呈现"两极分化"，一部分联盟专利创新力飞速提升，另一部分联盟则发展滞缓。另外，科技成果市场化程度远不能满足当前社会需求。以上的问题表明，我国亟待打通专利等科技成果向新产品转化的渠道。因此，加快面向产学研联盟的公共服务体系与技术平台是应对技术转移困难、信息不对称的最优解决方案。第一，建立健全公共信息服务平台，减少企业需求与学术研究机构供给双方的距离，及时发布企业需求信息，同时，高校和科研机构的专利、知识产权等数据要进行分类检索和定期发布。第二，发展各类专业中介机构，为产学研联盟的技术鉴定估价、知识产权保护等方面提供保障服务。第三，发挥产学研促进会、行业协会应有的作用与功能，扩大产学研联盟的影响范围，提高产学研联盟各成员的组织运作能力。

四、学会联合体的前景展望

（一）顺应跨学科交叉融合新趋势

学会联合体应当充分发挥其学科相近、紧密联系的特点，面向经济建设主战场，聚焦科技发展前沿，顺应当今学科交叉融合新趋势。第一，学会联合体应当是一个开放性的平台组织，要促进人才互动、资源共享，这样才有利于学科交叉融合。第二，学会联合体要形成一套联合攻关、共谋发展、共推改革的工作机制，从而更好地适应当今时代发展。第三，要推进信息技术产业链"政产学研"一体化，形成功能互补、良性互动的新格局。学会联合体的意义在于将各类学科联合起来，打破单一学科的局限，实现学术交流、实施科研计划、承担政府职能、提出前瞻性研究等。例如，生命科学与药学、医学等学科都有关联，共涉及全国20多个学会，而学会联合体的成立克服了专业分工偏窄、偏细造成的问题，为学术交流提供了更大的服务平台。

（二）深入学科探讨

从与学会联合体相关的高频词来看，中国学会联合体的发展似乎仍处于初级阶段。从反映联合体组成主题特征的关键词来看，高频词几乎集中于院士、大学等学术相关方面；在联合体所涵盖的领域，主要高频词集中在人工智能、科技、能源及制造等学科特征较为明显的方面；从行为特征来看，尚未形成深入学科的探讨或就某个交叉学科问题的讨论，仍局限于促进性的和推动性的发展中。学会联合体是否会就相关的综合性学科和技术问题开展活动，是学会联合体走向成熟的标志之一，是社会评价学会联合体规模的重要指标，也是分析其在政产学研等方面的影响力和与各机构融合程度的关键因素。因此，学会联合体在未来发展中应注重学科的深入探讨，推动联合体走向成熟。

（三）探索协同创新的工作模式

由于学会联合体具有松散的特点，而学会联合体的成立是以优化科技创新氛围，团结带动联合体各成员单位融通发展，促进行业或学科融合发展为宗旨，因此需要学会联合体的牵头学会及主要负责主体单位站在更高层面，统筹考虑联合体的发展路径。目前，中国学会联合体成员学会之间交流合作机会较少，学会成员的参与积极性也有待提高，优质资源没有得到充分的整合和利用。针对学会联合体目前存在的这些问题，必须突破现有合作机制，形成联合各成员单位融通创新的新兴工作模式，推进学会联合体持续有序发展。一方面，学会联合体主要负责主体单位的凝聚力和公信力对其发展起着重要作用，因此，主要负责单位应充分发挥表率作用，与联合体各成员单位建立良好沟通渠道，充分发挥各成员单位的主观能动性，协同创新、共谋发展，以期增强成员单位的凝聚力和话语权；另一方面，联合体各学会成员要明确自身的职责和使命，积极响应号召，制定项目规划，提出发展决策，以"抱团取暖"的方式崭露头角。

（四）拓宽联合体业务领域

目前，联合体虽然在完成既定目标方面成果显著，但是在产学研融合、技术攻关、科技成果转化等方面依然存在较大不足，学会联合体建设还有很大发展空间。中国当前的学会联合体主要集中于工科类，学会联合体在未来发展中必然会顺应社会发展趋势，拓宽现有业务领域，适时成立新的学会联合体，更好地服务我国社会主义建设。

（五）加强政策扶持

学会联合体的一个重要任务就是向广大群众传播科学知识，例如，生命科学学会联合体通过开展科普活动以满足大众对于生命健康知识的需求，同时为打造在卫生健康领域的人类命运共同体做出重要贡献。但从科学传播的角度来看，学会联合体在这方面发挥的作用普遍不够，其主要原因在于我国学会联合体仍处在初期发展阶段，政策支撑不足以促进联合体构建社会化大科普的局面，为此需要中国科学技术协会对学会联合体的发展予以重视，从政策、专项支持等方面加大扶持力度，为我国学会联合体提供更有利的发展环境。

（六）提供高质量科技类社会化公共服务

自2014年中国科学技术协会启动首轮学会承接政府职能转移试点以来，大批学会积极承接政府有关科技评估、技术标准制定等方面的职能转移委托，但整体来看依然存在提供公共服务能力不足的情况。学会联合体作为汇聚各学会优势资源的特殊组织，应当充分联合并调动各学会的积极性，通力合作，努力提升学会联合体品牌影响力，为社会公众提供更高质量、更国际化的科技服务。

（七）加强建设高素质专业化队伍

目前，学会联合体普遍存在相关工作人员专职化程度不足，业务开展受限的情况，不利于学会联合体的发展。学会联合体需要着重发展秘书处专职工作人员，打造高素养专职化团队，以期提高学会联合体运营机制专业化、组织管理精细化程度，为促进科技资源、人才资源在联合体内部良性循环，为联合体健康稳定发展提供有力保障。

五、新型研发机构的前景展望

当今社会技术生产正在发生重大变革，以实现从"学院模式"向"后学院模式"的转变，而"后学院科学"作为一种将科学与产业紧密结合的科学形式，要求学术研究具有研发与创新价值的同时，积极涉足产业领域，实现科学知识与商业价值深入融合，以期满足日益凸显的社会需求。而新型研发机构注重科技与社会、市场的紧密联系，其重点在于技术成果的产业化，这与"巴斯德象限"创新模式尤为相似，同时是这个时代发展的新趋势。[1] 因此，新型研发机构应当得到国家的高度重视与大力支持，在促进中国科技体制改革、加快科技与经济的深度融合中发挥应有的作用与功能。此处对新型

---

[1] 金学慧，杨海丽，叶浅草. 我国新型研发机构现状、困境及对策建议［J］. 科技智囊，2020（03）：20-23.

研发机构的未来发展作出展望。

（一）将逐步收敛新型研发机构边界

目前，我国新型研发机构的发展形式主要有以下四种：第一，事业单位类型，主要特点是传统事业单位的运营管理模式及为其成员提供相应职务职称、编制和稳定支持，如东莞华中科技大学制造工程研究院。第二，新型事业单位，这类新型研发机构与传统事业单位相比，在盈利能力、激励机制和政府扶持方面较后者有明显优势，如中科院深圳先进技术研究院。第三，研发服务类企业，这种新型研发机构致力于为企业提供技术支持与服务，一般情况下由企业自主建立或企业与外部单位联合建立，如东阳光药业研究院。第四，社会组织类型，这类新型研发机构的特点是官办、民助和非营利性的，如北京生命科学研究所。我国新型研发机构没有统一的形态标准，其发展模式各异，而我国现有机构注册制度中尚无与之相匹配的注册形式。这就难免导致此模糊的机构定位有被"钻空子"的风险，即一些机构利用政府对新型研发机构的优惠政策，将自身掩饰成新型研发机构，从而套取政策红利。需要逐渐收敛新型研发机构边界，明确新型研发机构为非营利性社会组织，同时完善其在注资、税收及业务等领域的配套政策，为新型研发机构指明发展道路，也为营造良好的市场竞争秩序奠定基础。

（二）开创"三发"联动研发模式

技术创新过程分为科学发现、技术发明和产业化发展三个阶段，新型研发机构在未来的发展中，要更加注重这三个阶段的协同创新，为我国科技经济深度融合提供新路径、新模式。具体来说，新型研发机构应当在某一研究领域获得相应科学发现的基础上，获取相关科研专利，并以此为依托对相关专利技术进行全面更新，最后将科研发明、发现实现科技成果转化，促进产业实现全产业链、集群化的全面发展。第一，新型研发机构要以某个领域的技术研究为目标，获得该领域基础的、直观的科学发现。第二，在该领域科学发现的基础上，研究开发出相关科技研发专利，并力求实现对相关技术专利的全面更新。第三，以产业发展为目标，以技术为纽带促使产业链形成和产业集群化，进而促使该领域全面发展。例如，深圳华大基因研究院以基因组为研究目标，通过"三发"联动的研发模式，成功将基因组领域的相关科学研究与创新技术进行成果转化，目前已经在全球成立40多家公司，实现全产业链布局。再如，东莞松山湖高新区的"苹果理论"，其完美诠释了新型研发机构科技成果在该地区的产业化进程，科研成果从"样品"到"产品"，再从"产品"到"产业"的过程，便是"苹果理论"中从"青苹果"到"苹果林"的过程。①

（三）实现公益性服务与市场化运作深度融合

新型研发机构不同于以往的科研机构，作为一种新型科研机构模式，它打破了体制、身份的限制，其不仅包含政府、高校等非营利性主体，还包括企业等营利性主体。政府的目标是产业升级、社会经济的良性发展，高校的目标是科研成果的创新性与前瞻性，企业的目标是获得更多经济利润，目标的不同必然会对其发展产生影响。由于新型研发机构的研究重点不是攻关国家重大课题，而是注重科研成果的实用性，以及如何将其转化为市场所需的产品，从而达到促进区域经济发展的目的，故其在科研工作中应特别注意研究方向、科研成果与社会需求的匹配。②因此，要实现科研工作和产业需求的对接，就要发挥好企业主体的作用，使企业成为新型研发机构与市场之间的纽带，搭建好桥梁，使其增强对市场动态的把握，促进科技成果的转化，实现技术与资本的良性互动。同时，企业要以积极的态度寻求与政府、高校的合作，从构建市场导向出发，强化其创新主体地位。

（四）开启产业资金创投模式

新型研发机构发展成熟的重要标志之一是为其设立产业创投基金，这也是我国新型研发机构未来发展的必经之路。在美国，一半以上的中小企业在

---

① 陈雪，龙云凤. 广东新型研发机构科技成果转化的主要模式及建议 [J]. 科技管理研究，2017，37（04）：101-105.

② 刘伯超，田泽，倪慧. 创新驱动下常州新型研发机构协同治理优化路径研究 [J]. 中小企业管理与科技（上旬刊），2021（01）：166-168.

成果转化过程中获得风险投资的支持。[①] 风险投资在推动国家高新技术产业化过程中发挥着重要的作用，而新型研发机构若能够与投资资本结合，以产业投资基金或公司的形式参与科技创新，加之新型研发机构自身具有较为雄厚的科研力量和人才优势，同时对地方产业及市场需求有着较为深刻的了解，二者的结合必然能够助力我国科技创新型企业的快速发展，为社会发展做出巨大贡献。例如，以深圳光启高等理工研究院为牵头单位成立的深圳超材料产业联盟，其与资本单位结合设立"超材料产业基金"，通过联盟打造的自出创新研发基地和金融资本，更好地扶持联盟上下游科技创新企业，为我国超材料领域发展贡献力量。

（五）打造新兴产业的孵化平台

"让新型研发机构成为新兴产业的孵化平台"是当前我国对新型研发机构的定位要求，也是新型研发机构长远发展的导向。新型研发机构未来发展要以"四个结合"为主要抓手，即高校、科研院所与地方发展相结合，科研和金融相结合，国内与国外相结合，研发与孵化相结合。同时，以研发平台、园区基地、投资孵化、科技金融、国际合作和人才培养六大板块建设为发展重点，建立起聚集人才、技术、资金、载体四大要素的立体式孵化体系，积极促进各类中小企业孵化发展。如中科云智国家级科技企业孵化器，它由中国科学院和东莞市人民政府联合建立，汇聚了云计算相关领域的技术、人才、科研设备和网络等核心科技创新资源，为培育孵化"双创"企业提供孵化全过程的赋能服务，致力于打造中国领先的云计算产业育成生态系统。[②]

（六）开拓海外人才、技术引进模式

调动全球创新资源，拓展人才引入渠道，开展技术引进是新型研发机构未来发展的重要路径，也是推动我国创新驱动发展的有效举措。新型研发机

---

① 陈雪，龙云凤. 广东新型研发机构科技成果转化的主要模式及建议［J］. 科技管理研究，2017，37（04）：101-105.

② 同①。

构通过对国际技术人才的引进，产生国际技术转移，而国际技术转移又会产生国际创新人才的进一步交流和流动，进而形成一种良性循环。如广州乌巴顿焊接研究院，该研究院是乌克兰国家科学院在中国开展焊接和相关工艺技术的主要研发中心，它在乌克兰巴顿焊接研究所科研技术的基础上，在新材料应用、现代焊接装备与工艺平台的建设方面取得了突破性进展。在当地政府的配合与引导下，发挥出新型研发机构灵活的机制特点，多方位、多渠道整合国际资源，必然会推动我国科技进一步发展。[①]

　　本章介绍了我国科技经济组织的发展历程、跨界协同组织的兴起及前景展望。进一步凸显了我国在科技创新体制机制改革过程中的关键举措和重要成绩，为我国面向新一轮科技革命与产业变革、开展科技创新活动提供扎实基础。其中，以平台化技术交易组织、科技服务团、产学研联盟、学会联合体、新型研发机构为代表的跨界协同组织将通过创新运作模式、协同机制、资源管理等推动实现高水平科技创新。当然，新一轮科技浪潮既是机遇也是挑战，促进跨界协同组织的新发展、适应智能科技背景下创新变革显得非常重要。第九章将探索智能科技背景下我国跨界协同组织的发展趋向。

---

① 陈雪，龙云凤. 广东新型研发机构科技成果转化的主要模式及建议 [J]. 科技管理研究，2017，37（04）：101-105.

智能科技背景下我国跨界
协同组织的前景展望

新一轮科技浪潮下，智能科技已成为支撑经济活动和社会生活的基础设施，创新资源集聚、创新行为活跃、人机物融合、万物互联趋势愈发明显，人类社会、信息空间和物理世界三元互动的格局逐步形成。我国积极推动新兴组织参与新治理形态的功能，以增强自身的竞争优势和发展空间。随着新兴经济的快速发展，面向世界科技前沿、面向经济主战场的新兴跨界组织兴起，在学术交流、科技评价、技术转移、产学融合等领域发挥着越来越重要的作用。

第一节　我国跨界协同组织发展的整体认知

习近平总书记在《努力成为世界主要科学中心和创新高地》中指出，科学技术从来没有像今天这样深刻影响着国家的前途命运，从来没有像今天这样深刻影响着人民生活福祉。随着新一轮科技革命和产业转型的加速，我国积极推动数字科技化转型，大力发展新兴跨界协同组织参与新治理形态的功能，以增强自身的竞争优势和发展空间。在智能科技的时代背景下，我国跨界协同组织发展有人才充足、经费投入较多、政策支持等优势，但也存在体制机制不够完善、组织独立性较弱等不足。

一、跨界协同组织发展的优势

（一）科技创新人才储备比较充足

由图 9-1 可知，2018 年，我国研究与试验发展（R&D）人员全时当量稳居世界首位。据统计，中国 R&D 人员总量保持高速增长趋势，R&D 人员从 1992 年的 67.43 万人上升至 2018 年的 438.1 万人。其中，2018 年企业 R&D 人员总量占全国的比例为 78.2%，科学研究人员占全部 R&D 人员的比例为 43.1%，均比上一年增加了 0.5 个百分点。仅从北京地区来看，2018 年北京地区普通高校研究生在校人数为 31.7 万人，研发人员数量为 8.59 万人。这为新兴组织的发展提供了丰富的人才资源。《中国科技人才发展报告（2018）》（简称《报告》）系统介绍了我国人才储备的发展现状，《报告》指

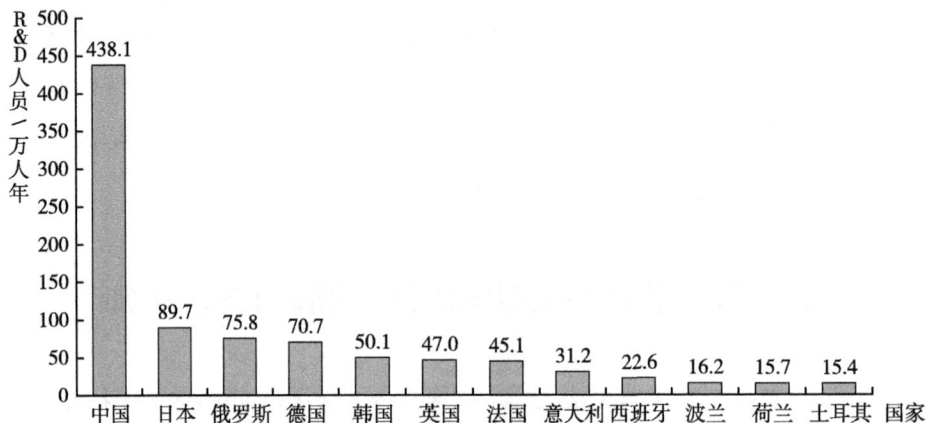

图 9-1　2018 年各国 R&D 人员

数据来源：经济合作与发展组织官网。

出：我国科技人力资源总量在 2013 年超过美国后，连续五年位居世界第一，远超日本、俄罗斯、巴西等国，且人才学历层次不断提升，队伍年龄结构更趋于年轻化，从事试验发展、基础研究、应用研究的人员数量均有不同程度的增长，与发达国家之间的差距正在不断缩小。

除此之外，我国研究机构、高校和企业对于人才培养和投入各有侧重。我国充分依托高校、科研院所的优势学科和科研资源，加强产学研协同创新；以市场机制手段与国外科研院所、企业开展广泛的人才合作与共享，通过"千人计划""百人计划""国际组织任职"等高目标、高标准的方式，面向全球吸纳优秀技术创新人才与成果转化人才。"百人计划"自 1994 年启动以来，已为中国科学创新引进大批海外杰出青年人才。据《2017—2018 年全球竞争力报告》显示，中国在各国对人才吸引力排行中位列第 23 位，我国成为亚洲最大的留学目的国，生源层次显著提升，尤其是"一带一路"倡议提出后，沿途国家留学生数量增长明显。

（二）科研经费投入相对较多

我国重视科技发展，科技投入经费一直保持稳定增长，仅次于美国，居世界第二位，达到中等发达国家 R&D 经费投入水平。

据国家统计局、科学技术部和财政部联合发布的《2019 年全国科技经费投入统计公报》显示，2019 年我国共投入 R&D 经费 22143.6 亿元，比 2018 年增长 12.5%，R&D 人员全时工作量计算的人均经费为 46.1 万元，比 2018 年增加 1.2 万元。从活动类型看，全国基础研究经费 1335.6 亿元，比 2018 年增长 22.5%；应用研究经费 2498.5 亿元，比 2018 年增长 14%；试验发展经费 18309.5 亿元，比 2018 年增长 11.7%，占比最高。此外，国家财政科技拨款也保持快速增长，尤其重视对高校科技的经费投入。2019 年我国对高校科技经费投入力度继续加大，其中清华大学的科研经费为 153.75 亿元、北京大学科研经费为 91.43 亿元、北京航空航天大学为 79.28 亿元，大部分高校的科研经费都在不断上涨。

从 2019 年科技经费投入情况（图 9-2）可以看出，试验发展经费投入占比最大，突破 2 万亿元，比例达到 83%，连续 4 年保持两位数增长。基础研究与应用研究分别占 6% 与 11%，其中基础研究比例首次突破 6%，彰显出国家自 2018 年国务院印发《关于全面加强基础学科研究的若干意见》后对基础研究给予的重视与支持，尤其强调拓展和完善研究投入渠道。

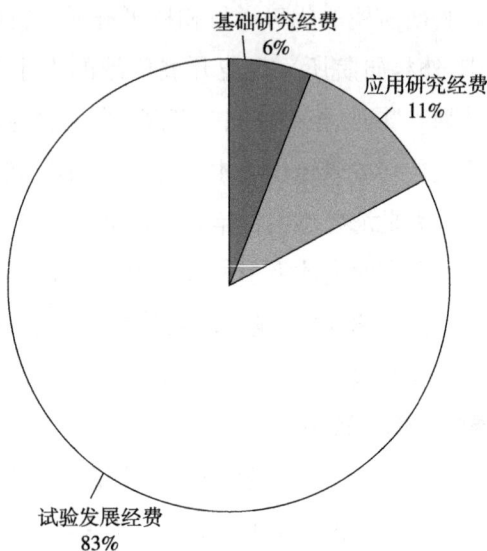

图 9-2　2019 年科技经费投入情况

数据来源：《2019 年全国科技经费投入统计公报》。

　　从 2019 年财政科学技术支出情况（表 9-1）来看，国家财政科学技术支出 10717.4 亿元，增长 11.6%，为 2012 年以来最高增速；地方财政科学技术支出 6544.2 亿元，增长 13.2%，占比为 61.1%。中央与地方财政科学技术支出的大幅增长反映出 2017 年十九大以来科技部门鼓励创新创业的政策被较好地贯彻落实，在创新链的投入端实质性加大了对研发和创新活动的支持力度。

表 9-1　2019 年财政科学技术支出情况

	财政科学技术支出 / 亿元	比 2018 年增长 / %	占财政科学技术 支出比例 /%
合计	10717.4	12.6	—
其中：科学技术支出	9470.8	13.7	88.4
其他功能支出中用于科学技术的支出	1246.6	4.6	11.6
其中：中央	4173.2	11.6	38.9
地方	6544.2	13.2	61.1

数据来源：《2019 年全国科技经费投入统计公报》。

根据《国家中长期科学和技术发展规划纲要（2006—2020 年）》，我国制定了国家科技支撑计划专项经费管理办法。中央财政拨款是"863 计划"专项经费的来源，主要支持中国大陆境内具有独立法人资格的科研院所、高等院校、内资或内资控股企业等。科研经费采用专款专用模式，设立专项财政资金，"专人使用、专户储存、专账核算、专项使用"，并加强资金使用时的审计监督，确保资金落实。

中央财政资金与地方财政资金并行，落实税收优惠政策，通过有限公司扶持奖励、增值税奖励、企业所得税奖励为科研发展提供经济便利，提高科技型中小企业研发费用加计扣除比例，促进职务科技成果转化，所获奖金享个税优惠。如《关于创业投资企业和天使投资个人有关税收政策的通知》（财税〔2018〕55 号）规定，自 2018 年 7 月 1 日起，有限合伙制创业投资企业股权直接投资于初创科技型企业满两年的，该法人合伙人可按投资额的 70% 抵扣应纳税所得额。国务院于 2014 年颁布了《关于进一步加强中央财政科研项目和经费管理的若干意见》，使得科研项目与经费支出更加聚焦国家经济社会需求。

此外，政府采用 PPP 模式，积极引导民间组织、投资企业融合发展，启动多元化资金投入机制。2015 年 5 月 19 日，财政部、国家发展改革委、人民银行《关于在公共服务领域推广政府和社会资本合作模式指导意见的通知》

出台，明确要求推进科技领域的 PPP 合作模式。政府与社会资本合作在地区科技金融创新中心项目建设中发挥重要作用。

（三）科技发展的保障机制较为完善

中国特色社会主义制度模式为科研发展和新兴跨界协同组织的建设发展提供了制度保障，一方面可以有效地动员物质力量和人才储备，集中力量办大事，实现资源的最优配置；另一方面可以通过总体部署，为新兴组织进一步参与科研创新提供机遇、指明方向。近年政策见表 9-2。

表 9-2　2018—2020 年政策摘录

年份／年	政策摘录
2018	加快建设创新型国家，加强国家创新体系建设，落实和完善创新激励政策，促进大众创业、万众创新，坚持创新引领发展
2019	推动传统产业改造提升，促进新兴产业加快发展，提升科技支撑能力，扩大国际创新合作，进一步推动大众创业、万众创新
2020	促进产学研融通创新，发展创业投资与股权投资，增加创业担保贷款

资料来源：政府工作报告。

党和国家高度重视维护科技领域知识产权安全性工作，充分发挥知识产权制度对科学技术的引导、激励作用。2015 年 8 月 29 日，第十二届全国人民代表大会常务委员会第十六次会议修改《中华人民共和国促进科技成果转化法》，促进科技成果转化为现实生产力，规范科技成果转化活动；促进科研机构、高等院校技术转移，可自主决定转让、许可或作价投资，有权依法以持有的科技成果作价入股确认股权和出资比例；激励科技人员创新创业，充分利用股权出售、股权奖励、股票期权、项目收益分红、岗位分红等方式激励科技人员开展科技成果转化，为科技成果转移转化创造良好环境。

在促进国际化交流方面，在我国颁布的《国家"十二五"科学和技术发展规划》中指出，应大幅提高科研活动国际化程度，积极参与国际科技组织与国际大科学计划；《"十三五"国家科技创新规划》中提出，我国应积极组织参与国际大科学计划和大科学工程，加强顶层设计、长远规划，择机布局。我国从政治保障、科技创新、人才引入、发展规划等角度鼓励科技组织的跨国发展。

（四）我国具备特色科研组织及平台优势

我国科研组织及平台旨在通过加强研究人员、社会和行业之间的合作与沟通，共享科学解决方案，从而促进我国科学技术的发展。组织成员由来自大学、研究中心、教育机构的世界各地的科学家、研究人员、专业顾问的多学科成员组成。

中国管理现代化研究会是由中国科学技术协会主管、国家民政部备案的管理学领域国家一级学术社团组织。学会以实践经验的总结、管理科学的学术研究和交流为主要业务，以推动中国管理科学与学科的发展，提升中国管理水平。

紫金山天文台是我国自主建立的第一个现代天文学研究机构，被誉为中国现代天文学的摇篮。该组织面向天文学重大科学问题，以国家战略需求为导向，构建完整的天文科学与技术创新体系。

中国科学院于 1949 年 11 月成立，是中国自然科学最高学术机构、科学技术最高咨询机构、自然科学与高技术综合研究发展中心。中国科学院学部是国家科学技术方面的最高机构，负责提供国家科技发展规划、计划和重大科技决策咨询，对国家经济建设和社会发展中的重大科技问题提出研究报告，提出学科发展战略和中长期目标建议，评议和指导重要研究领域和研究机构的学术问题。中国科学院学部的最高组织形式是全体院士大会，院士大会闭会期间的常设领导机构是学部主席团，由中国科学院院长担任学部主席团执行主席。中国科学院整合各研究单位、共建单位、全资或控股企业、学校及支撑机构、相关组织等，截至 2021 年 7 月，中国科学院具体机构与数量的情况见图 9-3。

近几年，中国科学院在知识创新工程试点中，通过国际合作与交流，在促进基础研究和高技术创新、为国民经济建设与社会发展服务等方面做出了贡献。中国科学院统领沈阳自动化研究所与哈尔滨工业大学机器人研究所建立机器人学国家重点实验室，探索机器人技术前沿与示范应用领域，为我国经济社会发展、国家安全和重大科学工程提供所需的机器人技术与系统。

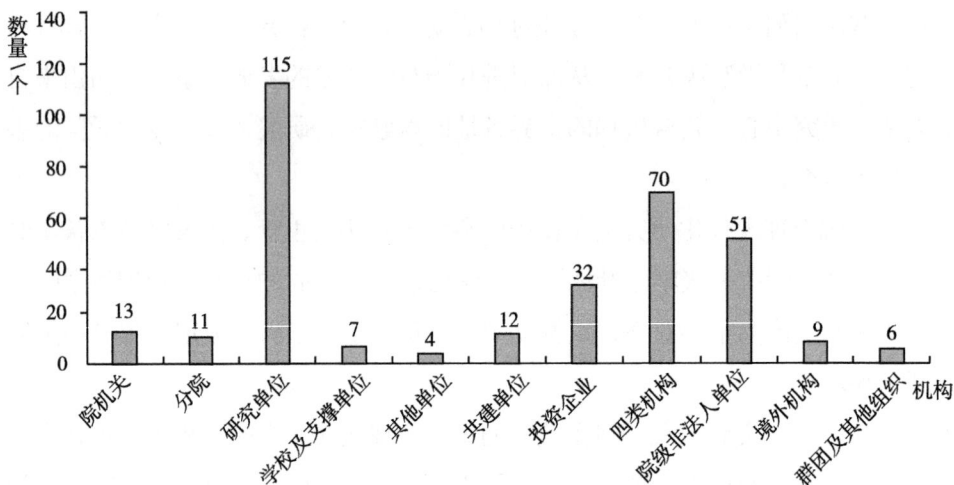

图9-3　中国科学院机构与数量

数据来源：中国科学院官网。

总体来看，我国目前科技创新服务平台众多，包括综合性服务平台与专业性服务平台，北京、山东、浙江、广东等省（直辖市）纷纷建立地方科技创新服务平台，对接企业、科研机构、服务机构与专家库，提供政策信息指引、科技文献、仪器设备等服务资源，为科学研究招商引资。

二、跨界协同组织发展的不足

目前，我国跨界协同组织还存在一些发展瓶颈，亟须深入分析并提出相关对策。

（一）科技组织的独立性与主动性较差

目前，我国跨界协同组织形成了政府引导的家长式干预模式，以此打造组织在保护下追求自我实现的预期效果。当人们因智能科技发展而沉迷其他形式的消费时，会产生负面溢出效应，逐渐失去话语空间、环境权利和责任感。

目前我国科研治理过程行政化较为严重，组织发展过分依赖政府，一方面导致组织攀附行政力量以获取隐性收入；另一方面，由于我国尚未承认部分组织的独立法人地位，影响组织的国际竞争力，使得组织空间相对封闭，民办科研组织的独立性与自主性较差，尤其在非营利原则下很难调动积极性。我国科技新兴组织基于学会背景产生，却在发展过程中逐渐脱离学会发展，各组织之间发展孤立，跨界、跨业整合能力差，在社会服务方面有所欠缺。

中国科技体系如图9-4所示，由中央全面深化改革领导委员会与战略咨询综合评审特邀委员会共同建立部际联席会议制度，负责重大问题决策与项目集中决策，下设项目管理的专业机构，分属各项研究计划，与研发机构、大学、企业等沟通协作。

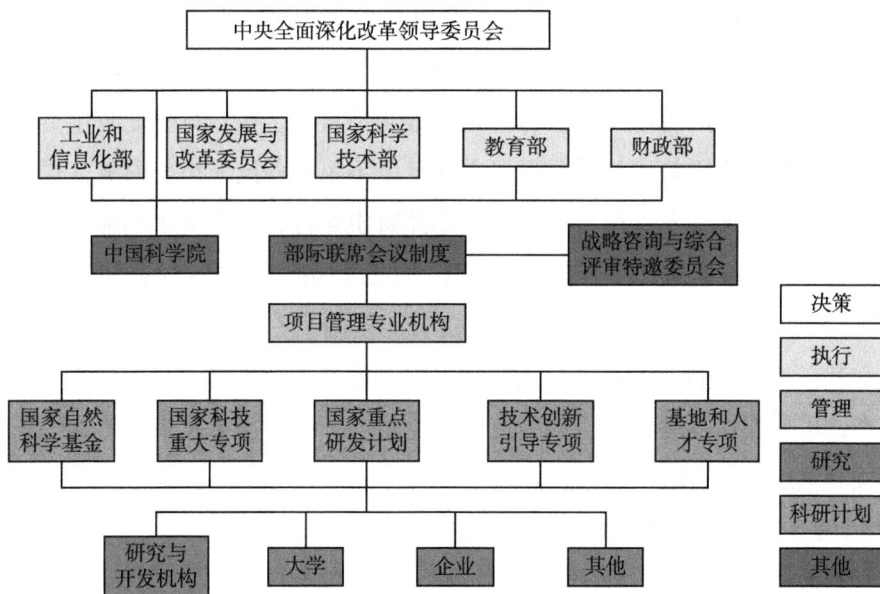

图9-4　中国科技体系

（二）科技组织经费来源结构及管理有待优化

当前，我国科技经费的主要来源是政府拨款，同时有部分民间资本介入。组织、商业、资本之间的分割与壁垒明显，未能较好整合各类资源与主体，经费主要依赖国有资本。由于新兴组织过度依赖政府资源，主动从社会获取资源的意识较弱，缺乏自我经营管理的能力和自我造血机制。而发达国家的经费来源结构较为丰富，经费管理和造血能力相对较强。以法国为例，法国科技社团的经费来源主要是公共部门与私人部门，包括政府津贴、企业、基金会、个人捐款、活动收入、会费收入等，经费管理兼顾企业管理模式，组织造血能力较强。如法国消化道癌症联合会的自有资金来自累积资金，包括协会的原始资本和储备金，并对其进行了长期管理。

我国财政补贴多集中在高等院校及政府下设科研机构，而企业性质的应用主体却面临经费投入不足的窘境，为维持项目运营被迫采取风险投资、银行贷款等方法，可能会面临巨大的财务风险。由于进入市场后面临较高的市场开发与运营成本，严重打击了企业进行科技成果转化的积极性，多数税收优惠政策也只停留在科技成果的研发阶段。

此外，我国科技组织经费管理有待优化：没有形成统一权威的科研经费管理办法，造成管理难以执行；预算编制不科学，在预算分配时主要依靠中央机构的集中决策，部委、项目之间竞争不足；科技人员与财务人员存在沟通问题，致使经费管理与研究工作不能有机结合，资金配置不能达到精细化配置；科技经费的使用与管理未能全面公开透明，导致经费使用的监督"缺位"。

我国来源于政府的研发投入比例偏低，政府扶持力度不足，税收优惠范围小，可操作性不强，缺乏免税资格审定机制，资金扶持及规范化方面未能兼顾非重点培育的新兴组织。

（三）企业性质的领先科研机构缺乏

自改革开放至今，我国虽然在核心科技方面方面取得了系列突破，但是从整体发展水平来看，我国科技水平与世界先进水平仍有较大差距，同我国经济社会发展的要求还有许多不适应的地方。一方面，智能科技的核心技术仍为外国企业掌握，自主研发方面进展缓慢，尚未突破技术难点；另一方面，中国科学院等权威性科研机构的传统地位不容撼动，资源高度集中导致科研所之间资源分配不均严重阻碍各地方科研进展，中小企业发展面临困境，新兴组织在资源汲取方面处于劣势。

在 2018 年登记的 57618 项应用技术科技成果中，占比例最高的是产业化应用，为 54.46%，其成果数达到 31378 项，其中有 60.59% 的科技成果由企业完成；小批量或小范围应用的占全部应用技术成果的 25.22%，其成果数为 14531 项，其中 42.83% 由企业完成；试用成果数 6184 项，占比 10.73%，其中由企业完成的占 32.46%；未应用的成果数 5388 项，占比 9.35%。2018 年应用技术成果应用状态分布见图 9-5，可以看出，我国由企业完成的科技转化成果数仍有很大的提升空间，缺少企业性质的研发机构使某些研发脱离市场需求，未能给社会带来真正的经济效益。

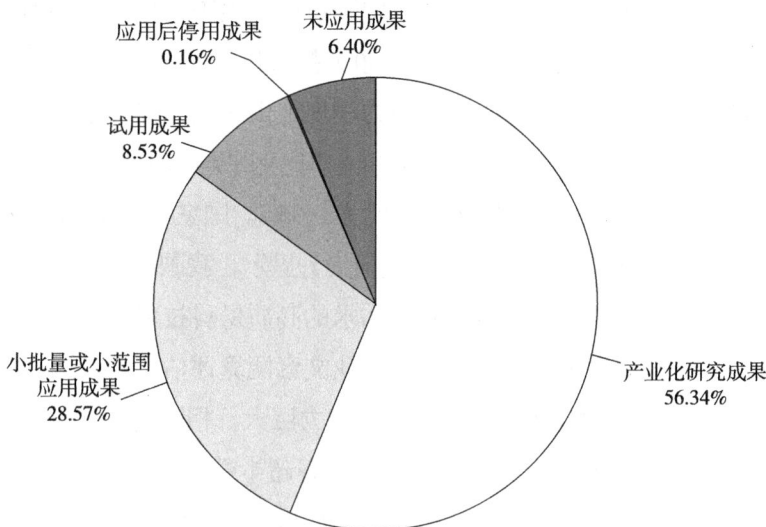

图 9-5　2018 年应用技术成果应用状态分布

数据来源：《中国科技成果转化 2018 年度报告》。

（四）科技组织国际合作水平有待提高

我国开展国际合作需要相应的业务主管部门批准，审核流程复杂，科技组织对外开展交流工作受限。并且新兴组织在我国的发展尚不成熟，竞争力较弱，未能搭建起国际性的活动网络，与国外高校和杰出的研究基地建立的战略性伙伴关系较少。

目前我国新兴科技组织对国际化的战略定位缺乏清晰认知，在举办高影响力国际会议、设立境外分支机构、主导国际重要科研项目等方面缺乏实力。我国大多数科技组织停留在参与和举办国际会议、创办期刊的初级阶段，国家主办及国际民间科技组织主办的学术会议频次少，学科差异大；设立境外机构的学会极少，且国内还未外派人员进入英国、美国、德国等发达国家的境外机构，全国学会中仅有7家学会在境外设立9个分支机构，占比不到4%，且基本"无外派人员"。

（五）科技人才培养机制有待完善

我国虽在科技人员总量方面位居世界首位，但是根据R&D人员密度（R&D人员／就业人员）指标显示，中国落后于美国、日本、德国等发达国家（图9-6）。在《2019年全球人才竞争力指数报告》中，我国排在第45位，地域内排名第8位，在科技人才吸引力表现上仍有很大提升空间。据相关数据表明，世界一般国家国际人才占常住人口比例平均水平为3.3%，发达国家甚至达到10%，但在我国国际人才占比为0.06%。国家评估中心2019年首次发布的《中国科技成果转化2019年度报告》显示，我国高校和科研院所科技成果转化遇到的瓶颈之一是满足转化需求的高质量科技成果不足，且研发脱离市场。据移动新媒体"知识分子"专业文章测算评估，若美国高校科技成果转化效率为50%，我国仅为6%，发展潜力巨大。相比之下，德国与美国研究机构中海外高端人才比例极高，美国硅谷超半数的科技人员是海外移民。这反映出我国在对高科技人才的引进渠道与机制方面仍存在不足，未能充分利用人才引进中介机构等市场化手段。

□ 万名就业人员中R&D活动人员/人年
▨ R&D研究人员/千人年
■ 万名就业人员中R&D研究人员/人年

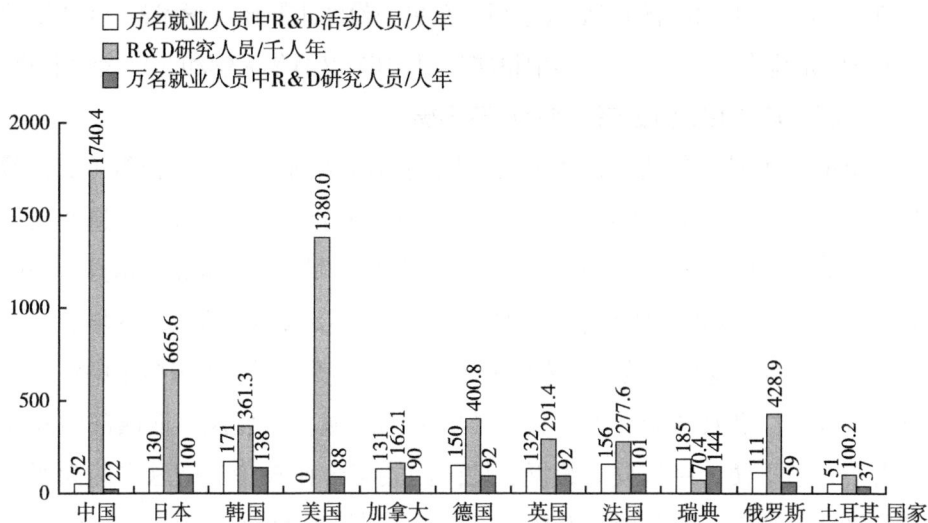

图 9-6　2019 年各国 R&D 研究人员

数据来源：中国教育和科研计算机网。

　　我国目前的科技人才培养模式有两种：一是模仿苏联的专业技术型——理论＋技术实践＝解决实际问题的技术型人才；二是模仿欧美的研究导向型——理论＋发展新技术＝科研贡献的科学型人才。而我国在当下的社会发展中迫切需要另外三类科技人才：理论＋技术实践＋专业知识的交叉应用＝技术集成创新型人才；理论＋技术实践＋创新设计＝产品创意设计人才；理论＋技术实践＋创业与市场能力＝管理人才 [①]。因此，科技人才培养不仅需要质量保证，更强调人才方向能否与社会需要匹配。

　　虽然我国人口基数大，基础教育普及率高，但是高等教育和专业教育仍然存在不足。以普通高校为例，我国大部分专业沿用的是外国教材，专业技术学习仍然依赖外国学术界。此外，我国在学术方面缺少创新和批判思想，高校的选拔机制也有待提高。在 2017 年泰晤士高等教育大学排行中，中国只有 5 所学校上榜，且中国排名靠前的清华大学排在第 30 名，相比美国 43 所、

---

① 苗德华，刘新钰，王茹. 研究生层次工程类应用型人才培养模式的探索与实践 [J]. 研究生教育研究，2013（04）：38-41.

英国 12 所、德国 10 所仍有很大差距；在另一份注重科研与学术的 2017 年世界大学学术排名中，近一半由美国占据，而中国仅清华大学和北京大学上榜。

（六）科技组织地域与领域分布不平衡

2020 年 1 月，科技部发布的《国家高新区创新能力评价报告（2019）》提出，国家高新区创新发展"头部园区"作用十分明显。在我国制造业创新中心建设过程中出现"多点开花、东快西慢"的区域布局，东部地区建设进展快，而重庆、内蒙古、甘肃等西部地区平均认定不足 2 家。受我国区域发展战略和政策分布不均衡导致的要素分配不均影响，我国新兴组织多集中在东部沿海地区，凭借其资金、人才、对外贸易等地域优势发展，而西部内陆地区由于交通不便、经济发展缓慢、地区间战略合作较少等问题未能为新兴组织建设提供良好的创新生态环境。图 9-7 为 2019 年各地区 R&D 经费投入情况，可以看出，广东、江苏、北京、浙江等东部发达地区 R&D 经费投入较高。

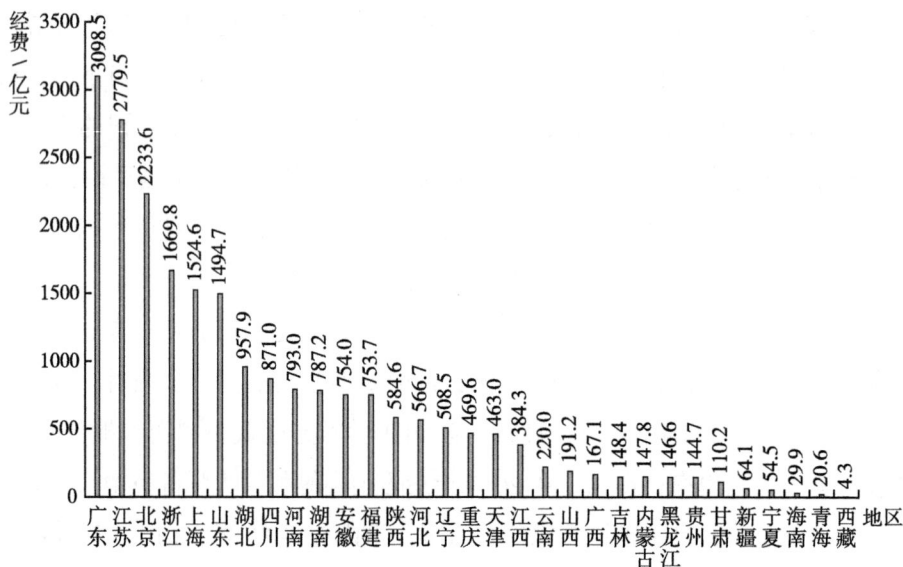

图 9-7　2019 年各地区 R&D 经费投入情况

数据来源：国家统计局。

我国《社会团体登记管理条例》第十九条指出，社会团体不得设立地域性分支机构，这妨碍地方科研自主性发展。我国虽在 5G、高铁技术、桥梁建设技术、基因测序技术、导航等领域世界领先，但在芯片、半导体、精密制造、航空、仪表仪器、信息安全、医疗器材生物医药、汽车工业、新材料等领域仍然受制于人。此外，新兴组织的研究领域多集中在国家重点扶持的科技项目上，研究方向狭隘，在某些国际关键领域，如生物制药、量子技术、公共安全上仍未进行深入探索。

（七）科技组织治理体系不够完善

以信息经济、智能工业、网络社会等为主要特征的高度信息化社会正加速到来，欧美等发达国家和地区已经形成内外部结合治理的规模体系，智能科技催生的新兴组织经过发展，已经形成独立的、规范的、自负盈亏的生态系统。在政府引导下，企业、组织内部形成了自我管理模式；受完善的法律法规制约、工会的监督、世界组织的管理，形成了外部治理体系。我国科技发展起步晚、发展快、短板多，在人口基数大的优势上，我国有着人才人口红利，但是人口红利并不能解决我国科技发展短板多的现状。

同时，我国在打造在线政府、推行基于网络空间的政务工作模式、产业政策等方面仍存在弱势。在制造业发展、创新创业建设及新兴组织规则方面，我国还未出台明确的、体系化的规定。各地政府行动分散，缺少系统性、一致性。受各省观念、经济实力等因素影响，省级在线政府平台质量参差不齐。例如，重庆市出台的《重庆市以大数据智能化为引领的创新驱动发展战略行动计划（2018—2020）》中的重点产业领域为布局重点；深圳市提出《关于建立工业互联网创造业创新中心的提案》，主张整合集中优质资源加快进行跨行业、跨领域工业互联网关键技术和典型应用解决方案的突破，推动工业互联网综合性应用平台建设；天津市依据《天津市建设全国先进制造研发基地实施方案》，加快研发基地建设、完善创新创业体系。

由此可见，我国尚未形成内外部治理的规模体系。各省情况不同、建设重点不同、发展方向不同、治理体系不同，虽然各省（直辖市、自治区）内部出台了法律法规，但各组织与企业早已形成内部治理生态；从外部来看，当下的新兴组织发展没有形成契约化、规范化、伙伴化的模式，市场化程度低，科技成果转化度低，盈利模式单一，无法形成自负盈亏的生态体系。

法治是科技组织、治理体系和治理能力的重要依托，但我国关于新兴组织的相关法律体系并不完善。未能明确产权归属、利益分配、风险承担等问题，可操作性和灵活性较差，立法层次不高，存在潜在的矛盾冲突；对新兴组织的人员管理、财务安排、权力监督等内部治理缺乏规范机制；职责划分不明确，政府与组织内部管理的界限模糊、交叉地带多，削弱了新兴组织的独立发展能力，政府应基于提高组织的主观能动性提供国家扶持的相关政策，还需要继续学习如何建立更为合理、有效的法律制度保障。

（八）科技平台建设能力有待提高

新兴组织在我国兴起晚、发展时间短，在社会范围内尚未形成完备的为新兴组织服务的资源共享体系，各组织之间缺乏统一的功能性平台。沟通联系较弱，集聚联动效应差，阻碍集群创新网络的形成；获取政策法规、经济趋势、市场形势的信息渠道和门户少，在管理咨询、质量管理、投融资服务等内容服务方面欠缺。

缺乏统一协调的大数据库，新兴组织体系中各组织利用资源的能力不同，会扩大各组织之间对相关问题的分歧。主要表现在：国家与地方平台的协调机制不完善，存在重复建设问题；科技创新平台的运营维护缺乏稳定的财政支持，平台运营的专职队伍缺乏资金，无法保证创新服务平台的正常运行；科技平台的绩效考核机制还不完善，影响资金投入与计划安排；科技平台的影响力不足，部分平台定位不清晰、重点不突出，对外合作与学术交流不够活跃。

第二节　我国跨界协同组织新的发展情况

科技组织作为凝聚智库力量、服务科学技术创新的专业性组织，一方面，对加强跨界协同组织治理提出新要求；另一方面，跨界协同组织具备人才、技术、资金、国家政策扶持等独特优势，有利于加强对科技的治理效能。

一、对跨界协同组织治理模式的新要求

随着人工智能、数据分析、机器人、数字平台、社交媒体、区块链和 3D 打印等新兴技术的发展，"智能化"过程越来越多地出现在生产过程、形式和条件中，重塑了人类在消费信贷风险评估、产品设计、平台工作、医疗诊断、招聘、预测监管、定制制造、自动欺诈检测、消费者服务和监控等领域的行为，对科技组织治理模式提出了新的要求。

（一）加强"枢纽型"科技组织转型

科技组织是联系服务科技工作者、政府与市场的重要载体和纽带，根据改革要求，进一步完善治理结构与治理方式，实施组织服务能力提升工程。通过推动科技类社会组织改革，加强枢纽型组织建设，激发科学技术创新活力，适应社会治理的现代化需要。

（二）改进决策机构人员管理模式

对于讨论和表决途径，可以通过程序化和民主集中制的方式进行，采用选举、投票、理事会中增加基础会员等手段，构建科技组织的决策机制。

（三）提高科技组织"造血"能力

加快"去垄断化"与"去行政化进程"，引入适当的竞争机制，增强科技组织本身的自主性与独立性，激发社会组织活力，实现自我治理，承接更多的社会治理职能，成长为具有可持续发展能力、能够适应国家治理转型需要的新型社会组织形态。

（四）强调新技术在科技组织过程中的作用

目前出现的技术不只是自动化和信息化，它们对科技组织提出了新的重大挑战。新技术有别于以前的技术，造成这种区别的四个关键因素：一是在过去 10 年中，新兴技术变得越来越"智能"；二是利用通过数字应用程序获得的大量数据、新兴技术越来越多地管理我们的社会、消费者和工作生活，允许新形式的后端分析，这大大扩大了组织在跟踪、监控、解密和指导个人

和群体行为方面的覆盖面；三是新兴技术为组织内部和组织之间的创新和协作提供了新的方法；四是最近几十年，技术传播和应用出现了前所未有的加速。

二、跨界协同组织在新治理形态上的新功能

科技组织作为凝聚智库力量、服务科学技术创新的专业性组织，拥有人才、技术、资金、国家政策扶持等独特优势，随着新技术背景的出现，在新治理形态上有以下新功能。

（一）多方协同提供智能科技发展的思想库

党的十九大报告提出，加强社会治理制度建设，完善党委领导、政府负责、社会协同、公众参与、法治保障的社会治理体制。实现国家治理能力和治理体系的现代化必然离不开多元主体的共同参与。在我国治理体系中亟须构建多元主体协同治理格局，在以大数据、人工智能（AI）、机器学习和物联网（IoT）为特征的第四次工业革命时代，可以预期的是，政府、工业等部门需要进行的适应和调整是广泛而复杂的。而科技组织作为社会治理的新兴主力，可以汇聚高端智力，根据我国国情洞察科技领域结构性趋势，判断科技产业的发展方向。由于科技变革的不确定性与风险性，研究重点可能会随时发生变化，我国尚未形成成熟的产业链调整机制，因此新兴组织对于趋势重点的把握必不可少。

在经济领域，科技组织通过洞察科技发展现状提供前瞻性的科学依据，在某些不确定性领域提供建设性意见，可以通过新技术扩散、提供知识人才、应用技术等服务支持企业科技创新，帮助企业布局下一代技术制高点，助力智能科技转化为生产力，为经济增长和转型发展提供活力。在社会领域，向公众提供科学知识、科技文化的服务引导，提高社会的创新能力，营造良好的创新环境。在政治领域，科技组织可以充分发挥智库作用，服务国家创新能力提升，承接政府科技职能转移，使政府可以为科技发展提供更好的制度环境与政策环境，加强由于科技发展的不确定性与风险性带来的安全、隐私等问题的监管与治理，进而通过大数据、人工智能等现代化科技手段提升国

家与社会的治理能力。

（二）科技融合提供创新人才的催化剂

我国重视新兴组织创新能力的建设。2019 年 8 月，由北京市人民政府、工业和信息化部、中国科学技术协会共同主办的 2019 世界机器人大会在北京举办，大会以"智能新生态、开放新时代"为主题，展示了 700 多项最新科技成果和产品应用等，300 多位业界专家和企业家参加对话讨论，全球 10 多个国家和地区的 1000 多支队伍参赛。通过承办世界机器人大会，在我国形成相关的带动作用，如相关产业发展、基础设施建设、创新教育体系建设、产业融合科技发展等。

数字化、网络化、智能化已经成为当今经济社会发展的大趋势。智慧社会是对我国信息社会发展前景的前瞻性概括，党的十九大报告提出建设智慧社会，这是科学判断信息社会发展趋势做出的战略部署。建设智慧社会将推动社会结构变化、产业结构升级，传统的行业边界消失，新的融合行业出现。

技术进步为基于自动化、大数据、物联网、云计算、机器人、生产网络和在工业制造系统中引入数字创新的新工业革命奠定了基础。工业界正试图找到最佳策略，将新知识和新技术应用于工厂的生产过程，使其"智能化"。"新技术科技创新工作者"和"智能科技知识"是智能科技背景下科技组织的核心要素，智能科技知识通过科技组织实现自身的扩张与转换，依赖于新技术科技创新工作者。科技组织试图寻找最佳策略，将所获得的知识系统化，以便为社会提供更充分的培训，设计更新的培训途径，培养能够被新兴职业吸收的专业人才，提供智能科技社会中所需要的关键技能和知识。

（三）功能整合提供创新资源集成的大平台

因资源的异质性，不同领域的高校和科研机构各具优势。中国科学技术协会成立于 1958 年 9 月，是中国科学技术工作者的群众组织，是中国共产党领导下的人民团体，是国家推动科学技术事业发展的重要力量，是党和政府联系科学技术工作者的桥梁和纽带。"科创中国"是中国科学技术协会打造的创新、创业、创造服务品牌，聚焦产学研金用各方力量，加速科技成果转化应用发展。"科创中国"致力于推动科学家和企业家合作,重点实现四大功能:供给匹配,让企业家找到科学家,技术成果产品化;需求牵引,让科学家找到企业家,提高科技服务职能;探索政府支持、市场主导的新兴科技经济融合机制;加强宣传,开展面向全球的国际技术交易协助,拓展国际合作空间。但中国科学技术协会在知识产权保护、产品转化投入市场、为科研提供经费和平台优势等方面仍有欠缺。

我国科技组织应当通过共建平台,企业提供资金和成果转化平台优势、高校和科研机构提供知识和人才优势,整合创新主体的优势创新要素,商界、学界合作完成创新成果转化。科技组织整合智能科技创新人才与新科学技术知识资源,作用于政府、市场、大众及组织内部人员,提供智能科技创新资源集成的大平台,在国家治理主体中发挥基础支撑作用。应明确功能定位,各平台分类有序发展;创新管理机制,提高平台的管理水平,促进科技平台的高效安全运转;深化科技领域的交流与合作,营造良好的学术氛围,推动平台健康向上发展。

(四)专业能力助推智能科技的成果转化

新一代信息技术既是监管的对象,又是变革的策划者。鉴于数字计算和网络通信的巨大进步,使得大量灵活的、可伸缩的数据几乎不受限制地渗透人类活动的各个领域,可以预期的是,政府、工业、教育和医疗保健等部门需要进行深度调整。为了应对大数据带来的影响,我国政府通过制定政策、法律框架、计划和方案,引导新一代信息技术的应用,促进我国的技术创新、新兴组织发展和经济繁荣。政府充分发挥政策引导作用,加强顶层设计和总体布局,我国为贯彻落实《中国制造2025》,制定制造业创新中心建设工程实施指南、考核评估办法;为解决我国长期以来科技计划经费分散重复等问题建立了以部际联席会为主的国家科技计划经费统筹协调机制。

发挥科技组织专业服务能力,借助"智能化"的新优势,关注、协调、控制、沟通、等级、专业角色和界限、社会化、实践等相关的问题,促进科研、教学和生产相结合,推进科技成果、科技项目和专业人才对接,为智能科技成果转化提供更加精准的系统化服务。

（五）跨域跨界提供国际学术交流的主渠道

跨界融合是当今科技发展的生命力所在。2000 年，我国发布了首个国际科技合作政策——《"十五"期间国际科技合作发展纲要》，强调利用与国际组织的合作关系，为西部地区开辟国际合作渠道、开发国际科技资源。2006 年，科技部发布《"十一五"国际科技合作实施纲要》，提出要积极参与国际组织及其活动。进入"十三五"时期，明确提出要深入国际科技创新合作，在《"十三五"国际科技创新合作专项规划》中全面部署，鼓励参与新兴国际科技组织的创立与发展。根据我国科技计划管理改革方案，我国开始构建新的科技计划管理体系，提出政府不再参与项目管理，由专业机构管理科技计划项目。

通过建立技术研发网络，科技组织可以跨域、跨界整合各国的科技资源，实现全球的分工合作，避免了各国科技发展的"孤岛效应"，构筑国内国际双循环格局。通过科技跨界合作促进人才交流与技术分享，主动配置全球的科技力量，通过与其他国家组建科技组织、制定国际规则，主导数字领域、知识产权领域的国际合作，全面参与国际科技治理，驱动更加公平合理的国际生态环境。在全球科技治理平台上提供"中国影响力"，参与建设科技治理新规则。

第三节　促进跨界协同组织高质量发展的治理体系

为了跨界协同组织的健康发展，构建跨界协同组织治理体系很有必要。这一治理体系既要有顶层的制度设计和文化培育，也要有人才、经费、技术等支撑造血能力的必备要素。

一、强化顶层制度设计

政府层面的顶层设计和政策引导是跨界协同组织实现良性发展的首要前

提。对待跨界协同组织的健康发展，要与对待新业态、新模式的态度一样，应采用"科学引导、包容审慎"原则。鼓励组织创新，鼓励跨界协同组织更多地突破自我边界，更广泛地跨学科、跨产业、跨国界整合各类创新资源，更高效地开展科技创新活动及解决人类社会发展面对的重大共性问题。同时，坚持"包容审慎"监管原则，一方面坚持底线思维，审慎出台新的准入和监管政策；另一方面要科学合理界定组织，明确追责标准和履责范围，引导和促进跨界协同组织健康有序发展。

政府对跨界协同组织的引导和监管可以体现在四个方面。第一，政府作为跨界协同组织的初期出资方，提供早期基本运行经费。聚焦科技创新和人类发展共性需求，面向解决符合国家战略、科技前沿和社会发展重要领域的若干重大问题，由国家财政支持新建非营利创新性组织——跨界协同组织。第二，政府助力构建跨界协同组织的资源平台。政府利用其特有的资源优势，充分整合各类创新资源，逐渐形成由政府牵引、高校和科研机构支持、企业重点参与的一种合作共赢的创新生态系统，确保协同创新运行良好，减少各主体之间的沟通成本和摩擦。第三，绩效评估和问责机制。政府作为跨界协同组织的早期出资人，需要结合跨界协同组织的发展目标设定，对组织活动成果和绩效进行阶段性评估，从而判断是否进行后续追加投资等决策。同时根据"包容审慎"原则，适度宽容失败。第四，鼓励组织开展国际化创新活动。政府应积极学习国外科技社团"走出去"的典型案例，不断拓展国际视野，支持新兴科技组织的国际化建设，为组织"走出去"提供国家层面的发展思路和政策性引导，并给予资金扶持。通过在国内促进建立国际组织、设立办事机构、放宽科技组织参与国际学术交流的管制、制定科学奖励政策等措施，营造更为宽松的科技组织发展空间。

二、优化治理模式

政府通过立法等措施严格跨界协同组织的准入及管理运营制度，在以明文规定保障各方权利、明确各方义务的基础上，组织内部治理是良好运行的关键。

跨界协同组织可以通过建立组织运行的规范工作流程、聘请专职管理人员提高日常活动管理的效率，对组织内部人员流动、财务状况、业务执行、合作交流等方面进行自我约束、自我管理，提高组织规范化水平，作为政府监管的积极补充，鼓励形成综合、参与、包容和开放治理的新模式。

在此过程中，所有利益相关者，如政治利益相关者、社会利益相关者、知识利益相关者和经济利益相关者之间的参与是绝对必要的，我国可借鉴美国经验，建立行业自律组织，在跨界协同组织与政府之间搭建沟通桥梁：一是向组织及时传达政府在地区及国家治理方面的意见与建议；二是帮助政府对组织活动的开展予以监督，由于自律组织内部人员、协调、统筹机制较为成熟，因此可以降低政府的监管难度与监管成本。

切实落实和完善法人治理结构，坚持市场运营，保持自身独立性，促进组织本身工作的职能化，平衡行政化与商业化之间的关系。也可采用联盟式结构和现代公司制相结合的方式，如弗劳恩霍夫协会，从其组织结构来看，成立了会员大会、理事会、执行委员会等机构。而美国国家制造创新网络则采用公私合营模式，通过设置适用于各类机构的多层次会员制度，将政府部门、大中小企业、行业联盟与协会、高等院校、国家重点实验室和非营利组织等纳为会员，实行以董事会为核心的商业治理模式。目的在于通过公司制管理，保证各主体行动的战略一致性和激励相容。在此基础上，跨界协同组织以项目和市场需求为牵引，推动各成员间建立各种资源共享机制，包括技术设施共享、共同的技能培训、内部成员和外部相关者的信息共享等，通过紧密联系、信息共享和开展合作研究，达成共同的利益关注和一致行动。对于部分具有公益跨界协同组织而言，公益属性使得所有权、经营权、收益权分离，所得收益应全部用于组织内部发展和项目开展，因此还要平衡好效率与公平的问题，控制道德风险也是亟待解决的。

同时，跨界协同组织的健康发展还有赖于社会舆论环境的营造和社会认同的获取，需要创造出有利于跨界组织良性发展的社会环境。政府应为跨界协同组织服务公共领域提供正向激励，加大对协同跨界作用与重要性的普及力度，创造出有利于跨界组织良性发展的社会环境，鼓励跨界协同组织开展有效的跨界创新活动。通过加大网络、媒体、智库机构对跨界协同组织的关注宣传和对相关典型案例的研究传播，扩大社会对组织发展现状、功能作用、重要性的认知，从而提升跨界协同组织在社会环境中更广泛的影响力和显示度，增强各界的认同感，引导更多主体参与组织建设。

三、调整人才培养模式

新业态、新模式出现后，人才结构和培养模式上也需要做出相应的调整。跨界协同组织的兴起对创新型人才和团队的需求日益增加，多元化、创新型、国际化人才的培养是助力跨界协同组织健康良性发展的重要手段。

从跨界协同组织的组织构成和活动内容看，由于组织可能聚集了来自跨学科、跨领域、跨国界的各类人才和团队，其开展的创新活动又极具复杂性，所以需要有能够很好地管理和服务复杂活动能力的多元化、创新型、国际化的人才加盟。以世界顶尖科学家协会为例，它于 2019 年成立于上海，目前有科学家会员 72 位，其中 51 位获得诺贝尔奖、6 位获得沃尔夫奖、6 位获得拉斯克奖、4 位获得图灵奖、2 位获得麦克阿瑟天才奖、1 位获得菲尔茨奖、2 位杰出科学家，并计划扩展至 100 位，是亚洲地区规格最高的科学机构。从世界顶尖科学家协会的工作内容来看，包括定制为顶尖科学家提供多维度服务的科学社区，协调安排科学家会员在大中华地区的各类科学交流活动等，这就要求配备和组建强大的运行和服务团队。

因此，在人才培养模式上也要做出相应调整和改革。对于具备创新精神的复合型人才的培养，要注重学校、企业和社会在教育过程中的多方协同。例如，学校要按照建设创新型国家的要求，对教育目标和专业设置进行合理的调整，尤其要强调个性化教育和实践环节的重要性，坚持把创新理念和创新意识贯穿教育过程。同时，要加强引导企业和社会增加对创新型人才的引进和研发经费的投入，共同为社会培养创新人才奠定良好基础。

四、优化经费来源结构

对于跨界协同组织的发展，政府持续出台相关政策，引导鼓励加大财政投入。例如，2019 年，科技部发布《关于促进新型研发机构发展的指导意见》通知，鼓励设立科技类民办非企业单位（社会服务机构）性质的新型研发机构。按《中华人民共和国企业所得税法》《中华人民共和国所得税法实施条例》，科技创新进口税收、职务科技成果转化个人所得税享受税收优惠政策，保证组织通过技术转让、技术咨询、政府购买、承接科研课题等项目获得稳定的收入。在促进科技成果转化方面，通过财政补贴助力企业进行后期科技成果的转化，将扶持力度后移到市场开发与运营，降低企业的财务风险与试错成本。

同时，为了跨界协同组织的健康发展，在继续加大财政对科技资金的投入规模、提高财政拨款在财政支出中的比例的同时，更重要的是创新融资模式，建立政府和市场共同作用的多元化融资模式。例如，以财政资金的引导作用为杠杆，充分撬动包括高校、科研机构、企业等多元社会主体加大投入，实现利益共享、风险共担，从而为跨界协同组织的发展提供充足的资金。也可以借鉴国外众多组织的融资模式，如 NIPS 基金会，它的收入来源包括以参会名额为回报吸纳大量的市场与社会赞助；展会出售展位获得收入；会议注册费；商业性收费。

五、提升自我造血能力

一般而言，跨界协同组织在发展之初由政府财政支持，之后引入市场社会化资本进行后期运作。同时，跨界协同组织也通过吸纳会员收取会员费、开展创新咨询活动等方式获得一定的资金收入。但总体而言，组织的自我造血功能是跨界协同组织长期健康发展的重要保障。

提升跨界系统组织的自我造血能力，意味着跨界协同组织应从加强自身建设出发，扩展组织资源，提升组织专业性和创新能力，提高组织运行效率。

一方面，可以在政府支持政策引导下承接政府职能，包括建立科学的人力资源管理体系，与高校、基地联合培训，为组织稳定发展引入、培育优秀专职人才，重视志愿者大会的重要作用，稳定志愿者队伍；加强信息化建设，着力提升承接政府职能、提供社会服务的水平，建立科技动态信息数据、科技成果、专项研究等基本数据库，通过开展技术培训、提供在线咨询、创办电子期刊、承接项目课题、平台收缴会费扩大收入来源，增强组织造血功能，吸纳后备力量，提高社会服务效率。进一步推进政府职能转移，一是拓宽组织的经费来源渠道；二是通过组织承担某些重要职能提升社会地位，建立科学的承接能力评价机制，决定完全转移、部分转移或不转移的职能，出台相关规范性文件，明确转移细则等。

另一方面，也是跨界协同组织在市场化探索发展过程中的重要功能体现，即利用其广泛的网络资源、灵活的组织模式，以敏锐的触角挖掘和发现市场需求，精准快速地组织团队开展创新活动成为以市场需求为导向的技术攻关主体。

当然，在面向市场开展创新活动的过程中，还需要引入公正有效的外部市场反馈和退出机制。从跨界协同组织开展的创新活动类型来看，一是面向政府的重大战略需求；二是面向企业和市场的技术前沿；三是面向人类社会发展的重大共性问题。因此，跨界协同组织同时兼具公益性和商业性特征，承接和解决面向企业和市场需求的技术攻关项目，在为企业提供专业技术服务过程中，跨界协同组织的运行绩效需要经受市场的评估和考验。同时，早期市场机制对创新主体的有效筛选，也能让优质的创新组织在公平公正的市场竞争中脱颖而出，进入跨界协同组织的视野，成为其中一员。

六、强化技术支撑

在科技进步、技术快速迭代的背景下，新技术手段的采用将对跨界协同组织的发展起到重要作用。在提升运行效率的同时，有助于消除或降低由于组织关系松散、主体多元而带来的信任风险。

例如，随着大数据、人工智能、5G、区块链等新技术的发展和应用拓展，构建"大数据、智能化"的技术体系成为跨界协同组织开展创新活动的重要支撑。第一，由数据驱动的科技资源数据共享平台将成为科学家进行科学研究的基础设施。第二，通过大数据、智能化手段分析、识别和获取市场需求、创新主体和公众的诉求，作为跨界协同组织设立创新任务、进行创新决策的重要参考。此外，采用技术手段增进跨界协同组织各主体间的信任关系也是促进跨界协同组织创新活动的重要方式，如区块链作为一种可以在多个主体之间建立数据共识的技术，每个写入区块链网络的数据都会受到所有网络成员的认可和监管。通过依靠对算法的信任或智能合约的方式，在节点和节点之间建立共识，从而大幅降低信任成本，降低或解决跨界协同过程中的一系列问题和风险。

七、培育组织文化

组织文化或企业文化是一个组织的灵魂，是推动组织良性发展的不竭动力。相对于政府、企业等其他组织或部门类型，跨界协同组织的首要特点就是其动力和运行主要是建立在价值承诺的基础之上的，制定清晰、有力的使命与愿景，将促进组织内部各主体坚定目标的一致性，从而开展广泛的交流与合作，彼此积极主动地学习，将各类资源、知识、技能整合，促进新知识与新技能的产生，为企业的创新提供更大推动力。

跨界协同组织的创新活动，较一般组织更为复杂，涉及不同领域多主体广泛的合作行动、复杂的利益关系、公共价值理性等考量，需要培育一种多主体参与的柔性治理文化，以科学精神和社会情怀为价值取向，倡导跨界协同组织内部治理主体进行平等互动与民主协商，以灵活多样的治理工具为载体，构建多层次学习机制和知识共享，进而提升治理绩效。[①]

---

① 朱本用，陈喜乐. 试论科技治理的柔性模式［J］. 自然辩证法研究，2019，35（10）：44-49.
DOI:10.19484/j.cnki.1000-8934.2019.10.008.

第四节 我国跨界协同组织的发展方向

在智能科技发展背景下，我国应充分发挥资源、人才及经费投入的优势，大胆创新体制机制，优化经费投入结构，增强科研创新氛围，借力国家科技政策、重大专项及国家政策支持，建设世界知名新兴科技经济组织。

一、融合：开启跨界技术融通发展新篇章

新兴组织提供产学研深度融合平台。在平台中，人员、商品、服务和资本的自由流动是基本原则。未来我国科技经济组织与产学研各界联系将更为密切，由于学科覆盖面广、创意性强、具备第三方的独特优势，通过组织人员对政府政策的文件解读，系统筛选提炼出重点内容后根据会员要求提供给相关单位，可以帮助相关单位了解政策难点，分析阻碍发展的原因并提供咨询建议。新兴组织作为第三方可以对技术提供方和承接方信息不对称造成的影响进行把控和评估，加强对科技合作双方的信用评估与考核，做好裁判员。新兴组织能为产学研融合提供谋划和长远的战略布局，密切跟踪国际科技趋势的发展动态，准确把握变革趋势，为产学研各方出谋划策，引导其发展方向与国家战略性目标相统一，攻坚克难，作为中间机制充分调动各方的资源与研究力量。

二、协同：构筑产业协同创新共同体

专业化分工，跨界协同。未来不同科技组织将会参与社会治理的各个领域，准确定位，主动出击，根据自身特点专注于某一领域的专业化治理研究，提供特色科技服务。随着产业变革带来的行业领域创新，新兴组织依据自身的优势资源建立行业数据库，整合形成"产、学、研、教"四位一体的开放交流平台，形成"科技社团 - 非政府组织 - 国际组织"的多维合作关系，构建密切的会员网络。通过深入挖掘区间分工新动能，促使参与各方实现成本

最小化、效率最大化。随着新兴组织发展规模的扩大，政府将对各类新兴组织进行归纳整合，加强各组织之间的统筹衔接与错位合作，优化资源配置落实方向，实现优势互补，便于分细则进行管理，从而打破各组织之间原有的专业界限与区域之间的边界，重新调整要素资源，进一步提高产业集群水平。

三、生态：促进构建智能技术创新生态

智库建设是推进国家治理体系与治理能力现代化的重要内容，是新兴组织的重要组成部分。我国智库在科技创新、现代化建设等方面的作用日益凸显。中共中央办公厅、国务院办公厅印发《关于加强中国特色新型智库建设的意见》，明确指出智库是国家软实力和国际竞争力的重要载体。未来我国将逐步完善建立高水平科技创新智库的机制，为新兴组织提供人才储备，提高组织创新、决策、管理、监督水平，进而提升整体服务质量，尤其重视高校智库的影响驱动力，为国家科技战略、产业结构挑战、重大项目制定提出规划建议，使其成为政府倚重、社会信任、国际知名的社会新兴组织。

除此之外，跨界融合人才发展已成为时代趋势。借鉴国外较为成熟的跨界人才跟踪培养模式，我国也应鼓励和支持跨界人才发展，建立跨领域融合发展的智库体系。通过与国外建立科技合作伙伴关系广泛吸纳各国优秀人才，形成交流中合作、合作中竞争、竞争中发展的智库团队，开展交叉学科人才培养，未来新型组织的研究方向将不断满足前沿技术发展和治理的需要。

四、群治：承接国家治理"群治"模式

全球教育正在经历从知识经济向智能经济的转变，在知识经济中，信息和数据被用于生产适用的专门知识；在智能经济中，数据被迅速地、战略性地部署和操纵，用于精确和有效的监测或决策目的。

构建科学协同产业链条，组织推动产业群转型发展。新兴组织是全球科技治理的重要贡献者和引领科技发展的主力军，政府、企业等出于对科学化决策的需求，越发重视科技组织的功能优势。国家治理依旧由政府主导，但

由于政府不断探索拓宽与新兴组织之间的合作领域，转移部分公共职能，减轻管理负担，由新兴组织承接代理，可以使得新兴组织广泛发挥工具性作用，科学技术战略性的、理性的、有目的的和富有成效地注入国家治理结构。由于新兴跨界协同组织有一定的运作弹性，可以根据市场状况和社会需求及时调整研究方向，因此便于高效解决社会实际问题，根据科学预测提出科学的治理方案，承接政府的相关课题项目，帮助政府进行科技政策决策，主动承担社会责任，提高国家治理效率，打造"群治"模式。

五、国际化：加强智能科技融入国际化趋势

科技经济组织发展的过程与国内外整体环境息息相关，加强组织的国际化建设尤为重要。合作与发展是时代的主题，有些国外成熟的科技组织与多国高校机构合作，结合两国国情、融合科技资源、落地项目中心。

未来我国科技经济组织需要重点推动国际化建设，促进中国科技融入世界创新网络的主动作为，形成平等合作和互利共赢的新型合作关系。在科技全球化发展与产业加速变革的时代背景下，进行国际化建设、提高国际化水平的探索尤为重要。比如，更多地派遣组织成员参与国际学术会议，以国家支持主办国际会议等方式参加、开展国际学术交流。通过联合国外相关科技组织开展学术交流活动、创办英文学术期刊等方式积极扩大国际交流与合作。创设面向国际的机构和奖项，主要奖励在国际做出重大创新成果或重大突破的科学家。科技组织国际化建设对于提升我国国际学术影响力，扩大我国科技组织在世界的话语权，推动全球科技协同创新起到关键作用。

以 GitHub 社区、美国国家制造业创新网络、江苏省产业技术研究院、比尔及梅琳达·盖茨基金会、世界顶尖科学家论坛为代表的科技经济组织逐渐兴起，这类以网络化、生态化的运作模式，实现跨组织、跨产业、跨地理边界高效协同的新型科技经济创新组织引发了产业界和学术界的密切关注。这类以实现大范围创新要素集聚、围绕重大和前沿领域问题、贯通创新链完整链条的科技经济组织具有重要的理论探索价值。本篇基于新一轮科技革命

与产业变革，从理论层面对跨界协同组织的兴起、功能发挥、发展进行了探讨。

跨界协同组织的出现为支撑科技创新的变革提供了重要支撑，科技创新逐渐向"深水区"迈进，颠覆式创新、突破式创新等各类创新的重要性日益凸显。本篇进一步凸显了在新科技革命与产业变革情境下，以使命导向、场景驱动、跨界融合、智能化支撑为核心特征的跨界协同组织的突出作用。跨界协同组织拥有战略科学家、伯乐、资源提供者等多重角色，在实现基础科学前沿突破、实现复杂多变技术攻关、回应人类社会发展的重大问题、推动技术扩散与技术转移上发挥重要作用，从而解决层次更深、范围更广、价值更高的创新难题，为国家创新体系建设做贡献。

本篇立足于我国科技创新体制机制改革的现实情境，介绍了我国在科技创新体制机制改革过程中的关键举措和重要成绩。其中，以平台化技术交易组织、科技服务团、产学研联盟、学会联合体、新型研发机构为代表的跨界协同组织将通过创新运作模式、协同机制、资源管理等推动实现高水平科技创新。此外，"融合""协同""生态""群治""国际化"核心关键词阐述了智能科技背景下我国跨界协同组织的未来发展趋势。

第三篇
案例篇：跨界协同创新组织典型案例

跨界协同创新组织作为一种以"使命导向""场景驱动""跨界融合""智能化支撑"为特征，具有"市场精神、全球视野、社会情怀"的科技经济组织，或从原有传统组织中孵化而来，或新生于时代发展的浪尖上，呈现出国际组织、非政府组织、企业、行业协会或学会联合体、政府或高校推动的跨界协同组织等多种形式。在经济社会发展的过程中，尽管不同类型的跨界协同创新组织在动力因素、运作模式、协同机制和具体跨界方式等方面存在差异，但其核心目标具有一致性，旨在通过跨国界、跨区域、跨组织或跨学科整合资源以解决人类发展中面临的重大问题、突破科学技术发展的前沿问题，或破解全球创新生态系统协同发展的关键问题。

本篇内容根据前两篇中对于跨界协同创新组织发展历史、内涵特点和主要特征等的介绍，从国内和国外选取典型案例进行分析，较为全面地呈现出跨界协同组织案例全景。其中，第十章首先从组织产生、组织性质分析跨界组织的类型，并从组织驱动因素、组织类型划分、组织运行模式以及跨界创新举措进行分析，呈现出国内外跨界协同组织案例全景。第十一章、第十二章依次介绍国际和国内跨界协同组织的典型案例。

跨界协同组织案例全景

正如理论篇所建构的跨界协同组织概念一致,现实世界拥有大量的跨界协同组织案例,虽然其组织类型和组织性质各有差异,但是在科技创新功能发挥上都起到了极为关键的作用。从全球视角出发,跨界协同组织包括了法国科学促进协会、欧洲科学基金会、经济合作与发展组织、比尔及梅琳达·盖茨基金会、美国国家制造业创新网络、世界顶尖科学家协会、国家智能网联汽车创新中心等各类典型案例。为呈现出跨界协同组织的案例全景,本章将从两个维度对跨界协同组织进行介绍。第一个维度是组织类型,包括组织成立之初就具有跨界协同创新的功能或运作形式,由原有的组织不断演变升级而来。第二个维度是组织性质,即组织本身是企业、非政府组织或行业协会等,不同性质的组织在动力因素、运作模式、协同机制和跨界方式方面存在差异。

第一节 组织类型:两种跨界协同组织

基于前文对跨界协同组织的探讨,本篇将跨界协同组织分为"初露锋芒"式的跨界协同组织和"脱胎换骨"式的跨界协同组织，即新创的跨界协同组织和升级的跨界协同组织。

一、"初露锋芒"式的跨界协同组织

"初露锋芒"式的跨界协同组织即新生的新兴组织，具有生命力、灵活性和概念优势。新兴组织产生的原因包括三点：一是在公共价值方面，顺应科技发展诞生的新兴组织能够准确把握产业变革的动向，充分发挥平台作用，推动技术、创新、知识、市场高度结合，帮助企业与科研机构突破技术难题，在全球范围占领科技战术制高点，强调科技对高质量经济发展的支撑作用；为政府决策与国家治理提供科学依据，积极承担政府转移职能；形成科技知识传播与科技交流互动的良好氛围，推动市场经济科学化、规范化发展。二是在能力方面，跨界协同组织诞生的核心在于自身发展能力与外部资源凝聚能力，即组织从外界获取人才、资金、技术、知识等资源转化为自身组成部分的能力。三是在支持方面，跨界协同组织的建立需要政府、企业、个人等各方支持，政府与市场力量应以不同角色介入新兴组织的建设：政府通过政策引导、财政扶持、购买服务、授权委托等方式为新兴组织的产生提供良好的发展环境，扮演"扶持者"；企业通过设备场地支持、投入资金、提供科技人才为新兴组织的项目开展提供支持。

新兴组织首先是顺应产业结构调整和科技发展而诞生的，处于萌芽状态、站在时代的浪尖上，具有蓬勃的生命力；由于新兴组织基础薄弱，组织形态尚未成型，沉没成本、试错成本较低，所以有着较强的灵活性，可以随时跟随科技走向和产业发展而调整自身发展方向。此外，新兴组织往往抓住了产业发展的某个概念或市场的某个新兴需求，在组织发展概念上较为新颖，有着较强的创造力。然而，新生的组织在建设过程中也会存在一系列挑战：缺少资源获取途径，无法通过现有资源应对改革的规模及组织正常的运营，未能形成完备的政府、社会支持体系，缺少广泛的公众认可等。新兴组织之间界限的逐渐模糊，为其发展带来了更多的机遇与挑战。

二、"脱胎换骨"式的跨界协同组织

"脱胎换骨"式的新兴组织即由原有科技组织孵化而来，是科技创新体系的重要组成部分，在科技创新和新兴组织发展的过程中发挥着越来越重要的作用。这类新兴组织的优点有四点：一是由原有科技组织孵化出的新兴组织，继承了原有科技组织的技术力量，科研基础完善，具备新生的新兴组织不具有的智力和技术支持；二是从原有科技组织孵化出来的新兴组织具有扎实的技术支撑、较高的抗打击能力和成熟的治理体系；三是原有科技组织可以为其孵化的新兴组织提供经费支持，在遇到产业结构改革等突发性变革时，孵化的新兴组织可以依靠原有科技组织提供的保护，从而顶住压力，较为平稳地度过改革期；四是原有科技组织在发展过程中已经积累了大量的经验，有着完备的治理管理体系，这可以为孵化的新兴组织提供参考，快速搭建其自己的治理体系。

"脱胎换骨"式新兴组织的孵化路径分为两种：一是横向孵化，即基于区域内、产业内相互关联的环节和企业，通过合作等方式进行新兴组织的孵化；二是纵向孵化，通常存在于产业链或供应链上，如科研机构、风投机构、制造产业之间的合作，通过范围经济效应产生的关联，进而形成新兴组织的孵化。

原有组织孵化新兴组织既是一个较为复杂的系统迭代过程，也是组织适应环境变化的自我升级机制。一方面，原有组织孵化新兴组织的优势是巨大的。比如，在区域内企业间合作孵化新兴组织，可以很好地利用规模经济效应；合作使得各类主体产生相互依存的关系，彼此之间相互协调、相互补充；原有组织孵化新兴科研组织抵消许多风险因素，使得科技组织的迭代更有效率。另一方面，原有组织孵化新兴组织也有许多缺陷不容小觑。孵化模式会抵消来自市场的自由竞争带来的压力，使得新兴组织失去自我发展和对抗风险的机会；孵化的新兴组织在早期受原有组织的保护，未能参与市场竞争，缺少市场导向的敏锐度和创新灵活度；孵化的新兴组织容易继承原有组织烦冗的体制机制，这可能导致新兴组织过早地进入创新体制僵化的困境，增加组织管理成本、降低组织内部创新科技的效率；或者受到原有组织发展理念影响，被陈旧的理念束缚创造性。

针对原有组织孵化新兴组织可能遇到的问题，有学者提出了建设性建议：第一，要加大市场调研力度，在新兴组织孵化前做好市场调研，深入了解市场需求，以市场痛点为落脚点展开组织孵化；第二，要加大经费投入和扶持力度，产学研"合作共治"，给新兴组织提供试错机会，提高新兴组织主动创造的能力；第三，原有组织应当及时更新和完善管理体系，给予新兴组织足够的创新包容，在合理的基础上支持新兴组织自我发展、自我完善、自我管理，杜绝监管形式化、内部体制僵化等发展问题；第四，原有组织也应当在培养新型人才上提供帮助，积极转变团队人员理念、提高人才队伍素养，避免因人才团队发展理念陈旧而导致的新兴组织发展不稳定。

第二节　组织性质：五类跨界协同组织

根据跨界协同创新组织的发起单位和组织性质可以其分为国际组织、非政府组织、技术社区、行业协会或学会联合体、政府或高校推动的跨界协同组织等，这几类组织在动力因素、运作模式、协同机制和跨界方式方面存在一定的差异，具体如表10-1所示。其中，动力因素是指跨界协同创新组织成立或出现的原因，也是组织运行中的指导原则和实现的最终目标，主要包括推动基础学科发展、推动科学技术扩散和转移、回应国家重大需求或解决人类经济社会发展的重大问题等。运行模式是指跨界协同创新组织的主要组织机构、运行机制和主要运行保障等。协同机制是指人才、知识、技能、资金等创新资源的整合方式和呈现形式。跨界方式是指跨界协同创新组织运行过程中主要跨越了哪个层面的边界，包括跨国家、跨区域、跨组织、跨项目、跨学科和跨技术领域等。

表 10-1 不同性质跨界协同创新组织的比较

	国际组织	非政府组织	技术社区	行业协会或学会联合体	政府或高校推动的跨界协同组织
动力因素	解决经济社会发展的重大问题	前沿技术的转移转化、解决人类发展重大问题	前沿技术应用与扩散	打造高端科技创新智库、推动技术成果转化	前沿技术攻关和行业示范应用
运作模式	国家间讨论谈判＋双边审查	科学家论坛＋创新基金＋科学社区	开源免费＋用户社交	学术论坛＋长效合作机制	政府／高校推动＋技术研发生态搭建
协同机制	国际合作游戏规则制定＋经济发展预判	科学家生态体系＋创新生态体系	全球创新者生态构建	学术交流＋人才培养	顶尖科学人才深度参与＋政产学研联合攻关
跨界方式	跨国界、跨学科	跨国界、跨学科	跨区域、跨项目	跨区域、跨组织	跨区域、跨组织、跨技术领域
典型案例	经济合作与发展组织等	盖茨基金会、世界顶尖科学家协会	GitHub 等	中国科协智能制造学会联合体	美国国家制造业创新网络、北京微芯研究院、江苏产业技术研究院、清华长三角研究院、美国大学概念验证中心

一、国际组织

以经济合作与发展组织为例，该组织成立之初致力于通过国家间讨论谈判和双边审查等运作模式来推动欧洲经济的健全发展。经过几十年的发展，已经成为国际科技资源的集散地，通过跨国界和跨学科的资源整合，在国际合作游戏规则制定和经济发展预判等关系经济社会发展重大问题方面表现突出。特别是连续多年发布数字经济展望报告、助力各国应对经济数字化带来的国际税收规则挑战，并通过整合大数据资源助力人类战胜新冠肺炎疫情。

二、非政府组织

以比尔及梅琳达·盖茨基金会和世界顶尖科学家协会为例，盖茨基金会致力于解决人类社会发展面临的重大问题，以商业化的模式进行产品研发，特别是跨国界、跨学科整合资源，助力新冠疫苗的研发，通过科技创新和产品研发推动人类共同通过难关。世界顶尖科学家协会是非政治性、非宗教性的第三方民间机构，致力于前沿技术的转移转化，通过科学家论坛、创新基金和科学社区等方式，搭建科学家生态体系和协同创新生态体系，实现前沿技术在中国的落地和转化。

三、技术社区

以 GitHub 为例，其作为一家典型的群体软件开发社区，致力于以项目的形式推动知识的共享和前沿技术的推广应用，通过开源免费和用户社交的方式，构建全球创新者生态，实现创新知识资源的跨区域共享。

四、行业协会或学会联合体

以中国科协智能制造学会联合体为例，其致力于打造高端科技创新智库、推动技术成果转化和培养专业人才，通过举办学术论坛等长效合作机制，实现跨组织的学术交流和人才培养。

五、政府或高校推动的跨界协同组织

以江苏产业技术研究院为例，其致力于前沿技术攻关和行业示范应用，由政府／高校协同多个组织的资源共建技术研发生态，通过顶尖科学人才深度参与和政产学研的联合攻关，实现跨区域、跨组织和跨技术领域的知识资源共享。

第三节　案例全景：国内外跨界协同组织比较

基于组织类型和组织性质的分析，本节将对下文 31 个国内外跨界协同组织进行案例间总结分析，对其驱动因素、组织类型划分、组织运行模式以及跨界创新举措进行分析，以期呈现出当前全球跨界协同组织的全景，为我国跨界协同组织的实践开展提供有益参考，具体如图 10-1 所示。

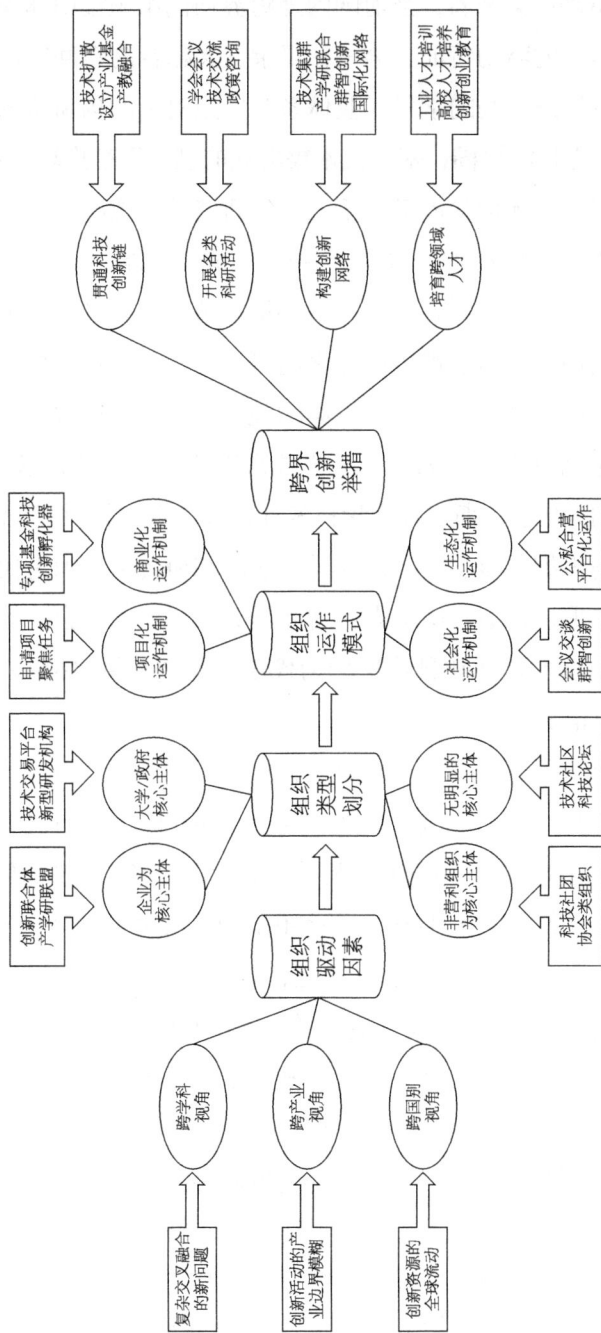

图 10—1 案例全景：国内外跨界协同组织比较

从组织驱动因素来看，当前国内外跨界协同组织集中体现了跨学科、跨产业以及跨国别的驱动特征。第一，复杂交叉融合的新问题涌现催生了学科间交叉，使得传统分割的学科专业体系难以应对新的创新难题。第二，创新活动的产业边界日渐模糊，基于技术集群式的创新正在推动创新的全面变革，使得产业间壁垒呈现消除趋势。第三，创新资源呈现出全球性流动，数字技术和平台的使用使得构建全球性的创新生态成为可能。

从组织类型划分来看，与第一节和第二节所阐述的划分依据相关联，跨界协同组织的创新主体呈现出多元化趋势。第一，企业为核心主体，以创新联合体、产学研联盟为代表，典型案例包括 TD 产业技术创新战略联盟、超大规模集成电路联合体。第二，大学或政府为核心主体，以技术交易平台、新型研发机构为代表，斯坦福大学技术许可办公室、美国国家制造创新网络。第三，非营利组织为核心主体，以科技社团和协会类组织为代表，典型案例包括法国科学促进协会、中国人工智能学会、盖茨基金会。第四，无明显的核心主体，以技术社区和科技论坛为代表，典型案例包括 GitHub 社区、世界顶尖科学家论坛。

从组织运作模式来看，呈现出多种机制并存局面。第一，项目化运作机制，该类机制重点强调跨界协同组织围绕具体项目，聚焦任务，开展相关科技创新工作，是一类具有任务导向的科技攻关活动。第二，商业化运作机制，该类机制重点强调实现科技创新成果的转化，通过设立专项基金或科技创新孵化器，推动科技成果向产业界转化。第三，社会化运作机制，该类机制重点强调非正式的交流协作，通过会议交谈、群智创新等方式，产生创新想法、对接整合各类创新资源。第四，生态化运作机制，该类机制结合了以上三类机制，通过公私合营以及平台化的运作模式，使得科技创新工作具有可持续性。

从跨界创新举措来看，主要涌现出贯通科技创新链、开展科研活动、构建创新网络、培育跨领域人才四个主要内容。第一，贯通科技创新链包括技术扩散、设立产业基金、产教融合等方式。第二，开展科研活动包括学会会议、技术交流、政策咨询等方式。第三，构建创新网络包括技术集群、产学研联合、群智创新、国际化网络等方式。第四，培育跨领域人才包括对工业人才进行培训、与高校联合培养人才、开展创新创业教育等方式。

　　本章从跨界协同组织案例全景视角出发，呈现出当前国内外典型跨界协同组织的相关特征以及跨界创新举措，后续章节将结合国际和国内案例开展较为详细的案例分析。

第十一章

国际跨界协同组织典型案例

本章选取法国科学促进会、欧洲科学基金会、德国弗劳恩霍夫协会、日本人工智能协会、新加坡计算机学会、经济合作与发展组织、法国卡诺研究所、日本超大规模集成电路联合体、斯坦福大学技术许可办公室、盖茨基金会、美国 M×D、印尼智慧城市和社区创新中心 – 万隆理工学院、美国国家制造业创新网络、GitHub 和美国大学概念验证中心 15 个典型案例，分析国际跨界协同组织的做法。

第一节　法国科学促进会

法国具有数目众多的社团组织，所属的领域几乎涵盖所有的学科，在科学知识的传播和普及方面发挥着重要作用。据统计，截至 2017 年，法国共有约 150 万家活跃的社团组织。

法国科学促进会（AFAS）成立于 1872 年，迄今已有一个多世纪的历史。当时一批巴黎的科学家对过度集权的体制不满，之后不仅科学家，还有相关的科学教师、工业界的企业家，甚至所有对科学研究感兴趣并重视科学发展的人群都参与进来，范围也从巴黎逐渐扩散到法国所有城市。因而 AFAS 从成立之初便设定了重要的工作原则：汇集科学各界的研究专家和工业界合作，并向大众进行传播。

自 1831 年以来，英国科学促进会一直是欧洲科学界的重要组织，英国科学促进会为新协会组织的建设提供了宝贵的经验。在学习和借鉴了英国科学促进会后，创始人秉承其理念和精神建立了 AFAS，并与其他国家的科学促进会保持密切联系。AFAS 创建之初在法国的主要城市发起科学知识活动，并坚持为科技研究募集资金，旨在促进科学进步、实现科学强国。1872 年 9 月 5 日召开的第一次成员代表大会上，AFAS 宣示了其组织目标：推动科学界与产业界新的力量联盟，使科学成为工业和社会进步的因素。1885 年，AFAS 与法国科技协会合并，并一直发展至今。

一、组织概况及特征

AFAS 诞生于法国科技繁荣的时期，以科学家为主体的 AFAS 有着崇高的科学使命感。AFAS 是一个以泛科学为基础的学会组织，其首要任务是"在科学技术进步主导着社会发展的当下，科学家必须能够回答公众的提问"。它为科技界和产业界提供了一个广泛而稳固的平台，随着组织内部的发展和外部环境的进步，AFAS 的使命更加聚焦科技发展本身和人类福祉。

二、组织运行模式

AFAS 在科学技术传播领域有着广泛地发展，每年约提供 30 场例会，促进科学技术创新与传播。其组织的活动有技术研讨会、科学课程、拍摄访谈、区域分支活动、每周四会客厅，提供包括科学、能源、数字化等主题的论坛。

此外，AFAS 还向年轻人提供事业发展支持。面对法国技术劳动力与市场需求供求不对等的情况，AFAS 致力于改变年轻人对职业的刻板印象，提供科技和技术职业论坛，为年轻人就业提供更多的信息。

三、跨界协同创新的主要措施

（一）多领域、跨行业合作发展

任何科技组织想要在科技创新发展方面单打独斗都是不现实的，正如AFAS 的历史一样，曾经的两个科技组织合并发展、协同创新，共同组建了AFAS。如今，在跨界融合成为大趋势的前提下，AFAS 也积极寻求各方支持、积极与各领域的专业组织合作发展，其提供科学技术支持以推动其他领域的技术升级，提高生产效率并促进经济发展。

AFAS 定期和不定期地组织多种活动，如论坛、讲座、科学课程等。AFAS 与法国地质矿产调查总局、原子能和替代能源委员会 (CEA)、荷兰FACE 基金会、SAP 基金会、法国航空航天工业集团等多领域、多行业的组织均有合作。

（二）跨协会的资源共享、协同发展

AFAS 以欧洲为基础，与多个传播科学技术文化相关的机构组织展开合作，包括伯纳德·格雷戈里协会、法国工程师和科学家协会、巴黎工艺美术博物馆等。其中，法国资深研究人员协会的主要目标是参与科学知识传播、开展对青年人和大众的科普活动、与发展中国家进行科学合作。AFAS 与法国资深研究人员协会合作积极支持科技创新与产业转型，如两者合作支持欧莱雅工业转型工作，组织开展科学研讨会并共享科技资源等。

第二节　欧洲科学基金会

欧洲科学基金会（ESF），成立于 1974 年，是一个非政府的、面向国际的非营利性协会。ESF 位于法国北部阿尔萨斯地区的城市斯特拉斯堡，由隶属于24 个国家的 67 个国家级科学研究委员会、科学院、研究院和其他资助科学研究的基金组织组成，致力在欧洲推广最高质量的科学，以推动研究和创新的进步。[①]

---

① 　吕蓓蕾. 协调地区共同发展的国际组织——欧洲科学基金会 [J]. 中国科学基金，2002（03）：17.DOI:10.16262/j.cnki.1000-8217.2002.03.003.

一、组织概况及特征

ESF 与不同的机构合作，领导组织间、会员间的共建项目，通过广泛的科学伙伴关系，在项目协调、项目资助、科学平台管理等方面提供支持。由 ESF 管理的科学平台与国家、欧洲机构和研究实体密切合作，制定相关领域的战略。其科学管理组织由独立的高级研究人员或管理人员组成，几乎涉及所有学科领域，包括物质科学、工程科学、生命科学、环境科学、人文科学和社会科学等。ESF 在欧洲的科学、政策、基础设施、环境和社会领域提供有针对性的、专业的建议，为社会进步提供专业的技术知识。同时，针对欧洲科学政策的重大战略性课题，ESF 组织成员进行共同研究。

二、组织运行模式

科学技术是 ESF 成立的基础。ESF 在专业知识领域方面能力强大。另外，ESF 有着专业且国际化的高素质员工，建立了完善的管理体系，40 多年的经验使其成为全球范围内的强大智库。

ESF 为科技进步和科学技术成果转化提供了资金支持。其主要活动有三个：一是研究项目拨款评估，为科研项目提供资助评估；二是欧洲资助项目计划，除了资金支持，还为欧盟建设项目提供科研方面的专业知识；三是科学管理平台，ESF 负责组织建立，由相关部门提供科学和政策问题的处理提案。

三、跨界协同创新的主要措施

（一）跨学科建立科学网络，为科技创新搭建桥梁

ESF 建立了科学界强大的网络连接，并形成了独特的新的科学服务体系。如果一个组织或企业在科技创新方面需要支持，就可以向 ESF 提交申请，由基金会进行研究资助评价，通过专业的评估鉴定，为提交申请的组织或企业提供相应的帮助。此外，ESF 还会特派相关领域的专家进行项目跟踪调查，以确保申请项目的推进和落实。

（二）"量身定制"跨界科学发展策划体系

ESF 为项目提供科学平台管理，甚至定制科学扶持策划。在过去的几年里，ESF 在项目开发、项目管理和项目协调方面提供了深厚的专业知识，通过欧洲联盟委员会、其他实体或超国家机构（如欧洲航天局）提供项目资金。多数情况下，科学界各阶层的代表通过 ESF 申请项目资助，由 ESF 办公室进行提案编写，财务和人力资源部门进行管理，通过网络进行方案协调、组织会议、建立共识，并提供关键专业知识。

（三）跨界人才培养，建立职业人才跟踪调研体系

ESF 对其研究人员和整个社会有着极强的责任感。他们通过调研并跟踪人才的职业情况，检验方案是否达到预期效果，以及稀缺资源是否得到良好使用。在评估投资对研究人员职业发展的影响中，跟踪和监测研究人员的职业生涯是重要手段。ESF 提供量身定制的职业跟踪服务，定期调研项目研究人员，分析项目资金来源，评估投资对研究职业发展的影响，分析发展研究事业的措施，从而有效地发展行业人才，为跨行业人才培养提供新的思路。

第三节　弗劳恩霍夫协会

弗劳恩霍夫协会（FhG）总部位于德国慕尼黑，是德国也是欧洲最大的应用科学研究机构，是公助、公益、非营利的科研机构。截至 2017 年 5 月，在德国有 74 个研究机构，约 28000 名员工，每年的研究额为 28 亿欧元，其中 23 亿欧元用于合同研究领域。

1949 年 3 月 26 日，来自政府、科学界和商业界的成员应德国国务卿雨果·盖格的邀请，聚集在巴伐利亚经济事务部，在 103 名成员的见证下，FhG 就此诞生。FhG 诞生之初便奠定了其主张：将思想变为未来的创新。在这样的主张下，FhG 从诞生至今，为德国的科学创新发展提供了不可缺少的动力。

1955—1965 年，FhG 积极融入德国的科研领域，此后不断进行科技创

新，为经济发展提供了新技术和新思路。2000 年，FhG 积极顺应时代潮流，面向未来制定了新策略和新概念。

一、组织概况及特征

FhG 致力于开展国际合作，开发对未来至关重要的科学技术，并促进科技成果商业化，为企业，特别是中、小企业开发新技术、新产品和新工艺，协助企业解决自身创新发展中的组织、管理问题，因此 FhG 在创新过程中发挥着核心作用。

FhG 有着强烈的责任感和使命感，其展开工作的指导原则是"责任与诚信"，并由该原则指导其展开基于跨学科研究开发的知识转移和成果转化工作，为科研项目和战略伙伴提供专业的产品开发、产品优化和市场推广。

二、组织运行模式

FhG 的目标为实用研究，在经济领域客户的委托下，向工业企业、服务型企业和公共部门提供科研项目，致力于组织可实际运用的、成熟方案的技术开发。

FhG 各研究所为企业等提供科研项目，主要采取"合同科研"的方式。实践证明，这是知识转化为生产力的捷径。通过"合同科研"的方式，客户享有 FhG 各研究所的研发科技积累、高水平科研队伍的服务，而通过研究所的多学科合作，可直接、迅速地得到为其"量身定做"的解决方案和科研成果。FhG 将其研究所组成了若干科研联合组，通过联合组内相关研究所、学科、题目的密切合作，以适应当今经济和社会快速发展对科学技术的需求。

三、跨界协同创新的主要措施

（一）跨组织的弗劳恩霍夫组织模式

"弗劳恩霍夫模式"是其机构创新的典型代表。弗劳恩霍夫模式是一种特殊的、面向具体的应用和成果的企业创新模式，以"政府资助＋各研究机构企业化运行"为特征，在德国有着"科技搬运工"之称。

（二）跨越组织边界，注重内部和外部协同创新

FhG 的研究所之间通常采用分工合作的方式，为企业提供更强健和全面的解决方案，各学科和领域之间的互相依存要求研究所之间协同合作。此外，FhG 还经常以自身的号召力主导创新聚集区，整合局部地区关键企业、技术、高校等机构，针对某个核心技术进行研发和推广，这是一种行之有效的协同机构创新实例，是德国意义上的产学研结合。

FhG 与多个领域展开合作，合作成立的组织或参与的项目有：国家应用型网络安全研究中心（ATHENE）、微电子研究工程、新能源电池研发、马克思·普朗克光子学院等。其中，国家应用型网络安全研究中心是欧洲最大的网络安全研究中心，是 FhG 联合达姆施塔特弗劳恩霍夫研究所、达姆施塔特工业大学和达姆施塔特应用科学大学共同参与的合作项目之一。

（三）跨国家组织资源，充分融入"工业 4.0"

为了保障德国"工业 4.0"战略的实施，FhG 承担了"工业 4.0"体系中难度系数高、研发任务重的数据保护和网络安全工作。此外，FhG 不遗余力地推动中小企业制造业创新，致力于通过"合同科研"等形式，使中小企业客户能够充分享受其包括知识产权在内的各类科技创新资源，从而获得高水平科研队伍提供的服务。

1. 弗劳恩霍夫制造工程和自动化研究所（IPA）

IPA 是德国"工业 4.0"发展的倡导者与支持者。IPA 认为，未来商业模式的要点在于合作，创造可持续发展、多元化、智能化的合作模式。IPA 一直致力于为更多的制造业企业及机构提供更多应用技术改革与创新的可能，并助力将应用产品推向市场。

2. 上海交通大学弗劳恩霍夫协会智能制造项目中心

上海交通大学弗劳恩霍夫协会智能制造项目中心是我国第一个弗劳恩霍夫项目中心。该项目中心将推动临港建设具有国际影响力的智能制造中心、打造全球协同的科技创新区，助力上海建设具有全球影响力的科技创新中心

的进程。通过一年时间地建设，项目中心已经具备了全球领先的"工业 4.0"的研究环境和科研队伍，取得一系列突出成果。作为体制、机制创新的排头兵，项目中心壮大技术创新主体、激发创新人才活力，在筹建阶段充分借鉴 FhG 的体制、机制，同步在上海市智能制造研发与转化功能型平台组建中德合作事业部，形成了高校企业兼顾、中德联合的研究团队。初步建成了中德"未来智造体验中心"，这是一条面向未来制造模式、能够充分体现目前德国"工业 4.0"和中国智能制造领先水平的演示生产线，全面诠释"智造"概念，展现未来车间场景，体验人机环境互动。目前，中德联合团队已突破一系列"工业 4.0"、智能制造前沿、共性技术，包括信息物理系统制造总线、实时数字孪生系统、人工智能互动纠错装配、人机共融协作制造系统等。项目中心与上海市重点企业、中德合资企业、外资企业开展了多种形式的合作，初步形成了智能制造行业共性技术服务和总体解决方案服务能力；充分发挥了企业咨询、政府智库和国际合作交流平台功能，积极借鉴和深化了 FhG 成功的产学研转化研发模式。①

3. 中德智能制造研究院

中德智能制造研究院是由南京江北新区主导，南京扬子国资集团、省市产业投资基金和产业资本联合成立的应用研究机构。研究院下设展示中心、培训中心、应用与研究中心和孵化中心四大智能制造中心。2016 年 6 月，在中德双方总理的见证下，由南京市政府与德国"工业 4.0"的核心应用研究机构 FhG 签订战略合作协议，共同在南京江北新区建立中德智能制造研究院，为中国制造业向智能制造升级提供个性化定制研究和实施方案，合力打造国家级智能制造创新平台。

4. 中国首个先进技术创新及展示中心

2019 年 7 月 3 日上午，FhG 在南京江宁开启了中国首个先进技术创新及展示中心。作为南京未来科技城联合南京瑞德增域、德国弗劳恩霍夫应用研

---

① 陈淼，王皓. 上海交通大学弗劳恩霍夫协会智能制造项目中心落户临港［EB/OL］. https://news. sjtu.edu.cn/jdyw/20190328/98425.html.

究促进协会共同打造的公共技术服务平台，该中心将通过提供先进的制造技术和制造理念，积极参与中国企业的创新研发，加强与德国"工业4.0"战略对接，推动传统产业技术改造升级。

在中国企业向智能制造升级的历史阶段，FhG将与中央政府、地方政府、高校展开合作，并与一些大公司或者中小供应商等建立合作关系，同时采用不同的合作方式。除此之外，南京江北新区刚刚落成的中德智能制造研究院，是一个研究机构。换句话说，FhG可以发挥技术解决方案的优势，把解决方案直接转化应用到中国企业中来，在组织合作层面，与中国的工厂、企业和政府对接从而帮助企业实现研发升级，对中国的制造业起到一定的推动作用。

FHG是欧洲应用研究的领先组织，同时积极与世界上优秀的合作伙伴及公司展开交流、协同创新，确保其在科学和经济领域的影响力。通过全球化布局，也为科研人员拓展科学技术知识、体验不同的管理风格和运营文化提供了更多的发展机遇。

第四节　日本人工智能协会

日本人工智能协会（JSAI）成立于1986年，其成立背景与当时日本的经济社会发展情况密不可分。20世纪60年代后期，日本正值经济高速增长时期，劳动力短缺问题严重，同时产业革命对制造业的自动化要求也较高。为了解决劳动力不足和产业结构变化的问题，日本将科技运用到生产中，将大量的机器投入生产。虽然20世纪80年代日本出现经济危机，但其科技基础深厚，为后来的机器人事业奠定了基础。

一、组织概况及特征

JSAI是在日本经济泡沫后，为推动日本人工智能产业发展，在日本科技制造的基础上建立起来的。在日本政府政策的支持和协会的推动下，日本的人工智能技术发展迅猛。

JSAI 的宗旨是促进人工智能的跨学科研究，为会员之间的交流和相关学术协会的交流提供场所，为日本人工智能领域的学术和产业进步发展做出贡献，同时通过国际活动为世界人工智能领域的进步做出贡献。

二、组织运行模式

JSAI 提供的主要活动有：全国锦标赛、国际研讨会、日本人工智能学会期刊、人工智能工具入门课程和研究组。通过比赛、讲座、课程和期刊等多种渠道，在日本境内提供人工智能发展交流的平台，提高国民关注度。此外，JSAI 也致力于提供国际交流平台，如与中国合作开展国际研讨讲座。

对于会员的管理，JSAI 有着完善的体系。JSAI 将会员分为四大类型：一是正式会员，即支持协会宗旨的个人会员；二是学生会员，在读学生申请并遵循协会宗旨的个人；三是赞助成员，资金支持协会业务的个人或社会组织；四是特别订阅成员，支持协会宗旨并订阅协会出版物的个人或组织。加入协会后，JSAI 会给会员寄送每期的人工智能学会期刊。会员可以参与协会举办的全国大会、研究会、讲座等，并发表论文。

JSAI 认为，在人工智能的应用方面，以知识利用为中心的知识工程是其应用之一。故 JSAI 通过定期出版学术期刊、举办研究会议、科技交流活动等，在国内和国际上都获得了很高的评价。除了具体的研究，JSAI 还联合工业、学术界和政府，推动建设人工智能基础研究到应用的开放式国际创新合作平台，即推动日本的人工智能产学研一体化。

三、跨界协同创新的主要措施

（一）组织全国科技研讨大会，跨界资源交流融合

在 JSAI 的主要活动中，研讨会占比较大。人工智能研讨会是由各个领域的专家、研究人员和开发人员组成的。此外，JSAI 还联合 23 个特殊兴趣小组（SIG）在人工智能的各个领域进行研究交流。

（二）跨行业、跨组织合作，科技创新推动产业发展

JSAI 并不只是停留在科学研究的学术范围，许多与科技发展相关的产业都加入 JSAI 成了赞助成员。包括松下公司、本田研究所、东芝信息系统有限公司、谷歌公司、朝日新闻社等知名企业组织。JSAI 接受各大企业组织的资金支持，并通过科学发展和资源共享回馈产业。

第五节　新加坡计算机学会

2014 年 11 月 24 日，新加坡总理发出"智慧国家"倡议。从历史的角度来看，除了响亮的名字和口号，"智慧国家"倡议与新加坡过去几十年的发展战略保持了很大的连续性。为了将本地和跨国信息融合，新加坡政府有必要采取积极措施，建立一个计划周密、连接良好的国家信息基础设施。

新加坡计算机学会（SCS）是面向行业专业人士、领导者、学生和技术爱好者的领先的信息通信和数字媒体协会。该协会成立于 1967 年，如今拥有超过 42000 名会员，并且会员人数不断增长。

一、组织概况及特征

秉承领导和推动新加坡信息通信和数字媒体产业蓬勃发展的使命，SCS 努力为会员的职业和个人发展目标增加价值。从出版物到培训和发展、交流机会等，SCS 支持会员，激发个体间建立联系、相互协作并从信息通信技术的创新和卓越中获得灵感和壮志。并寻求通过各种认证计划来提高行业标准，从而提高技能并促进职业发展。

二、组织运行模式

SCS 组织并举行系列技术活动：一是 ASCENT 系列，促进了行业采用者对供应链管理（SCM）中成功使用案例研究的知识共享；二是 CLOUD 云计算 201 系列，专注于比特币交付和云计算相关的内容，该系列主题源自云

计算知识体系（BOK）；三是 IDEAS 系列，由 SCS 商业分析（BA）部门和媒体发展管理局共同组织，是一个双月刊的技术系列，致力于分析社区大数据、数据科学建设和传播创新思想；四是 TecHour 系列，提供了一个平台，供新兴技术企业家分享想法；五是 Tech 论坛，每年举办一次，由各大科技知名演讲者组成，提供不同学科之间联系的动态网络。

三、跨界协同创新的主要措施

（一）跨组织边界，与高校联合打造产学人才培养中心

SCS 与新加坡管理大学（SIS）信息系统学院联合打造 SCS 学生分会，SCS 和 SIS 双方汇集了组织的不同优势，通过专题讨论会、学习论坛，以及其他技术活动，促进新加坡学生适应产业发展、获得技能和知识的提升。通过学会下沉至学校，为学生与专业互联网工作建立网络，共享最新的业务趋势，提供实习和就业机会。

（二）跨界提供科技人才交流平台

SCS 积极致力于培养下一代信息通信和数字媒体人才。其学生成员有机会与领先的从业者见面，交流和指导，在他们所选择的领域中具有宝贵的开端。

第六节　经济合作与发展组织

经济合作与发展组织（OECD）前身是由美国和加拿大于 1947 年主导发起，西欧 10 多个国家于 1948 年成立的欧洲经济合作组织（OEEC），成立初衷为帮助执行马歇尔计划，发挥各成员国的经济力量，促进欧洲的经济合作，为欧洲复兴做出贡献。20 世纪 50 年代末期，由于西欧经济逐渐复兴，OEEC 的基本目标已经完成，西欧各国认为有必要另设新机构，以进一步推动经济增长，帮助第三世界国家发展经济和扩大合作面，提升美国、加拿大两国准会员的地位，使其加入为完全会员。1959 年，法国、西德、英国、美国等

国家代表在巴黎集会，会后发表公报，提出筹设新组织的建议。随即在 1960 年举行多次协商，并设立筹备新组织委员会负责起草设立该新机构的公约。1960 年，美国、加拿大与欧洲经合组织成员国等签署了《经济合作与发展组织公约》，1961 年 9 月公约生效，组织总部设于法国巴黎。

一、组织概况及特征

经过几十年的发展，OECD 已成为国际科技资源的交流平台和集散中心。第一，它是科技人才的资源库，掌握着最为准确和丰富的科技人才信息，是最早进行国家科技人才资源统计分析的国际组织。第二，它是世界上最为权威和丰富的科技文献资料库，OECD 每年以英文和法文出版约有 500 部书籍，其中许多被译成其他文字；OECD 出版了近千本电子书、报告，24 种期刊和 25 个统计数据库。第三，它还拥有强大的软资源库，长期与成员国、非成员国，以及其他国际组织，尤其是与各国科技界保持着紧密的合作关系。

二、组织运行模式

OECD 拥有高度集中的管理和决策机制，它由三层垂直体系构成，分别是理事会、各委员会和秘书处。理事会是其权力机关，欧盟和经合组织成员国分别派遣一位大使级代表组成，主要负责制定战略方向。理事会每年度召开部长级会议，探讨协商核心问题和确定工作重点。委员会是 OECD 决策咨询和执行机构，由各成员国和国际组织代表组成，若为非成员国，也可以观察员的身份参与其中。此外，OECD 设立了专家组和工作组以应对专业领域议题，其共设立了 250 个委员会、工作组和专家组，联系着数千名高级官员及专家参加由秘书处组织的各类工作。秘书处是 OECD 的日常工作机构，设在巴黎总部，理事会决定的工作任务由秘书处具体执行。秘书处由秘书长领导，理事会主席担任秘书长职务。

其功能运作具体如下：OECD 是成员国可以思考并交流问题的场所，辅助各国制定并推行政策。运作方式始于对数据的收集分析，进一步为对政策进行讨论交流，最后进行决策执行。OECD 成员国通过相互比较，探索普适性方案和政策。OECD 的讨论有时还会发展为谈判，这些谈判可能会达成正式协议，如有关反贿赂、出口信贷等协议，也可能形成诸如有关国际税收的标准和模式，或是有关公司管理或环境工作的建议和指导纲要。政府间的双边监督审查保证了 OECD 的有效性，促使各成员国遵守规则。

三、跨界协同创新的主要措施

（一）跨领域预判经济发展：连续发布数字经济展望报告，应对数字化时代的机遇与挑战

OECD 自 2015 年 7 月 15 日发布首份《数字经济展望报告》以来，已连续发布 4 份考察和记述数字经济发展进程和新兴机遇与挑战的报告。《2020 年数字经济展望报告》（简称《报告》）指出，这场新冠肺炎疫情是数字化转型的催化剂，当前成员国纷纷加强战略转型，不断优化互联互通渠道。虽然互联网接入见长，但仍不可忽视数字鸿沟，大数据为企业和消费者创造了新的机遇，同时也给安全和隐私保护带来了新的挑战。《报告》从数字化时代政策制定的综合方法，政策趋势，访问和连接，数字理解、使用和技能，增强数据访问、共享和重复使用，隐私和数据保护，数字安全，数字化转型中的消费者政策，数字化创新和不断发展的商业模式十个方面进行详细分析。

（二）跨国制定计划与共识：助力各国应对经济数字化带来的国际税收规则新挑战

2019 年 5 月，OECD 发布《制定应对经济数字化税收挑战共识性解决方案的工作计划》（简称《工作计划》）。《工作计划》包括两个支柱，支柱一即技术问题提案，工作计划提出三个提案，包含亟待解决的三部分技术问题：确定新的征税权利，寻找在各税收管辖区内分配利润的不同方法；设计新的关联规则，该规则将在市场管辖范围内找到一种新的反映经济转型的业务存在模式，不受实体存在要求的限制；确保新的征税权利得到充分实施和有效管理，包括有效解决双重征税和税收纠纷。支柱二即全球反税基侵蚀

（GloBE）提案，旨在解决遗留的税基侵蚀和利润转移（BEPS）问题。[①] 虽然BEPS 计划规定了一些措施以解决双重不征税问题，但部分包容性框架的成员依然认为，这些措施没有全面解决有些机构持续将利润转移到没有或极低税收企业实体的问题。例如，集团实体从股东处融资或获取利润时，在其所处的司法管辖区内，这种行为很可能不征税或少征税。如果不制定多边行动规则，可能会有成员采取不平衡的单边行动，单边行动既要吸引更多的税基，又要保护现有的税基，从而对所有国家和纳税人造成不利影响。基于此背景，需要采取全球行动，阻止有害的税收逐底竞争。

（三）跨国整合大数据资源，直接解决全球面临的共性问题

2020 年 6 月，OECD 发布了一份报告——《青少年与疫情——回应、复原与韧性》，探讨全球 48 个国家中 15 ~ 24 岁的青少年受新冠肺炎疫情影响，呈现 2020 年 4 月横跨 90 个青年组织的调查结果，评估疫情对青少年造成的短、中、长期后果，建议政府采取行动、重建社会公平；并认为面对危机时，青少年作为有力催化剂，促成行动，齐心帮助社会更具包容性与韧性。

此外，在新型冠状病毒流行的背景下，OECD 正在汇编有关一系列主题的数据、分析和建议，以应对新出现的卫生、经济和社会危机，促进协调，并在面对这一巨大的集体挑战时促进采取必要的全球行动。主要包括最新亮点、OECD 第六十届会议、重点领域、政策回应、数据、国家追踪六个板块，其中在重点领域板块主要关注全面恢复、弹性保健、社会挑战、绿色复苏、全球经济五个方面的问题。

第七节　卡诺研究所

受德国弗劳恩霍夫协会的启发，法国于 2006 年成立卡诺研究所联盟。近年来，卡诺研究所联盟得到了快速发展，成为仅次于弗劳恩霍夫协会的欧

[①] 张伦伦，张学斌，吕敏，等. 数字经济带来的税收挑战 [J]. 公共经济与政策研究，2020（00）：216-220.

洲第二大应用型研究组织。

一、组织概况及特征

根据法国高等教育与研究部的《卡诺研究联盟概况介绍》，卡诺研究所联盟开展合作的核心目标是推动公立科研机构与企业之间的合作，通过科研促进创新，实现经济增长。此外，卡诺研究所联盟的另一个目标是加强对中小企业创新的支持，促进中小企业科技成果的转化。

二、组织运行模式 [①]

在内部管理机制上，卡诺研究所联盟由各个研究所的代表进行联合管理，主要负责的工作包括以下三项：一是负责各机构的协同工作，以及机构间的信息共享与交流；二是负责联盟与国际科研领域交流工作；三是推动与企业的研究合作，为企业尤其是中小企业提供与卡诺研究所联盟交流的机会，促进双方在研究项目上的合作。

在治理结构上，卡诺研究所联盟是政府联合管理，法国高等教育与研究部（MENESR）、协同法国经济、产业和数字事务部（MEIN）、卡诺专家委员会作为决策机构，高等教育与研究部下属机构国家科研署（ANR）提供资金分配和选拔研究所，并接受卡诺研究所联盟一般委员会的建议。而发挥主要管理作用的是卡诺研究所协会（AiCarnot）。[②] 该协会是由各个研究所选派代表组成的非营利组织，负责讨论实施卡诺研究所联盟的目标、战略、行动计划，并通过组织卡诺见面会，推动与企业的研究合作。卡诺研究所协会的运行资金由各研究所根据国家科研署给予的预算资助的 2% 缴付提供，体现研究所为协会做出的贡献（图 11-1）。

在资金分配上，在卡诺研究所的四项资金来源中，与组织运作相关的基本支出由原组织或者上级组织渠道获得（图 11-2）。与弗劳恩霍夫建立全新

---

① 申畯，江诗琪. 法国卡诺研究所联盟合作研究及对我国的启示［J］. 中国科技资源导刊，2015（2）：28-34，55.

② 白露. 发达国家催化优先领域突破的创新平台建设经验及启示［J］. 今日科苑，2022（02）：15-24.

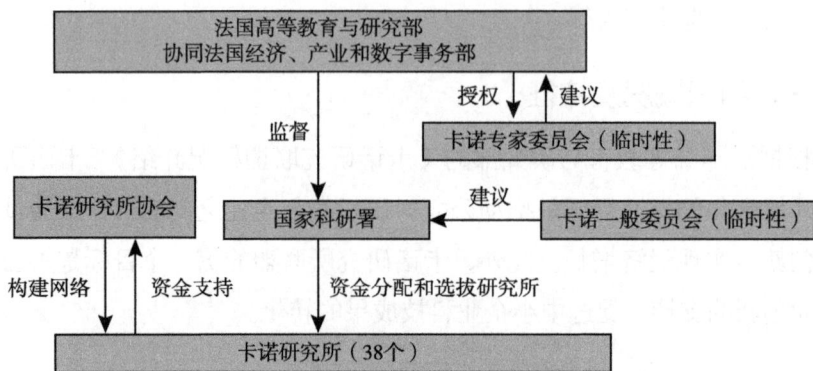

图 11-1　法国卡诺研究所网络组织架构图

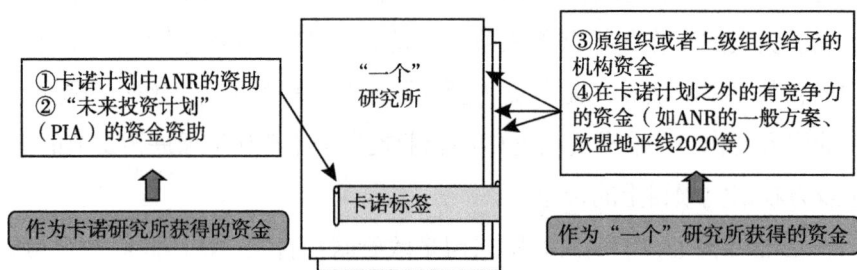

图 11-2　法国卡诺研究所资金来源及构成

的框架相比，由于卡诺研究所部分使用了原组织或者上级组织的机构经费，所以构建卡诺研究所网络并不需要更多的额外资金投入。

在成员组成上，卡诺拥有由多个研究机构组成的共同体，卡诺研究所网络除了单一研究所，还有由多个研究机构或大学组成的共同体，而且后者占多数。共同体包括独立运作的研究单位，如作为国家科研中心（CNRS）的独立实验室或其他国家研究机构；混合的研究单位（UMR），如国家研究机构和大学运行的联合实验室、学校或大学联合会等。

在成果产出上，卡诺研究所没有权力单独拥有和使用知识产权，卡诺研究所的知识产权由其原组织或上级组织所拥有和使用。

三、跨界协同创新的主要措施 ①

（一）跨组织共享技术、人才等资源

卡诺研究所与外界企业合作的方式包含以下三种：设备共享、技术合作与人员培训。此外，卡诺研究所还能在税收方面为其合作者带来优惠。

在设备共享方面，卡诺研究所资源丰富，拥有先进的实验平台与设备，能与外部合作者共享设备。其中 LAAS 实验室提供了多个实验平台和工作室用来与外部企业进行合作研究。此外，在卡诺研究所的官网上，还对其设备进行了详细介绍，包括设备的型号、技术能力和主要应用领域等，并留下了相关人员的联系方式，以吸引外部企业前来交流合作。

在技术合作方面，卡诺研究所重视实现企业技术的成功商业化。卡诺研究所为企业的技术研发和成果转化提供了技术支持，并与企业保持密切联系，以促进企业技术成果的商业化。在人员培训方面，卡诺研究所拥有法国 15% 的科研人员，研究所利用其优秀研发团队，为合作企业提供全面系统的技术培训。例如，INRIA 研究所（隶属卡诺研究所）合作外部组织，共同举办了关于信息技术分析的培训学校。

在优惠政策方面，为支持合作项目的研发，法国政府会发放科研免税款，以促进技术的进步与创新。根据科研经费的不同，企业可以享受至少30% 的减免税款，而与公共科研机构合作的企业，更是能够享受双倍免税款的优惠，以及获得申请其他项目资助的机会。

（二）跨团队开展创新实验，定制化合作方案

卡诺研究所根据客户的不同需求，制订合作方案，比如，长期、中期和短期合作等。此外，卡诺研究所具有建立联合实验室的经验，并能获得政府、议会和相关基金的支持，因此能够确保联合实验室的稳定持续运行。

---

① 申畯，江诗琪. 法国卡诺研究所联盟合作研究及对我国的启示［J］. 中国科技资源导刊，2015（2）：28-34，55.

（三）跨组织整合资源，依托集群优势开展协同创新

由于部分卡诺研究所位于科技园区，因此能够通过整合外部资源来实现更多的合作研究。比如，CEA list 在科技园区，因此与当地大学和联盟进行了合作研究，能够满足多个市场的不同需求。且在进行合作研究的过程中，政府支持起到了巨大的作用。在该科技园区内，CEA list 还成立了联合实验室，有助于保障基础设施的安全。

第八节　日本超大规模集成电路联合体

超大规模集成电路（VLSI）计划是日本政府激励和组织企业开展创造性的合作研究活动中最早和最为成功的一个例子，常常被作为日本产业发展战略的成功范例。

20 世纪 70 年代初，日本在工业方面已经达到当时其他发达国家的水平，此时依靠进口技术已没有发展前景，唯有加强自身基础研究和应用研究。1973年爆发的石油危机给日本人敲响了警钟，迫使他们反思像日本这样资源有限的国家应该如何发展。日本政府认为目前的产业结构已不适合当前的经济发展，应从传统的重工业向知识密集型产业转型。信息产业是知识密集型产业的核心，而半导体产业又是信息产业的中心，因此日本政府把它放在极其重要的战略地位。若在半导体产业上具有优势，就能在计算机、电子通信和其他电子工业上抢占先机。由于集成电路的发展对微电子技术十分重要，日本政府认为对集成电路的控制所形成的危害与石油输出国组织（OPEC）对石油控制形成的危害是一样的，因此必须尽早自主研发这项技术。[①] 在这种背景下，日本关于实施超大规模集成电路计划的想法逐渐显露出来。

1974—1975 年的一年多时间内，日本电子工业振兴协会每周举行一次关于下一代电子计算机所需的大规模集成电路开发问题的研讨会，参加会议

---

① 方厚政. 企业合作创新的模式选择和组织设计研究［D］. 上海：上海交通大学，2007.

的人员有通产省的官员、各大高等院校和科研院所的研究人员。会上的研究人员提出了很多关于如何研发超大规模集成电路的想法与思路，这对通产省的官员有很大启发，也对后来提出建立超大规模集成电路联合体起到很大作用。1975 年，日本电报公司（NTT）的一位高级官员访问美国国际商业机器公司（IBM）并带回消息说，IBM 的下一代计算机，即所谓装有超大规模集成电路的 FS 系统将于 20 世纪 80 年代问世，如果顺利，1978 年就能发布。这一信息使日本政府和日本企业倍感压力，如果不尽快发展集成电路，日本的计算机产业到 20 世纪 80 年代就有被击垮的危险。在这种紧急情况下，日本通产省提出了各公司进行共同研究的超大规模集成电路计划。

1976 年 3 月，VLSI 计划正式启动。该计划由日本通产省组织，以富士通、日立、三菱、日本电气、东芝五大公司为骨干，联合日本工业技术研究院电子综合研究所和计算机综合研究所，投资 720 亿日元共同实施。VLSI 项目实行了四年，取得了 1000 多项专利，成果显著。[1]1978—1981 年日本的 16KRAM（随机存取存储器）已占到世界份额的 40%；到 1982 年年底，日本的第一代超大规模集成电路的 64KRAM 已经占到国际市场的 66%。VLSI 计划的成功无疑对日本 RAM 在世界市场取得强劲的领先地位做出了巨大的贡献。[2]

一、组织概况及特征

VLSI 项目的主要目的是开发制造高性能芯片所需的基础技术原理，并允许企业在开发各自超大规模集成电路时能够免费使用这些科研成果。该项目的研究重点是微制造技术，即改进和开发新的光刻方法并提升硅晶体的质量，加深对其物理和机械特性的理解。

VLSI 项目的联合研究起到了重要作用。其产生了一种半公开化的知识库，项目成员之间共享，非项目成员之间限制，极大地促进了知识的社会

---

[1] 苔莎·莫里斯－铃木. 日本的技术变革：从十七世纪到二十一世纪［M］. 北京：中国经济出版社，2002.

[2] 方厚政. 企业合作创新的模式选择和组织设计研究［D］. 上海：上海交通大学，2007.

化。参与项目的公司在发展商业化产品的同时，还提高了长期竞争实力。例如，日本电气和三菱这两个相对比较弱的公司，通过参与 VLSI 项目提高了其在相关技术领域的实力，保持了其在激烈的国际竞争下前进的步伐。此外，VLSI 项目还促进了分包商的技术进步。例如，佳能和尼康作为提供特殊仪器的 VLSI 计划的分包商，通过共享共同实验室的研究成果，研制出新型打印机。VLSI 项目鼓励具有广泛用途的通用技术的扩散，通过知识和技术在各参与公司与供应商之间的流动与传播，极大地促进了整个国家工业体系的发展。

二、组织运行模式

在 VLSI 项目中，通产省官员和技术专家作为共同研究的领导者和协调者，通产省和富士通、日立、三菱、日本电气和东芝 5 家生产计算机的大公司联合实施，政府和企业各分担一部分费用。VLSI 项目的研究组合为"超大规模集成电路技术研究协会"，其由通产省所属的电子综合技术研究所带头，与 5 家公司联合组成，设立共同研究所。理事会是共同研究所的最高领导决策机构，其由通产省的官员和 5 家计算机公司的领导组成。共同研究所所长是著名的半导体专家垂井康夫，来自通产省电子技术综合研究所，负责研究的技术领导责任。

垂井康夫确定的项目共同研究的课题原则是"共同的和基础的"，"共同的"意味着所研究技术必须是对参与项目各方都有用的，"基础的"即普遍的知识而不是特殊化的知识。[①] 也就是选择那些超大规模集成电路技术开发所需要的根本的、基础的技术，选择对参与各成员都有用的、都会起作用的课题。参与项目的 5 家公司都有平等使用科研成果的权利，商业化开发由公司各自承担。这样的课题标准得到了各方的认可。当时确立了 6 项课题，分别是微精细加工技术、结晶技术、设计技术、工艺技术、检验评价和元件技术。

---

① Fransman M. The Marketand beyond: Cooperation and competition in information technology developmentin the Japanese System [M]. Cambridge University Press, Cambridge, 1990: 65.

以上为基础研究，在基础研究之上进行的应用研究分别在由富士通、日立、三菱组成的计算机组合研究所（CDL）和由日本电气、东芝组成的日电东芝情报系统（NTIS）进行。

三、跨界协同创新的主要措施

（一）跨组织整合资源，政府与企业共同联手

VLSI 项目将研究内容分为基础研究和应用研究，并分开进行，其中基础研究在政府主导的联合实验室进行，应用研究在参与企业的实验室进行。联合实验室又分为 6 个独立实验室，组建了相应的 6 个研究团队分别进行光刻技术（3 个团队）、晶体、工艺和仪器的研究。联合实验室主要研究一些基础技术和对所有企业都有用的通用技术，这样同时也避免了参与企业过分担心在合作过程中自己专有技术的泄露。[①]联合实验室的研究人员分别由政府和参与企业提供，总人数在 100 人左右。参与企业的实验室为两组，分别是富士通、日立和三菱公司组成计算机开发实验室和日本电气和东芝公司组成的日本电气东芝信息系统。这两组实验室主要负责应用性技术的研究与开发，研发费用大约占用了整个项目预算资金的 85%。VLSI 项目在政府与企业的联手下，顺利开展工作。

（二）跨部门整合人才资源，建立分工协作的组织架构

VLSI 联合体的最高机构是理事会，由 5 家参与项目的公司的经理担任理事，并轮流担任理事会主席。理事会下设一般委员会，通常由公司副经理级别的人担任委员，他们每月举办一次会议研讨，为 VLSI 项目的重大事项作出决策。一般委员会下设经营、技术两个委员会。经营委员会主要负责行政，技术委员会主要负责研究。另外，理事会下又设管理负责人，主要进行日常管理工作并同时担任共同研究所的行政管理。管理负责人为根桥正人，他和共同研究所所长垂井康夫都不是公司的人，而是通产省政府的人，他们都是处于公司之间竞争关系之外的"中立者"。根桥正人原本是通产省的退休行

---

① 方厚政. 企业合作创新的模式选择和组织设计研究［D］. 上海：上海交通大学，2007.

政官员，他具有管理国家研发项目的丰富经验，是老练的行政管理官员，善于交际，接近群众，会做人的工作；垂井康夫则是最早参加日本半导体技术开发工作的专家之一，具有丰富的技术经验，是著名的工程技术专家，工作中一丝不苟，全心全意扑在技术上。在工作中，他们深知双方职权的分界线，互不介入对方的职务范围。VLSI 项目通过整合各方人才资源，建立分工协作的组织架构，才能顺利运作。

第九节　斯坦福大学技术许可办公室 [①]

斯坦福大学于 1885 年成立。斯坦福大学位于美国加州旧金山湾区，临近高科技园区硅谷，是世界著名私立研究型大学。

1970 年，斯坦福大学正式组织设立了技术许可办公室（OTL），在此之前，与美国其他大学的早期技术转移安排一样，斯坦福大学采用第三方模式进行科技成果转移转化工作，但在这样的安排下，斯坦福大学在 20 世纪 50 年代初的 15 年间，从科技成果转移转化中所获得的总收入不超过 5000 美元，相较大学的整体科研经费与运营支出，科技成果转移转化收益微不足道。OTL 及其工作体系、运营模式的创建和发展，成功地改善了这一窘境。

一、组织概况及特征

斯坦福大学作为最早将技术转移部门建设为校内工作机制的高校很早就认识到大学的科技成果转化困境。为此，斯坦福大学提出一系列的基本问题，如高校是否应该开展技术转移工作，并从中获取收益？开展技术转移工作是否符合高校的教学、科研使命？是否与高校建立的初衷相违背？在当时，这些问题还没有确定的答案。一些人认为高校就应该专注从事教学和科研，避免任何与经济利益相关的工作；同时，另一些人则十分热衷于将高校科研成

---

① 2020 全球百佳技术转移案例 13——斯坦福大学技术许可办公室（Stanford OTL）［EB/OL］. http://www.ciste.org.cn/index.php?m=content&c=index&a=show&catid=98&id=1920.

果最大限度地落实商业价值转化。认为高校不应从事科技成果转化工作的人群，主要担忧以下三个潜在问题：一是从事科技成果转化，会不会将高校（人员、团队）的科研目标诱导向经济利益；二是成体系的技术许可等工作，会不会提升管理成本，导致终端的产品或商品价格提升，失去竞争力；三是鉴于高校科研经费多由政府拨付，再从科技成果转化方面获得收益，会不会违背社会和公众对高校的心理预期。

而经过一段时间的思考与论证，斯坦福大学认为有必要正式在校内建设大学技术转移机制。在科研经费方面，科技成果转移转化方面增加的收益，同样可以作为经费补充到科研和大学的运营中；在竞争力方面，由于世界经济的全球化发展，创新成为许多新兴市场和新兴产业的主要驱动力，如果不促进科技成果转移转化，不仅会失去产品或商品在国内市场上的竞争力，还会逐渐失去美国在国际上的竞争力；而对一些科研成果或发明来说，技术转移是它们成为有形商品的唯一途径，如果不对科研人员或团队加以激励，这些成果可能永远无法走出大学实验室。尽管还存在矛盾与挑战，但最终，斯坦福大学成功建立了技术许可办公室，并且从中获得了丰厚的回报。

OTL 技术许可的宗旨在于让技术最有效地为社会所用，而不是为了 OTL 或斯坦福大学本身获得技术商品化的最大收益。OTL 强调，虽然大学技术转移的目的是为了公共利益而非经济收益，但如果做好了科技成果转移转化，自然会获得极大的收益。科研成果如果不能及时地进入产业界、成为有价值的商品，就会很快地失去其应有的价值。因此，OTL 衡量大学科技成果转化是否成功，主要是看技术是否被转移到了产业端，而不是看技术转移的实际收益。

经过多年发展，OTL 构建了成熟稳定的技术转移机制，形成了一套成熟有效的工作程序。在其以技术营销为核心理念的过程管理机制下，OTL 团队主要强调技术成果的市场推广，同时关注其产出与知识产权保护。

二、组织运行模式

自建立之初，斯坦福大学便为 OTL 设定了如下工作原则：一是 OTL 主要职责是科研成果、专利发明的市场营销；二是 OTL 的工作人员，拥有较大的工作权限，用于保障技术成果的顺利转化；三是专利运营、专利管理等工作，交由第三方专利代理机构负责；四是要为科研人员预留一定的收益分配，从而产生激励作用。

在这些原则指导下，OTL 在校内由斯坦福大学教务长与研究主管共同管理，内部组织架构包括执行主任、副主任。下设技术许可部门（由技术经理人和助理经理人组成）和专门负责产学研发合作的产业合同办公室团队，同时还设有合规部门、财务部门、行政管理部门、专利部门（具有专利代理人资格，主要负责与外部专利代理机构联系协调专利申请事务）等。

经过 48 年的发展，OTL 构建了成熟稳定的技术转移机制，形成了一套成熟有效的工作程序。在其以技术营销为核心理念的过程管理机制下，OTL 团队主要强调技术成果的市场推广，同时关注其产出与知识产权保护。它的技术转移流程包括发明披露、价值评估、专利申请与维护、市场营销、转让对象选择、技术许可、合同执行与收益分配。具体而言，OTL 的操作流程如下：一是由技术研发主要负责人提交所研发的新兴技术，OTL 将其记录，并由中间负责人进行全流程监督与服务；二是中间负责人通过与技术供需双方沟通交流，全权决定技术是否申请专利；三是中间负责人与具备技术商品化基本条件的企业进行具体化的谈判，并签订相关许可协议；四是 OTL 负责技术转移及转化所获得的收益管理。

按规定，技术发明人不参与 OTL 与企业之间的专利许可谈判，而由技术经理人全权代表学校，并起草合作备忘录。通常情况下，OTL 从专利许可收入中提取 15%，其余在扣除成本后，平均分配给技术发明人和所在院系。因为分配政策简单易行，所以 OTL 模式成为许多大学技术转移的工作范本。

除 OTL 之外，斯坦福大学还通过设立各类专项基金、建设孵化器等方式加强产学合作和技术转移，但 OTL 始终是斯坦福大学技术转移的统一出口和关键一环。

三、跨界协同创新的主要措施

（一）首创性的平台型科技成果转移转化模式

在斯坦福大学 OTL 模式之前，美国各高校也尝试了其他类型的科技成果转移转化模式，这些模式虽然在短时间内起到了一定的科技成果转移转化促进作用，但都因为收益分配、时代局限性等问题，被迫终止或未获得大规模推广。

在斯坦福大学首创 OTL 模式不久后，美国于 1980 年正式出台了《拜杜法案》，这使得斯坦福大学的发明披露与技术转移数量再度倍增，斯坦福大学 OTL 的人员数量也逐步增长，截至 2020 年，斯坦福大学 OTL 的正式人员数量已经达到 40 余人，并配有独立的财务和行政体系，管理有效专利 3500 多件，有效技术许可 2100 件（同一专利可能有多项许可），许可率 20% ~ 25%，技术许可收益累计超过 19 亿美元。近年来，OTL 每年受理科研人员披露的技术发明约 500 件，通过评估评价，对其中约 50% 申请专利保护，每年对外签署许可协议 100 多件。[①]

OTL 的建立为市场上的技术需求方带来了诸多便利：针对科技创新资源进行科技成果转移转化的对接和交流形式趋于多样化，技术需求方可以通过多种形式与大学科研人员、团队进行直接交流，探讨合适的协作方式；科研人员、团队能够进行衔接，更加便利地了解市场、产业中的实际问题，使其教学和科研工作能够更具针对性地开展，并且应用到在咨询过程中接触的实际案例。同时，科研人员也通过企业咨询服务增加了收入；企业也能够通过服务更好地抓住市场机遇，有效利用最新技术与专利，掌握先机。[②]

（二）专业化的技术转移队伍建设以及创新激励

OTL 的工作人员均为技术经理（Technology Manager），他们既有技术

---

① 2020 全球技术转移案例 13：斯坦福大学技术许可办公室（Stanford OTL）[EB/OL]. 中国国际科技交流中心. http://www.ciste.org.cn/index.php?m=content&c=index&a=show&catid=98&id=1920.

② 2020 全球百佳技术转移案例 2：麻省理工学院全球产业联络计划（MIT-ILP）—MIT 大学技术转移的门户与指南［EB/OL］. https://mp.weixin.qq.com/s/633e7Vj4ypQsKwqTvNYVKg.

背景，又懂法律、经济和管理，还擅长谈判。其中，技术经理的主要工作为专利营销和专利许可谈判，以专利营销和许可谈判促进专利保护。在人员激励上，斯坦福 OTL 允许发明人分享收入，旨在激励教师不断披露发明，并配合随后的专利申请和许可工作。这一激励方式不仅提升了发明人的收入，也提升了发明人在院系中的地位和声望，能够形成比较好的激励效果为完善和落实激励创新激励性政策，强化新兴科技成果转化主体地位，引导需求方重视科技创新，同时完善研发人员激励机制及晋升通道，推动技术研发，调动科研人员科技创新的积极性，斯坦福大学 OTL 为科研人员预留一定的收益分配，从而产生激励作用。

第十节　比尔及梅琳达·盖茨基金会

在 2000 年的西雅图，比尔·盖茨名下的一个图书馆基金会和一个健康基金会进行了合并，由此成立了比尔及梅琳达·盖茨基金会（简称盖茨基金会）。盖茨基金会成立的主要目的是充分利用人类的智慧和创新能力，进而促进健康方面和发展领域的平等。马克·苏斯曼是基金会的首席执行官，威廉姆·盖茨是基金会的联席主席，二人在比尔·盖茨、梅琳达·盖茨以及沃伦·巴菲特的指导下，对盖茨基金会进行联合管理。

一、组织概况及特征

盖茨基金会在世界多个国家和地区，与不同形态的组织建立合作伙伴关系，并着重从四个方面开展工作：确保未成年人健康成长、帮助贫困人群遏制传染性疾病、增强妇女和儿童改善生活的能力、激励人们行动起来并改变世界。

二、组织运行模式

盖茨基金会是一个非营利组织。该基金会拥有包含 3 名理事的理事会，并在理事会下设最高执行官，负责基金会内的具体工作。

盖茨基金会经常将慈善事业看作一次投资机会。在资助外部组织时，会为其设立一定目标，并对其进行定期考核，通过这种合作方式，实现自身与受助组织的双赢。如今的盖茨基金会已达到了一定的规模，呈现出规模效应，在节约成本的同时也实现了盈利。[①]

三、跨界协同创新的主要措施

（一）跨国界整合资源，创新交付系统

以模式创新为主，其中的关键问题就是"可及性"。有了产品，还需要有效的监管体系和对应的国家体系，才能使这些创新惠及真正有需要的人群。

盖茨基金会在中国支持的药监体系的改革，支持中国疫苗、诊断产品、药品通过世界卫生组织的预认证等，都属于这个战略下的工作。

以全球疫苗免疫联盟（Gavi）为例，这个组织是 2000 年盖茨基金会刚成立的时候就通过捐款 7.5 亿美金，与世界卫生组织、联合国儿童基金会、世界银行共同成立的新型国际组织。这些年 Gavi 的工作让 7 亿多名发展中国家的儿童打上了疫苗。在最近几年，中国也成为 Gavi 的供货方。中国中生集团于 2013 年研发的乙脑疫苗成为通过世界卫生组织预认证的第一支中国疫苗，也因此被 Gavi 集中采购，如今该疫苗出口量超过了 4 亿支。在国际层面，盖茨基金会也通过赠款支持世界卫生组织、联合国粮食及农业组织、世界银行等联合国机构和国际组织的能力建设，支持他们开展了大量创新工作，以提高新产品、新技术在发展中国家的可及性。[②]

（二）跨国家争取资金和有利的政策环境

想要解决世界范围内的重大问题，只有盖茨基金会的投入远远不够，最大的资金来源仍是公共资金。以全球基金为例，这是一个由几十个国家政府和国际组织以 PPP 模式（政府和社会资本合作，是公共基础设施中的一

---

① 比尔·盖茨最骄傲的事：拯救了 1.2 亿儿童［EB/OL］. https://www.sohu.com/a/317838720_99913630.

② 盖茨基金会是如何运作的［EB/OL］. https://gongyi.ifeng.com/c/7s55XUxvxZb.

种项目运作模式）共同建立的国际援助机构，目标是加速终结艾滋病、结核病和疟疾这三种影响贫困人口的重大传染病。全球基金每三年在全球开展一轮筹资活动，盖茨基金会一直是积极的推动者和倡导者。在 2019 年 11 月结束的最新一轮筹资中，全球基金筹到了破纪录的 140 亿美金，这是每年盖茨基金会全部捐赠额的近 3 倍，大部分来自捐赠国政府。这笔钱将有望在未来三年拯救 1600 万人的生命，并帮助全球在 2030 年前终结艾滋病、结核病和疟疾。①

盖茨基金会实力雄厚，因此其对于慈善事业的做法有别于其他组织。以疟疾控制项目为例，他们会优先选择合作其他组织以及医药公司等，进行新药物的研制，而不是直接向受助人群发放已有药物。盖茨基金会在 2005 年捐赠了 2.58 亿美元，由美国适宜卫生科技组织和葛兰素史克医药公司合作研发疫苗，通过疫苗和新药物研发以及蚊子控制等方式控制疟疾。

此外，盖茨基金会发起了"目标守卫者"倡议。这里的目标是指联合国通过的可持续发展目标。虽然这些年一直有进展，但按照既有的速度要在 2030 年实现这些目标是很困难的。"目标守卫者"就是在这种情况下诞生的一个创新倡导平台，每年发布数据报告，向大家展示目标完成情况，在纽约举行年度大会，汇聚数百名明星、政要和青年领袖，全年还有系列活动打造目标守卫者社区，激励大家分享经验、采取行动，加速目标实现。②

除此之外，还有横贯的支持工具，如全面的数据和分析，作为战略制定、决策和反馈的基础。

在抗击新冠肺炎疫情方面的主要措施：

1. **盖茨基金会提供 500 万美元紧急赠款**

为协助中国合作伙伴加快药物的研发和控制新冠病毒的扩散，盖茨基金会不仅提供专家和技术支持，还于 2020 年 1 月 27 日赠款 500 万美元，从而对控制新冠肺炎疫情起到了一定的助力作用。

---

① 盖茨基金会是如何运作的［EB/OL］．https://gongyi.ifeng.com/c/7s55XUxvxZb.

② 同上。

2. 追加赠款支持抗击新冠肺炎疫情

2020 年 2 月 5 日，盖茨基金会宣布承诺投入最高 1 亿美元赠款，用于支持全球应对新冠肺炎疫情。2020 年 4 月 15 日，盖茨基金会在官网发布向世界卫生组织追加 1.5 亿美元捐赠的声明。这笔资金能够对人员的隔离和治疗、研发新药物与疫苗等起到巨大的帮助。

3. 联合伙伴发布新冠肺炎治疗加速器

盖茨基金会联合合作伙伴在 2020 年 3 月 10 日共同发布新冠肺炎治疗加速器。为开发与推广新冠肺炎的治疗方案，预计投入最高 1.25 亿美元的种子基金，控制新冠肺炎疫情的传播。

4. 跨领域研发，成为全球新冠肺炎疫苗研发的新兴力量

盖茨基金会成为全球新冠肺炎疫苗研发领域的新兴力量，参与全球三大疫苗研发组织中的两个，正在整合疫苗研究资源和研发路线，如投资 20 亿元给成都三叶草研发新冠肺炎疫苗。

第十一节 美国 M×D（原数字制造与设计创新机构）

美国数字制造与设计创新机构（DMDII）是奥巴马政府于 2015 年在芝加哥成立的数字化制造与设计创新研究机构，其隶属于美国大学和工业界的联合实验室（UI labs），UI Iabs 目前共有 DMDII 和 CITY Digital 两个组织，其成立就是为学术界和企业界搭建沟通与协作的桥梁，一方面从企业获得资金、了解企业的需求；另一方面利用学术界的研发人力资源帮助企业完成目标。

2019 年，数字制造和设计创新机构（DMDII）更名为创造 × 数据（Manufacturing × Digital，M×D），M×D 代表制造业与数字化的融合，它的使命是推动制造业的数字化未来，开辟新技术，使美国的工业基础和作战人员更加敏捷有活力。

一、组织概况及特征

美国 M×D 的目标是建立一个国家机构，专注于美国制造业领域的一些复杂问题，并制订相关解决方案，以抵消美国产业采用新技术带来的损耗，从而提高竞争力。此外，美国数字化制造和设计创新研究院乐于支持从事工业的女性工作者。

二、组织运行模式

根据 2018 年《美国先进制造业领先地位战略》确定的"发展和推广创造技术""依照市场需求培养人才"和"提升美国制造业供应链能力"三大目标，以及美国国防部相关部门对加强制造业网络安全的呼吁，经过团队和委员会的商讨，M×D 提出四大投资主题：一是推动工厂数字化进程，改进生产力；二是扩大评估行业需求的劳动力发展计划，帮助市场培养现代化工人；三是与机器人创作机构协同合作，提高整体生产水平；四是运营国家制造业网络安全中心，创建更具弹性的工业基础。

M×D 并不提倡用技术代替操作员，而是通过技术升级辅助工人操作。其开发的产品可帮助公司改善培训、提高质量和安全性，同时降低成本。在此过程中，M×D 充当的是数字制造技术的平台，为新产品的开发提供资金。

M×D 的职责是组建跨学科的研究团队、整合 IT 和制造解决方案，并与业界领导者合作，推动科技在产业链的应用。与其他国家的科技组织相比，M×D 致力于成为美国制造业的"知识枢纽"，在更短的时间内更有效率地推动美国制造业企业间合作，并在平台范围内最大限度地进行共性技术交流和合作成果共享。其成功要素可总结为三点：政府投入、职业经理人管理和会员共享科研成果。

M×D 不同等级的合作伙伴，权利与责任也不相同（图 11-3）。例如，第一类合作伙伴科研获得和共享 M×D 更多知识产权，也被称为行政委员会席位。针对不同等级的合作伙伴，M×D 也会组织和提供交流场所、会议论坛等，致力于推动合作伙伴间的交流，推动科技创新发展。

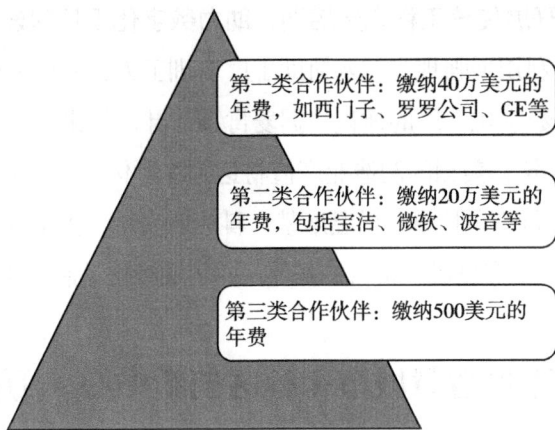

图 11-3 M×D 合作伙伴模型

目前，M×D 已经在 60 多个应用研究项目上投资了约 9400 万美元。这些项目涉及设计、产品开发、系统工程、未来工程、供应链和网络安全等领域。

三、跨界协同创新的主要措施

（一）推动政产学研多主体跨界合作

M×D 以市场为导向，开发新的科技成果，并研究如何将科研成果提供给中小型制造商。研究并支持的重点领域有：未来工厂、网络安全、信息化供应链、数字工程、劳动力发展和国防合作。其中，"未来工厂"在云上连接生产线，将数据和生产相结合，不断改善生产。

M×D 计划与供应商合作完成一个多阶段试点项目，通过使用多种数字化网络安全设施来满足供应商的需求，进而打造出一个实用性强、商业成本低的安全系统，保障供应商所在的供应链上的网络安全性。例如，2019 年 7 月 11 日，美国百年通讯企业 AT&T 联手 M×D 共同助力 5G 在制造业的部署。由 AT&T 提供产业相关技术、应用及心得合作，测试制造业相关的 5G 应用，如互联网、混合现实训练、远程监控、预测性维护等，由 M×D 提供厂房和工作室，并提供大量的合作伙伴和高效的数据处理系统，提高云服务的安全性。

（二）积极开展传统工程人员培训，助力数字化工厂建设

M×D 正在利用增强现实技术协助工厂培训工人，实现老旧设备的数字化更新换代，助力数字化工厂的建设。据麦肯锡估计，如果美国能够全面实现数字革命，到 2025 年，美国的制造业产值将达到 3 万亿美元，实现 20% 的增长。UI 实验室首席执行官科拉琳·诺温斯基·科林斯表示，由于该机构迄今为止的成功，M×D 现在已具备独立运营的条件，并将继续推动制造业的发展和变革。

第十二节　印尼智慧城市和社区创新中心 – 万隆理工学院

根据印度尼西亚的人口数据，城市地区的人口增长率达到每年 2.75%，高于全国每年 1.17% 的人口增长率，如此庞大的人口随之而来的是社会矛盾加深。印度尼西亚政府采用战略方针，启动智慧城市计划，于 2018 年成立印尼智慧城市和社区创新中心 – 万隆理工学院（SCCIC-ITB），其成立背景是作为解决城市问题的方案，目标是到 2019 年国内建成 100 座智慧城市。

一、组织概况及特征

SCCIC-ITB 以印度尼西亚 25 个城市实施智慧城市理念的最新评价为基础进行，但这些城市存在根本性制约因素：如对智慧城市的理解困难、不知道如何运用智慧城市解决方案，以及不知道如何运用智慧城市为该地区带来效益等。对于已有资源的不正当运营，容易导致已经制定的智慧城市规划实施失败。因此，对已有资源的适当运用成为 SCCIC-ITB 的重点。

二、组织运营模式

SCCIC-ITB 基于印度尼西亚基础设施不均衡的现状，在以政府为投资主体的情况下，为印度尼西亚开发了一个智慧城市模型，该模型被命名为 Garuda 智慧城市（GSCM）模型（图 11-4）。

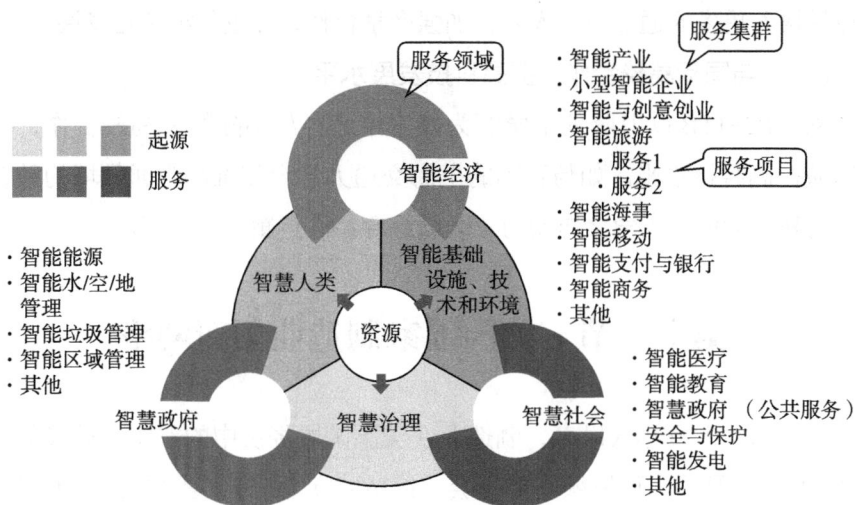

图 11-4　GSCM 模型图

智慧城市成功实施依托物联网、大数据、网络物理系统和云计算等强大支撑技术。其次，公民的积极参与不仅作为创建者运行，还作为最终用户运行。最后，智慧治理确保拥有强大的技术支撑和公民的积极参与。智慧城市实施活动过程的规律性可以通过智慧治理活动得到很好的管理。在 GSCM 中，这三个关键成功因素被定义为智能城市实施的促成因素。

智慧城市计划已经在印度尼西亚的许多城市启动。在首批实施智慧城市计划的 25 个城市中，并非所有的城市都达到了预期目标。大多数城市仍然把重点放在信息和通信技术上，没有把其他使能因素（人、信息和通信技术和治理）放在优先位置。

三、跨界协同创新的主要措施

（一）与跨国企业合作，科技创新推动产业发展

万隆理工学院是印度尼西亚历史最悠久的理工科技术型大学，SCCIC-ITB 以万隆理工学院为技术中心，与跨国知名企业合作，推动本国科技发展。如与华为在印度尼西亚的子公司联合打造 ITB 合作培训中心，旨在联合学界、

商业界培养更多的通信技术人才，加强产学合作，促进经济长足发展。

（二）与国际高校合作，提高科技发展水平

SCCIC-ITB 以万隆理工学院为技术中心，与国际知名高校合作，在专业领域提高科技水平。如与我国的上海交通大学合作推动交通领域的教育合作，与我国的清华大学合作助力"区域综合经济走廊"建设等。

第十三节　美国国家制造业创新网络

自 20 世纪 70 年代以来，制造业在美国国民经济中的占比显著降低。根据 2011 年美国总统科技顾问委员会（PCAST）报告，美国制造业不但产值缩水、出口紧缩，而且相关制造研发也落后于某些发达国家，其在全球制造业中原有的领导地位受到严重威胁，警醒其增进先进制造的技术研发以维持竞争力。2012 年的 PCAST 报告显示，即使美国着重基础科学的深入研究且发明成果较多，但其在创新生命周期中的商业成果转化阶段非常低效，尤其是在制造业实现规模化和商业化的阶段。该报告还强调，中小制造企业诸如美国私营部门在将基础研究进行制造能力转化和产品创新时，明显受到技术和资金的约束。可以看到，联邦政府对于制造业的应用性研究投入远远不足，仍停留在基础性科学的大量资金支持阶段。制造业是一个国家的经济命脉，不仅关乎国家优质岗位的提供和经济安全，同时也为整个国家的安全保驾护航，未来美国先进制造业产品创新和产品转化能力的提升任重而道远。

根据 PCAST 的建议，美国总统直接领导国防部、能源部、商务部、美国国家科学基金会和美国国家航空航天局，共同推出国家制造业创新网络（NNMI），着重攻关联邦机构下派的重大技术领域，旨在重塑美国制造业的竞争优势和领先地位。2012 年 8 月，国家增材制造创新研究所（后更名为"美国制造"）在俄亥俄州扬斯敦成立，该研究所是美国首家制造业创新研究所，其主要研究领域为增材制造和 3D 打印。其后，数字制造和设计创新研究所、轻量和现代制造研究所、下一代电力电子制造创新研究所等陆续成立，立足于推进先进制造技术的研发、成果转化，以及工业体系的改善。[①]

NNMI 在国家政策的大力支持下迅速壮大，截至 2016 年，其共有 830 位成员，其中 2/3 为制造商——小企业占比超半数，高等院校和研究机构约占 1/5，还有一些地方机构和非营利机构也积极参与创新网络。根据 2017 年年初的统计，美国已新建了 14 个研究院，其受到国防部、能源部、商务部等部门的特别资助。电子学、材料学、能源使用与环境影响、数字自动化、生物制造五大核心技术领域则是 NNMI 的主要构成。各创新中心和科研院所、非营利机构等主体间合作创新，共同致力于院所成果的转化。[②]

一、组织概况及特征 [③]

（一）运行公私合营模式

NNMI 采用的是公私合营的模式，即由联邦政府和私营机构按 1∶1 的出资支持组建。此外，创新中心仍需自行获取来自地方政府和非营利组织等机构的配套资金，如会员费、服务收入、项目收入等。

（二）着重创新成果转化

NNMI 创新研究院着重应用研究，即成果转化和应用，属于基础研究的后一阶段。为了推进先进制造的应用研究，创新中心主要有两方面的举措：一方面，中小企业作为核心，以创新项目为主线开展相关的应用研究和商业转化，扫除技术成果转化过程中的障碍，从而形成完整的创新链，为新技术应用的量产提供支持；另一方面，新技术应用规模化的形成会受到许多因素的影响，相应的，创新中心着手应用标准的制定和招纳适用性人才等。

---

① 美国国家制造业创新网络运作模式及对我国的启示［EB/OL］. https://m.elecfans.com/article/778504.html

② 林雪萍. 缔造制造业生态——《美国制造创新研究院解读》推荐阅读［J］. 中国机械工程，2018，29（12）：1507–1511.

③ 张华胜. 美国国家制造业创新网络建设及管理模式［J］. 全球科技经济瞭望，2019，34（1）：15–25.

具体而言，创新中心承担着攻关技术成果转化和应用过程中薄弱环节的重要任务。第一，创新中心开展应用研究的同时也参与商业化的环节中，不仅弥合创新链中由基础研究过渡到产品商业化的技术空缺，还能够形成新技术应用的典范，促使企业以较低的风险实现试验性应用到规模化生产的降本、增效。第二，创新中心为企业提供多种专业服务，诸如提供新技术应用的基础设备、咨询指导和员工培训等，从而使企业具备应用先进技术的能力，助力与其他组织的合作研发，以促进各类型企业间的战略合作与经验分享。

（三）强调中小企业的作用

NNMI 本质上是"政产学研"组成的创新生态系统，其中中小企业在产业界较为活跃且具有较高的话语权，其不仅是产业界的核心代表，同时也在 NNMI 中占据主体地位。具体而言，一是中小企业占有 NNMI 领导委员会的很大比例；二是组建创新网络时对中小企业的数量要求较高，如要求 NNMI 会员构成中有 1/3 是中小企业；三是创新中心主要关注重大核心领域，其技术创新项目的运行必须得到掌握前沿技术的中小企业的充分支持。

（四）系统成员间共享合作

创新中心各自制定自由的知识产权保护和分享机制，保障其会员能够依法获取先进制造技术的应用。同时，创新中心提供共享设施、先进技术、内外部信息等，确保创新中心与其会员通过共享合作，就共同利益和未来发展达成共识，实现尖端技术的高效转化。

（五）主导应用标准的制定

各创新中心通过与制定标准的相关者通力合作，积极参与并主导制定符合新兴技术相关应用的标准。此外，创新中心能够提供给企业满足新标准的基础设施和服务，包括相关技术的数据库参考与应用设施，以推广新标的使用范围。[1]

（六）建立人才培养机制

创新中心通过甄别先进制造的前沿技术，明确应用新技术所需的技能与

人才类型，反馈与联合高等院校、科研院所等教育机构培养相关人才，如通过培养计划、技术资格认证等方式引导专业人才的培养，确保为先进制造业输入优质的、匹配的技术人员，以此构建教育机构与产业间互动的桥梁。

二、组织运行模式 [①]

NNMI 是公私合营、商业化运作的成功典例，其由政府牵头组建，通过企业主导和高等院校、科研院所的支持，构建了"政产学研"创新生态系统形成先进制造技术由基础研发到应用，再到产品商业化、规模化的完整创新链条。在融资方式方面，初期由政府资助，5 ~ 7 年后需自行寻找外部机构注资，实现可持续发展。在治理模式方面，以董事会为核心，采用较为成熟的商业治理模式。在项目运作方面，在甄别前沿技术领域的同时与产业要求融合，项目最终以响应市场需求为主。具体如表 11-1 所示。

表 11-1 组织运行模式

融资方式	联邦政府和私有部门 1∶1 共同出资筹建创新中心，形成 5 ~ 7 年的合资计划。5 ~ 7 年后脱离联邦财政，实现资金独立和自我发展
治理模式	联邦机构主导创新中心的技术领域定位、筹建和初步融资，但不直接领导和干预其运作。创新中心由独立的非营利组织管理日常，董事会由"政产学研"各方成员构成。同时，设有层级分明的合作伙伴体系，承担相应义务、参与技术研发与成果转化，并享受相应的权利
项目运作	每个创新中心制定各自的技术转化路线图，包括从甄别先进制造技术领域到该技术转化为规模化生产的全过程：技术甄别→筹集研发提案→招标遴选→技术研发和转化

注：根据林雪萍. 缔造制造业生态——《美国制造创新研究院解读》. 中国机械工程. 2018，29（12）：1507-1511 绘制。

三、跨界协同创新的主要措施

（一）致力于先进制造技术的转化与推广

基于推动先进制造技术的成果转化，创新中心在 NNMI 中充分发挥技术

[①] 朱焕焕，陈志. 从"国家制造业创新网络"到"美国制造"——美国制造业战略的延续与变化 [J]. 全球科技经济瞭望，2019，34（2）：1-6.

"孵化器"的作用，其通过检验的先进制造技术能够推广到制造企业中并形成应用典范，促使尖端技术的规模化应用，及其向经济效益、制造能力的转化。

每个创新机构针对其核心领域开展应用性研究，进行研发、商品化试验，把控从基础开发到投产过程中的风险与成本，促进先进制造技术成果的广泛使用，最终带动制造业竞争优势的提升。

例如，柔性电子制造创新机构开发出一种新型"智能"绷带，采用低成本的柔性材料，可将氧气输送与医疗传感系统相结合；先进功能面料创新机构开发出一种新型基于光的通信系统，能够保障军事人员在秘密行动中更加有效和安全，或者在全球定位系统无效的建筑物中进行搜索和救援。2017年，14家制造创新机构开展了近270个应用研究与开发项目，在推动技术进步方面取得了多项成果。例如，将从零件设计到产品制造的时间缩短50%，可以为快速发展领域的制造商提供竞争优势；将汽车或航空航天零件的重量减少40%，从而直接提高燃油效率；将用于液压系统和储气罐中的压力罐等部件的重量减少70%，同时不会降低安全性和可靠性。

（二）构建跨组织协同的创新生态系统

创新中心涉及政府、企业、行业协会、高等院校和其他组织，构建了政府主导的、政产学研共同参与的创新生态系统。这种新的创新生态系统围绕特定的先进制造技术，致力于甄别和选择创新技术的研究。自2003年起，如何构建创新生态系统始终是美国政府关注的重点和创新战略的核心。按照NNMI的规划，联邦政府出资赞助的周期为5～7年，之后需要研究院所凭借诸如会员费、知识产权许可等多渠道实现自身的良性运作。综上，美国政府的资助主要起杠杆作用，吸引地方政府和社会资本的注资，通过技术成果的转化进程实现良性循环。

（三）跨组织整合创新资源形成完整的技术创新链条

基于"政产学研"创新生态系统的构建，以创新项目贯穿成员合作研发、信息共享和交互的过程，助力共同利益和资源优化配置的达成，依此构建从产品研发、应用到商品化、大规模投产的完整的技术创新链条。

例如，由诺恩·罗普·格鲁曼公司主导与牛津性能材料的合作，验证了一种高性能聚合物作为空气和空间飞行器材料选择的可行性。该项目为第一个入库的可广泛推广的聚合物增材设计，大幅降低制造成本，为行业内提供了重要的设计指南。[①]

第十四节 GitHub

GitHub（曾称 Logical Awesome）平台由 Chris Wanstrath、PJ Hyett 和 Tom Preston-Werner 采用 Ruby on Rails 共同编写而成。网站于 2008 年 2 月以 beta 版本开始上线，同年 4 月正式上线，之后平台的发展情况如表 11-2 所示。

表 11-2 GitHub 上线后的发展情况

时间	事件
2008.07	发了 Gists 功能，用于托管代码片段
2008.12	发布 GitHub Pages 功能
2009.10	发布 Issue 跟踪功能
2011.11	启动 GitHub Enterprise 项目，探索盈利模式
2013.12	托管了 1000 万个存储库
2016.06	引入可搜索的公共数据库
2017.05	推出 GitHub Marketplace，实现基于 GitHub 的协同
2018.06	微软耗资 75 亿美元收购 GitHub
2018.07	拥有 3000 万名开发者
2019.01	宣布私有仓库全部免费，无限创建

GitHub 是全球最大的开源代码托管平台，用户基于共同项目可以实现代码托管与审查、版本控制和协作等，并且不受到时间、空间的约束。同时，GitHub 平台的项目处理功能支持开源项目和私人项目，伴随应用程序向云平台的转移，其已成为软件开发管理与搜索代码数据库的首选。

---

① 美国国家制造业创新网络运作模式及对我国的启示［EB/OL］. https://m.elecfans.com/article/778504.html.

一、组织概况及特征

GitHub 平台有以下特征。

（1）免费的开源分享服务。GitHub 是一个典型的软件开发社区平台，支持不同国家地区、不同专业背景的开发者参与，加入社区的开发人员通过分享免费的源代码、与其他参与者互动积累共享资源，进而形成"分享互动—积累—共享"的良性循环。

（2）聚焦 Git 格式托管。GitHub 专注于 Git 格式托管，不支持 CVS、SVN、Hg 格式的托管，其认为 Git 是最好的版本控制系统，因此没有必要为兼顾其他版本控制系统而牺牲 Git 的某些独有特性。没有支持其他版本控制系统的历史负担也是 GitHub 成功的要素之一。

（3）完整的协议支持。GitHub 相较于其他的开源代码托管平台，完整支持 Git 可以使用的协议模式。

（4）支持在线编辑。GitHub 支持用户通过浏览器直接在线编辑文件。

（5）社交性。GitHub 具有互动性与社交性，用户作为平台社交网络中的一员，可以直接在社区中关注感兴趣的或正在参与的项目从而了解项目进展，或者关注其他用户从而知悉其他开发者的动态。

（6）独具一格的工作模式。GitHub 具有独特的工作模式，主要表现在 Fork 与 Pull Request 功能。其中，逐行评注代码与 Pull Request 是 GitHub 具有特色的代码审核模式。

（7）注重细节。GitHub 的迅速发展得益于它注重细节，其网站使用了 Ruby on Rails 的应用程序框架，更简洁清晰；设计网页时也大量运用了 JavaScript、AJAX 和 HTML5 等技术。

二、组织运行模式

GitHub 的功能主要由 Watch、Star、Fork、Issue、Pull Request 等模块构成，具体功能见表 11-3。

表 11-3　各模块具体功能

模块名称	具体功能
Watch	实时跟踪某一项目或某一个人的动态
Star	收藏项目库
Fork	拷贝某一项目至个人库中，可做任意修改
Issue	针对项目 bug 或改进等提供研讨功能
Pull Request	用户修改项目后，可向原项目发起修改合并的请求

注：根据张劲松，黄华，胡子祥. 知识管理视角下开源社区知识流转机制研究——以 GitHub 为例 [J]. 情报科学，2018（7）：130-136 绘制。

Pull Request 是 GitHub 平台最重要的功能，用户可以借助该功能针对他人的项目代码提出一定的修改意见，同时修改后的效果可视化、可获性较高，易于双方针对项目的修改进行合并或讨论等操作。此外，当 Pull Request 不起作用时，他们可以通过 Fork 项目创建涵盖修改内容的平行版本。在 GitHub 社区中，超过 50% 的开源项目的研发合作都采用 Pull Request 实现，可见 Pull Request 在 GitHub 的运行机制中占据核心地位。针对 GitHub 社区中社会化项目的开发，首先，用户可以 Fork 自己感兴趣的某一项目，并将该项目拷贝至自己的数据库中；然后，用户可以就该项目存在的 bug 进行修改，或增添一些新的功能；接着，用户就项目有一定的修改后可以进行 Pull Request 操作，将修改提交给原项目的开发团队，在这个过程中修改和申请都公开披露给关注了该项目的人；最后，就 Pull Request 的申请可以创建一个 Issue，整个社区中无论是项目的核心成员还是外部人员都可以进行该请求的相关讨论。在严格的商议和审核的基础上，如果改进的建议被认定为优质建议，原项目的团队则可以有选择性地接受 Pull Request，实现修改和原项目程序的融合，因此个人为项目贡献代码变得十分便捷。

三、跨界协同创新的主要措施

（一）借助社会化项目开发过程，实现社区内多种形式的知识共享与知识流转

GitHub 社区中的知识流转主要包括三种类型：一是项目团队内部组织

成员之间的知识流转；二是项目团队与外部人员诸如其他项目组成员或其他兴趣相投的社区开发者之间的知识流转；三是整个社区内的知识流转。[①] 以整个社区内的知识流转为例，如图 11-5 所示。用户根据自身需要选择自己感兴趣的程序功能，获取显性化的程序后，通过学习模仿、思考总结，将获取的显性知识内化为自身的隐性知识。例如，用户在 GitHub 中对新项目包含的显性知识进行学习，继而 Fork 形成自己的新知识库，即实现知识内化的过程。用户还可以根据自己的知识、经验对项目中存在的缺陷进行修改完善、删减多余功能、添加新功能，在社区中通过开发者的讨论交流进一步交换想法、完善知识，进而实现隐性知识的交流与知识社会化，将用户个人的隐性知识进一步延展扩大，形成更为丰富的隐性知识。例如，用户在 GitHub 中利用 Pull Request 与 Issue 讨论功能，聚集与项目相关或感兴趣的社区开发者，通过讨论交流实现知识社会化。用户获取隐性知识后进行编程化，即将知识进一步外化为显性知识，此时可以选择将新得到的显性知识合并至原有的项目库，进一步组合成新的显性知识。进一步地，项目组成员在 Github 社区通过项目内部成员的知识流转，以及项目内部与项目外部成员的知识流转，不断扩充项目组的知识库，进而创造更多的开源项目（图 11-5）。从而通过知识内化、知识社会化、知识组合、知识外化的不断循环与更新实现整个社区内的知识流转。

（二）协同 DaoCloud 推动企业级数字化转型，连接全球最大开发者生态

2018 年 1 月 25 日，Github 正式宣布与 DaoCloud 达成技术与商业合作伙伴关系，并实现 GitHub Enterprise 与 DaoCloud 核心产品的装配与集成。

多年前，GitHub 为软件技术打开了一个新的篇章，迎来了开源时代。如雨后春笋般的互联网初创公司塑造了一个全新的开源文化，同时也激发了全世界的传统企业驾驭互联网浪潮的转型诉求，进一步走向开源开放、自主可控是他们对抗互联网巨头公司的重要砝码。如今，GitHub 联手 DaoCloud，

---

① 张劲松，黄华，胡子祥. 知识管理视角下开源社区知识流转机制研究——以 GitHub 为例 [J]. 情报科学，2018，36（7）：130-136.

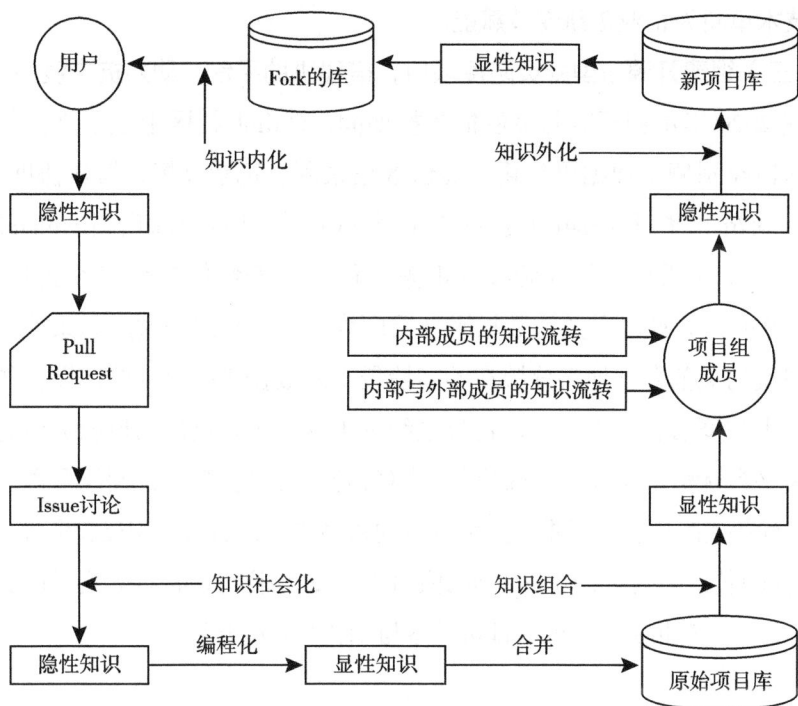

图 11-5　开源社区整体知识流转机制

注：资料来源《知识管理视角下开源社区知识流转机制研究——以 GitHub 为例》。

为亟待数字化转型的中国企业提供完整的企业级 DevOps 开发运维的解决方案，推动以技术为驱动力的中国传统企业创新变革。GitHub 与 DaoCloud 将集成各自技术优势和产品生态，共同在世界领先产品和技术的基础上融合中国化的企业级服务内容，产品和解决方案已经落地在包括东方明珠新媒体、广汽丰田、招商基金和红有软件在内的大中型企业。通过 GitHub Enterprise 和 DaoCloud 核心产品帮助他们搭建具有行业示范意义的融合式平台，并定义适配该平台的研发流程和提供承载平台的全新 IT 架构，为企业客户的业务升级和数字化转型提供助力。

同时，DaoCloud 与 GitHub 将进一步深入合作，赋予中国企业在互联网时代与最新的云原生技术接轨的能力，将创新技术与客户业务应用场景融合，运用技术革新为企业创新变革赋能。

（三）组建开源新型肺炎防疫项目，搭建协助平台，助力抗击疫情

在 2020 年年初新冠肺炎疫情防控期间，Github 社区上线了许多开源项目，项目类别侧重数据可视化、提供数据来源、记录疫情、搭建协助平台。例如，同济和华师 x-lab 实验室于 1 月 26 日发起的开源项目 wuhan2020，致力于借助开源平台与开源技术汇聚力量解决疫情信息交流不通的难题。wuhan2020 开源社区以关注数据平台层面为核心，解决极端应急条件下，如何大规模的规范合规地将分散在不同情景下的数据进行落地的问题。作为一个武汉市防疫信息收集平台，其收集经过审核与确认过的防疫相关信息，利用数字平台优势，旨在统一收集相关事务处理方的信息，并利用开源和分布式协作优势实时更新并通报，提供各方的联系平台，有效分配社会资源。有了 Git 这样的装备与武器，开发者即便足不出户，同样可以进行大规模的分布式协作，每个具有相关技能的人都可以参与相关主题的开发。

第十五节　美国大学概念验证中心

发明成果与产品开发之间的"概念验证"（PoC）是技术商业化的关键[①]，但信息不对称、动机偏差、科学技术与组织间存在距离等因素会导致"概念验证"阶段存在"资金缺口"[②]。大学的本质属性会使技术商业化过程面临更多挑战，为实现科研成果的高效转换、填补"概念验证"阶段的资金缺口，加速技术商业化，美国大学内率先兴起一种新型的组织模式——概念验证中心（PoCC）。早期美国大学 PoCC 的典型代表如表 11-4 所示，截至2013 年美国境内已创建 32 家大学 PoCC。

---

① 王凯，邹晓东. 美国大学技术商业化组织模式创新的经验与启示——以"概念证明中心"为例［J］. 科学学研究，2014，32（11）：1754-1760.

② Auerswald PE, Branscomb LM. Valleys of death and darwinianseas: Financing the invention to innovation transition in the United States［J］. The Journal of Technology Transfer, 2003, 28（3-4）: 227-239.

表 11-4 早期美国大学 PoCC 典型代表

大学	PoCC 项目	成立时间
加利福尼亚大学圣地亚哥分校工程学院	冯·李比希中心	2001 年
麻省理工学院	德士潘德中心	2002 年
宾夕法尼亚大学城市科学中心	概念验证项目	2007 年

注：根据武学超《美国大学 PoCC 协同创新组织模式与借鉴——以"李比希中心"为例》绘制。

PoCC 主要为大学技术开发阶段提供早期支持，具体表现为对原型开发、概念验证、市场评估等过程提供资金、资源、技术支持，从而实现科研成果的高效转换。

一、组织概况及特征

PoCC 主要有以下特征：

（1）填补资金缺口。PoCC 主要为大学技术开发、科研成果研发的早期阶段提供种子资金[1]，以填补大学的资金缺口，帮助大学获取天使投资、风险资本家的资助等。

（2）降低技术与市场风险。PoCC 内部具有专业或经验丰富的专家团队，通过评审的方式筛选出具有商业前景的创新想法与创业项目，继而给予资金资助与创业指导，促进产学相互作用[2]，降低技术与市场风险。

（3）培育发展大学科研工作者与在校学生的企业家能力。PoCC 可以促进产学作用，通过举办技术展示、创业培训指导等活动促进产学交流与合作。

二、组织运行模式

（一）美国大学 PoCC 组织模式的类型

美国大学 PoCC 的组织模式呈多元化发展趋势，主要有"校企协同"型、

---

[1] 温兴琦，BROWND，黄起海. 概念证明中心：美国研究型大学科技成果转化模式及启示 [J]. 武汉科技大学学报（社会科学版），2015，17（5）：555-560.

[2] 肖广岭. 跨越"死亡之谷"的新尝试——美国"概念验证中心"及对中国的启示 [J]. 中国科技论坛，2014（2）：131-137.

"校校协同"型、"校研协同"型、"校盟研盟协同"型和"产学用协同"型 ①
（表 11-5）。

表 11-5　美国大学 PoCC 组织模式类型及组织代表

组织模式类型	组织代表
"校企协同"型	德士潘德中心：以麻省理工学院工程学院为基地，以洛克希德公司与赛诺菲集团为协同伙伴
"校校协同"型	俄亥俄"第三前沿"：由肯他州立大学、俄亥俄州立大学等 8 所区域大学组成
"校研协同"型	马里兰概念验证联盟：由马里兰大学系统与美国陆军研究实验室组成
"校盟研盟协同"型	佐治亚大学的佐治亚创业实验室、QED 概念验证项目、俄勒冈创新集群等
"产学用协同"型	路易斯生物发生器：由华盛顿大学、圣路易斯大学、密苏里大学与密苏里技术公司、圣路易斯创新创业指导服务中心、圣路易斯"红门天使"资本公司构成

注：根据武学超《美国大学 PoCC 协同创新组织模式与借鉴——以"李比希中心"为例》绘制。

（二）美国大学 PoCC 运行机制

PoCC、大学、企业三者相互关联，两两之间能够直接交流对接（见图 11-6），可以实现大学科研人员对市场动态与市场趋势的实时把控，促进高校基础研究与市场紧密对接。② 此外，PoCC 可以为科研人员提供资金资助、技术评估与培训、商业咨询等服务，扮演着孵化器（原型开发）、创业激励（校企协作、资金资助、创业培训）、加速器（技术服务、资源支持、技术衍生）等综合角色。③

---

① 武学超. 美国大学 PoCC 协同创新组织模式与借鉴——以"李比希中心"为例 [J]. 学术论坛，2013，36（11）：208-212.

② 张九庆，张玉华，张涛. 美国概念验证中心促进成果转化的实践及其启示 [J]. 全球科技经济瞭望，2019，34（4）：38-45.

③ 武学超. 美国大学 PoCC 协同创新组织模式与借鉴——以"李比希中心"为例 [J]. 学术论坛，2013，36（11）：208-212.

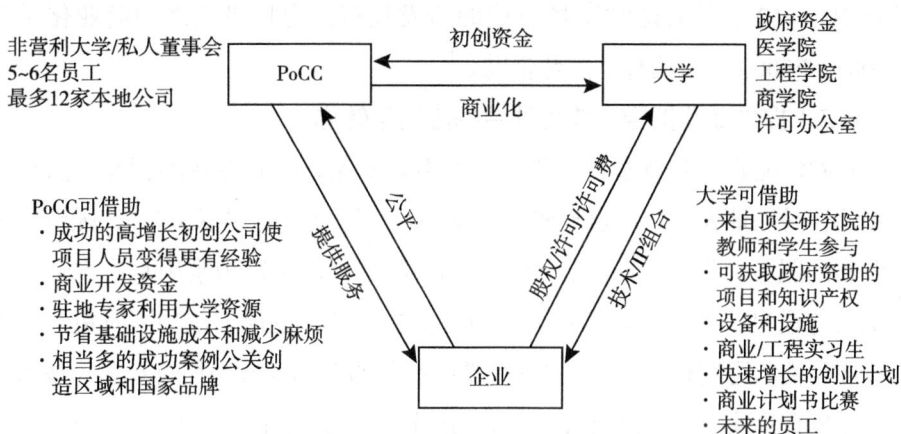

非营利大学/私人董事会
5~6名员工
最多12家本地公司

PoCC

初创资金

大学

商业化

政府资金
医学院
工程学院
商学院
许可办公室

公平

提供服务

股权/许可许可费

技术/IP组合

PoCC可借助
·成功的高增长初创公司使
　项目人员变得更有经验
·商业开发资金
·驻地专家利用大学资源
·节省基础设施成本和减少麻烦
·相当多的成功案例公关创
　造区域和国家品牌

大学可借助
·来自顶尖研究院的
　教师和学生参与
·可获取政府资助的
　项目和知识产权
·设备和设施
·商业/工程实习生
·快速增长的创业计划
·商业计划书比赛
·未来的员工

企业

图11-6　PoCC 与大学、企业的逻辑关系图

注：资料来源《美国概念验证中心促进成果转化的实践及其启示》。

PoCC 鼓励大学与企业建立联系，为大学提供商业领域的知识技能。PoCC 通常依靠主要的研究机构建立，具有独立的实验室与办公空间，专注于某一特定技术领域，对具有创新创业想法的大学研究者开放，支持创新想法的实施和商业化。

PoCC 由中心领导团队、行业顾问委员会、其他工作人员组成，中心的工作人员对创新创业项目进行可行性评估与筛选，进而为认可的项目提供技术支持与商业辅导，并吸引天使投资、风险投资等外部资金，将项目逐渐转化为可商业化的产品或服务。

三、跨界协同创新的主要措施

（一）填补早期"概念验证"阶段资金缺口，降低成果转化风险，加速技术商业化

PoCC 将目光聚焦于商业化早期的"概念验证"阶段，在项目早期介入指导，为大学的科研创新提供种子资金，并提供技术支持、商业指导、创业培训，能够降低成果转化风险，加速技术创新与商业化。如加利福尼亚大学于 2001 年出资建立的"李比希中心"，每年通过申请程序与竞争机制筛选 10 ~ 12 个具有即时市场价值的研发项目，为科研成果的商业化予以 15000 ~ 75000 美元的种子基金资助。[①]

（二）提供专业指导，注重项目的应用与转化

PoCC 配有多名技术、经验丰富的咨询专家，拥有专业的管理团队与中心顾问，是当地大学、风险投资、技术与行业网络中的"枢纽"[②]，能够提供专业化的服务与指导。此外，专业化的团队与顾问可以识别出具有商业价值的项目与成果，承担商业咨询与项目评估的任务，重视创新的同时更注重项目的应用性与可转化性。[③]如"李比希中心"的咨询专家都具有专业的技术背景、丰富的创业与经营经验，并与当地企业与投资者拥有良好的社会关系。这些资本对大学研发项目的建设具有重要价值，能够加速技术商业化。

（三）重视人才培养，加强创新教育，培育跨学科的创新创业者

PoCC 重视人才培养，通过组织多样化的创新创业教育，培养研发人员的创新意识与成果转化意识，帮助大学创新者理解、科技成果的转化流程，识别商业化过程存在的风险，并通过举办创新创业培训活动促进合作建立以及跨学科创新创业人才的培养。如"李比希中心"通过举办各种形式的教育活动培育创新创业人才，树立在校师生与科研工作者的创新创业意识，从实践层面助力想法转换。

---

① 武学超. 美国大学 PoCC 协同创新组织模式与借鉴——以"李比希中心"为例 [J]. 学术论坛，2013，36（11）：208-212.

② 张九庆，张玉华，张涛. 美国概念验证中心促进成果转化的实践及其启示 [J]. 全球科技经济瞭望，2019，34（4）：38-45.

③ 同②。

第十二章

国内跨界协同组织典型案例

本章选取中国人工智能学会、TD 产业技术创新战略联盟、中国科协生命科学学会联合体、中国科协智能制造学会联合体、中国科协先进材料学会联合体、清华长三角研究院、深圳清华大学研究院、台湾工业技术研究院、世界顶尖科学家协会、北京微芯区块链与边缘计算研究院、江苏产业技术研究院、国家智能网联汽车创新中心、国家机器人创新中心、中国机器人产业联盟、中国创新创业成果交易会和力博创新研究院 16 个典型案例，介绍我国跨界协同组织的运行模式及主要措施。

第一节　中国人工智能学会

1981 年，挂靠中国社会科学院，中国人工智能学会（CAAI）正式成立。2004 年，经国家民政部批准，中国人工智能学会的业务专管单位由中国社会科学院转为中国科学技术协会。

一、组织概况及特征

中国人工智能学会是经国家民政部正式注册的我国智能科学技术领域唯一的国家级学会，是全国性 4A 级社会组织、中国科学技术协会的正式团体成员。目前该组织覆盖智能科学与技术领域，团结全国智能科学技术工作者和积极分子开展学术研究、跨国交流、学术教育、人才推荐等活动，为国家治理、社会进步、经济发展提供智能化的科学技术服务。

二、组织运行模式

2017 年的《政府工作报告》中首次提出加快壮大人工智能产业，同年国务院印发《新一代人工智能发展规划》，为人工智能时代的到来做好完善的法律法规制度体系。随着新一轮产业变革，学会充分利用先进的行业与学科资源，打造 AI 智库，融合高等院校、研究机构、企业为政府科学决策提供支持，促进我国人工智能领域的新突破、新发展。主要工作包括：一是开展国内外学术交流活动，提高会员的学术水平服务于人工智能科学与技术的创新研究；二是提高全社会主动认知人工智能技术的积极性，开展相关内容的咨询与培训；三是编辑出版相关专业刊物及科普著作，推动学科建设，组织编制人工智能科学与技术产业技术标准。

中国人工智能学会的组织结构见图 12-1，可见中国人工智能学会下设理事会、监事会和学会党委。理事会负责组织重大项目及问题决策并下设常务理事会，监事会负责对组织财务开支、项目执行、活动进程进行全方位监督。除此之外，学会还下设秘书处、工作委员会、专业委员会、地方学会、全国智能机器人创新联盟。

三、跨界协同创新的主要措施

（一）开展跨国界学术会议

中国人工智能学会自 2015 年起创办"中国人工智能大会（CCAI）"，是

中国人工智能学会

监事会　理事会　学会党委

常务理事会

秘书处

综合管理部　工作委员会（7）　专业委员会　地方学会　全国智能机器人创新联盟

财务部

科普与科技咨询部

培训与认证部

会员服务与出版部

信息化与媒体宣传部

科技交流与国际合作部

奖励工作办公室

教育工委会

青年工委会

科普工委会

智能产品与产业工委会

会员服务工委会

女科技工委会

组织工委会

人工智能伦理与治理工委会

省、自治区、直辖市学会
安徽省人工智能学会　　湖南省人工智能学会
北京人工智能学会　　　吉林省人工智能学会
重庆市人工智能学会　　江苏省人工智能学会
福建省人工智能学会　　江西省人工智能学会
广西人工智能学会　　　辽宁省人工智能学会
海南省人工智能学会　　四川省人工智能学会
河北省人工智能学会　　山东省人工智能学会
黑龙江省人工智能学会　上海市人工智能学会
湖北省人工智能学会　　天津市人工智能学会
　　　　　　　　　　　浙江省人工智能学会

省会、计划单列市学会
杭州市人工智能学会
青岛市人工智能学会
深圳市人工智能学会

特别行政区人工智能学会
香港人工智能与机器人学会

智能机器人专业委员会　　情感智能专业委员会　　智能服务专业委员会
机器学习专业委员会　　　机器博弈专业委员会　　青年工作委员会
自然语言理解专业委员会　智能空天系统专业委员会　智能农业专业委员会
离散智能计算专业委员会　智能系统工程专业委员会　智慧医疗专业委员会
智能教育技术专业委员会　自然计算与数字智能城市专业委员会　智能交互专业委员会
智能控制与智能管理专业委员会　智能优化专业委员会　语言智能专业委员会
知识工程与分布智能专业委员会　智能制造专业委员会　智能驾驶专业委员会
智能信息网络专业委员会　智能传媒专业委员会　　深度学习专业委员会
生物信息学与人工生命专业委员会　不确定性人工智能专业委员会　人工智能与安全专业委员会
人工智能基础专业委员会　认知系统与信息处理专业委员会　脑科学与人工智能专业委员会
神经网络与计算智能专业委员会　智能检测与运动控制技术专业委员会　智慧能源专业委员会
智能创意与数字艺术专业委员会　脑机融合与生物机器智能专业委员会　人机融合智能专业委员会
机器人文化艺术专业委员会　模式识别专业委员会　　艺术与人工智能专业委员
可拓学专业委员会　　　　智能交通专业委员会　　多语种智能信息处理专业委员会
粒计算与知识发现专业委员会　社会计算与社会智能专业委员会

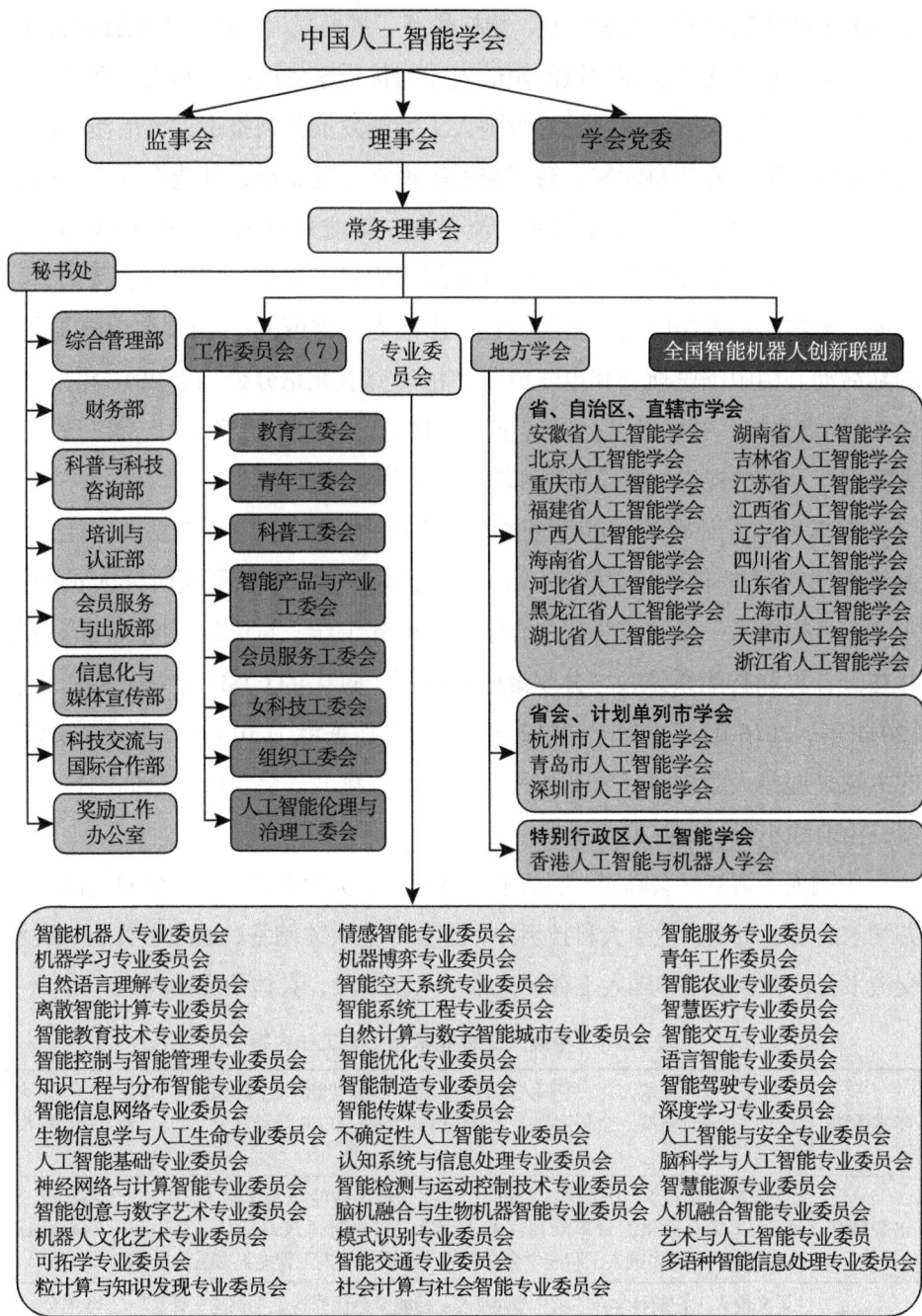

图 12-1 中国人工智能学会组织结构

资料来源：中国人工智能学会官网。

我国人工智能领域最早发起举办、规格最高、规模最大、影响力最强的会议，该大会凝聚世界人工智能领域的领航人才与优秀学者围绕国际人工智能发展热点及产生问题展开讨论，针对我国人工智能发展如何推进、粤港澳大湾区的智能机器人、青年科学家、智慧交通等设立专题论坛，打造中国人工智能领域产学研紧密结合的高端前沿交流平台。智能系统国际会议（CCIS）作为一个前沿的国际交流平台，是中国民航局为建设世界一流协会、深化国际交流与合作、增强中国人工智能在世界影响力而采取的一系列措施中的重要国际活动。由中国民航局和电气电子工程研究院北京分公司于 2010 年发起。CCIS 规格高端，视野开阔，内容丰富。讨论内容包括机器学习、计算智能、大数据、计算机视觉、模式识别和深度学习等主流技术。

近年来，云计算和智能系统的研究和应用得到了广泛的发展，社会各关键部门的研究取得一定效果。IEEE 云计算和 CCIS 系列为研究人员和技术实践者提供了一个交流思想、介绍最新研究工作、讨论具有挑战性的问题并在云计算和智能系统领域分享经验的论坛。过去的 CISIS 会议分别在北京（2011 年、2016 年）、杭州（2012 年）、深圳和香港（2014 年）举行。CCIS 的主题是迎接大数据时代云计算和智能技术的挑战。会议研讨全面的技术方案，由前线小组讨论并编撰技术论文。

中国人工智能学会顺应学科行业发展需求，充分利用行业与学科资源，举办学术活动、引领行业重大科技事件，加强专业人才储备、成立学科成果展示交流平台，积极推动中国人工智能技术步入新阶段，具体情况见表 12-1。

表 12-1　中国人工智能学会主要工作内容

学术活动	全球人工智能技术大会、中国人工智能大会、中国智能产业高峰论坛、"华为杯"全国大学生智能设计竞赛、全国大学生计算机博弈大赛、IEEE 云计算与 CCIS、人工智能前沿讲习班等
出版刊物	《智能系统学报》（中文核心期刊）；内部刊物《智能技术学报》《中国人工智能学会通讯》《学会通讯》青年专刊、《AI 学者》、英文期刊 *International Journal of Advanced Intelligence*；以中国人工智能学会命名的《机器人与人工智能》书系
人才培养	"吴文俊人工智能科学技术奖""中国人工智能学会优秀博士学位论文评选""学会先进个人""青托计划"

资料来源：中国人工智能学会官网。

（二）跨组织边界与高校、机构等合作推进组织建设

中国人工智能学会积极开展"CAAI 走进高校"活动，走入山东大学、山东科技大学等一系列高等院校，为师生带来有关生物技术、智能计算、深度学习等学术报告。2019 年 11 月 30 日，由中国人工智能协会主办、黑核桃实验室组织的培训在西安电子科技大学南校区举行。培训教师是谷歌开发专家、黑核桃实验室教师张楠。近 100 名学生参加了这项活动。目前，张量流技术已成为机器学习不可缺少的技术。培训内容包括张量流、OpenCV、TensorFlow 服务、张力校正、目标检测、Blockly、物联网等技术。通过多个案例，学生可以学习 TensorFlow 的基本知识，Keras 等 API 的使用方法，以及主流平台中的部署方法。学生还可以学习掌握车道发车前的警用、快速绘制、停车场交通标志识别、流程规划等智能交通场景应用。培训鼓励开发人员学习和使用他们掌握的技术来创建新的应用场景。人工智能不仅要登陆新算法，而且要登陆工业和应用领域来解决问题。

2019 年 8 月 23 日，由中国人工智能协会、中国教育技术协会、中国语言智能研究中心、株洲市人民政府共同主办的第二届中国智能教育大会在湖南举行。为期两天的"中国智能教育大会"围绕"智力教育与教育均衡发展""教育智能化道路""智能教育生态系统建设""智能教育战略""智慧发展趋势教育管理变革"召开了主题报告、专题论坛、圆桌论坛三次座谈会。会议从信息教学环境、教学模式、智能教育应用、基础教育智能实现、智能教育发展趋势和思路等方面进行了主题报告和讨论，并指出了发展智能教学的方向和思路，探索新的教学模式，平衡城乡、地区、学校之间的教育发展。

第二节　TD 产业技术创新战略联盟

2002 年 10 月 30 日，在发改委、科技部和工业和信息化部（原信息产业部）的大力支持下，TD 产业技术创新战略联盟（TDIA）由电信科学技术研究院、中国普天信息产业集团公司、中兴通讯股份有限公司、中国电子信

息产业集团公司、华为技术有限公司、华立集团、联想公司联合发起成立。2008年7月，新增中国移动通信公司为TD产业技术创新战略联盟理事会单位。截至2011年1月，联盟共有8家理事会成员单位和83家非理事会成员单位。TD产业技术创新战略联盟成立的目的是为整合和协调产业资源，促进通信产业的健康发展，使TDIA成员在发展中达到共赢，进而能够在全球推广TD技术，为中国移动通信产业的发展贡献一分力量。

目前，TDIA已发展成为支撑和推动中国TD产业技术创新发展的关键载体和重要平台，并在"3G突破、4G同步、5G引领"的通信发展历程中发挥了关键作用。自组建以来，TDIA围绕TD技术标准，构建并不断完善移动通信产业链，形成从技术研究、标准制定、产业化、测试验证到应用的上下游联动的闭环链条。积极打造良好的移动通信产业发展宏观环境，建立政企沟通渠道，为产业发展发声。积极参与国际标准与行业标准研发，发布多种多领域团体标准并得到广泛认可。组织实施一批重大产业技术创新项目，搭建产业公共测试平台，承担共性技术开发，构建技术转移平台，加速核心技术共享，推动产业薄弱环节发展，提升产业技术创新实力。

一、组织概况及特征

TD产业技术创新战略联盟是科技部首批A级试点产业技术创新战略联盟，5A级社会组织，也是第一批承担国标委团体标准试点及培优单位、中关村标准创新试点，以及国家专利协同运用试点工作的行业组织之一。TDIA所属移动通信领域，成员包括运营企业，芯片、终端、天线、配套等环节的制造企业，以及高校科研院所，覆盖了移动通信产业链各环节的重点企业和学术院所。TDIA现有成员单位100多家，核心成员包括国内、国外众多知名通信企业、知名高校与研究单位，并与ITU（国际电信联盟）、ETSI（欧洲电信标准协会）、IEEE（电气与电子工程师协会）、3GPP（第三代合作伙伴计划）、NGMN（下一代移动通信网络）、GTI（全球TD-LTE计划）、XGP FROUM（扩展全球平台）等国际性组织建立良好合作关系，获得ETSI

最大的研发志愿者团队、GTI 年度最佳合作伙伴等荣誉称号。

随着我国移动通信产业的全球化发展和移动通信技术的不断演进，TDIA 将持续致力于推动和完善 TD 技术的商用与创新、5G 标准化发展、"互联网 +"合作等发展方向。联盟以全球范围内推动 TD 技术与产业发展为目标，以知识产权合作为纽带，以技术标准为支撑，以企业为主体、市场为导向、政产学研用相结合的组织方式，构建移动通信产业技术创新链和政产学研用结合的协同创新机制，重点突破核心技术，以及关键元器件、测试仪表等产业链薄弱环节发展，着力推进传统行业与通信行业的深度融合创新，支撑我国数字经济又好又快发展。

二、组织运行模式

TDIA 在产业链合作机制方面有这样几种方式：一是 TDIA 有效整合和利用联盟内部科研资源推动了创新资源的共享，创建了 3 个行业联合实验室、4 个开放实验室和 1 个共性技术开发验证实验室，搭建科研与试验的合作平台，积极推动了成员间的技术与产业合作；二是 TDIA 根据产业发展的需要，推动了产业链上下游的合作，创新性地将以往通信产业发展"串联式"的开发模式转变为"并行式"的开发模式，大大缩短了 TD 技术创新与产品开发周期；三是通过引导、推动的方式，在产业链各环节引入多家单位形成多厂家供货、具有一定竞争性的同产业链环境，以技术上共同讨论、产业上相互竞争的方式，加速产业链的快速成熟与发展；四是 TDIA 根据技术与产业发展中存在的主要问题与薄弱环节，积极向政府提出技术攻关的立项建议，并组织 TDIA 内的企业、科研院所和高校联合申报、实施国家重大专项等相关科技支持项目，加速提升成员单位的研发能力。

在组织机构方面，联盟成员大会是联盟最高权力机构，由全体成员组成，每年召开一次正式会议；理事会是成员大会的常设机构，对成员大会负责；秘书处是联盟的日常办事机构，下设产业协调部、市场部、知识产权部和业务发展部。在秘书处的牵头下，根据产业与技术发展的不同阶段，各部门又在联盟内部组建了 10 多个工作组。在联盟的统一规划下，各成员企业积极合作，逐步开展实施，保证了产业协调、科技研发、产品推广等内容的有序开展。

在运行机制方面，TDIA 通过制定和遵循《TD 产业联盟章程》《议事规则》《成员发展与管理办法》《成员间相互许可专利规则》《财务管理制度》《宣传工作实施办法》等一系列完备的规章制度来保障联盟的运行和工作的开展，推动联盟长远发展。此外，为实现秘书处人员专职化，TDIA 于 2007 年注册成立社团法人单位，即北京时分移动通信产业协会，解决了联盟专职人员的落脚问题，同时也是联盟专职化建设的平台。目前，秘书处工作人员主要由从各成员企业独立出来的人员和社会招聘人员组成。TDIA 在自身发展过程中一直注重加强秘书处专职化建设，通过机制创新、管理模式的创新快速推动联盟的建设和发展。

三、跨界协同创新的主要措施

（一）跨行业合作，共建科技创新生态

2016 年 1 月 19 日，TDIA 在北京召开 TD-LTE 行业应用签约仪式，与杂交水稻产业技术创新战略联盟、中国老年保健医学研究会与信息化健康服务促进会、中国智慧城市产业联盟、农业装备产业技术创新战略联盟、中国卫星导航系统管理办公室学术交流中心、第三代半导体产业技术创新战略联盟六家行业组织签署合作协议，发挥信息通信产业和各垂直产业之间的桥梁和纽带作用，携手各方企业在农业、医疗、智慧城市、农业机械、卫星导航、第三代半导体方面深入合作，共同推动 TD-LTE 的行业应用发展。[①]

2017 年 1 月 19 日，在京举行的 TDIA 年度大会上，木竹产业技术创新战略联盟与 TD 产业技术创新战略联盟签署了合作协议。[②]这一强强联合，将

---

① 联盟与 TD 产业联盟签约推动 TD-LTE 在农业装备示范应用［EB/OL］. http://www.tisaami.org/showmess.php?mid=417.

② 木竹联盟与 TD 产业技术创新战略联盟签订跨界合作协议［EB/OL］. http://www.forestry.gov.cn/main/4423/content-944638.html.

再造木竹产业生产流程，推动中国移动4G（TD-LTE）等互联网技术在木竹产业的原料采购与供应、远程监测与质量控制、产品定制等方面的应用。双方将通过资源共享、优势互补的方式进行业务创新，为促进木竹产业技术升级做出贡献。

2017年6月16日，中国TD产业技术创新战略联盟举办第六次"跨界融合协同创新产业对接会"暨"纺织数字化工厂（车间）与远程通信产业对接会"，此次对接会有望形成印染数字化工厂与远程通信项目的规划与跨界合作。印染数字化工厂（车间）与远程通信项目规划是有实现基础的，并且非常有意义。如果双方的跨界合作能够实现，将为纺织行业的自动化、智能化奠定基础，实现自动化生产线和数字化车间，智能化设备全联通和自我管理控制等功能与中央数据库的互联互通。

（二）跨组织边界整合资源，全面重视5G薄弱环节及行业发展

5G时期，为保障产业全面发展及引领目标，TDIA成立5G测试技术工作组，旨在推动仪表企业间的合作，优先推动相对薄弱的5G测试仪表环节的发展。不定期邀请行业内技术专家就5G、阵列天线、仪表、毫米波技术等演讲，回答成员单位相关技术问题，提升联盟成员的技术能力。组织知识产权培训与交流，提升成员知识产权保护与合作意识，并针对成员间的知识产权相关纠纷进行协调。举办政策解读活动，牢固树立重合作兴市场、重品牌兴信用的诚信理念，大力提倡企业依法经营、公平交易、信息透明，建立自查机制，增强企业软实力。开展企业诚信评优创建活动，加大优质企业宣传力度，进一步提高新兴产业中高影响力品牌的社会美誉度，不断打造行业诚信经营典范。保持与企业的黏性，掌握企业动态，对有可能产生的风险进行预测、评估并及时报备，助力企业持续提升处理消费纠纷、化解消费矛盾的能力，保障消费者合法权益和社会的和谐稳定。

（三）跨企业互相合作，实现资源共享

TD产业链的壮大和TD技术的完善以联盟"专利共享、共同开发、协同组织"的机制为切实保障。在3G阶段，充分发挥联盟创新组织平台作用，

建立成员专利库与专利合作机制，实现 TDIA 内部企业间专利的交叉许可和共享，不设任何技术壁垒，共同推动 TD 产业发展。经过多年的摸索与发展，TDIA 创新性地建立了一整套知识产权共享机制和统一处置原则。TDIA 还将优秀的技术研发实力和"专利共享"原则的认可作为新企业加盟的基本要求。联盟知识产权共享机制和技术合作平台的建立为整合 TD 产业技术创新资源、引导 TD 产业创新要素向优势企业集聚创造了良好的技术合作氛围和产业发展环境，是 TDIA 持续合作创新的制胜法宝。

（四）跨国界整合资源，建立海内外合作交流机制

TD 产业技术创新战略联盟积极探索多元模式，于国内外建立合作交流机制并引进有全球影响力的顶尖平台，不断增强原始创新能力。

一是 TDIA 与国际知名的移动通信组织 ETSI 建立了战略合作关系，双方合作开发移动通信共性技术——终端一致性测试技术；二是 TDIA 与 NGMN、IEEE 建立了战略合作关系，共同研究、推动移动通信知识产权评估与许可规则建立；三是 TDIA 与 3GPP 建立合作关系，推动 TD 技术在国际移动通信标准中的研究与应用；四是与 ITU 建立合作关系，共同推动 TD 技术与频谱在全球的应用；五是与 GSMA、GTI、XGP 等国际知名的电信业相关组织签署了合作协议，达成了共同推动 TD 技术与标准国际化发展的合作意向，并组织企业与上述机构共同或参与相关市场活动，以产业链整体形象展示、宣传技术，或与创新的标准成果，开拓国际市场，促进国际应用。目前，TDIA 已成为国际知名的 TD 技术发展平台，并在国际上被广泛接受和认可，具备一定的行业知名度。

第三节　中国科协生命科学学会联合体

中国科协生命科学学会联合体（简称"学会联合体"）是中国科协首个学会联合体，是非独立法人的合作组织，由中国科协所属生命科学领域的 11 家全国学会联合发起，逐步邀请、吸纳中国科协所属生命科学领域全部全国

学会加盟，使联合体能够成为切实发挥为各家学会服务、进一步加强与中国科协联系、大力推进我国生命科学发展的纽带作用。目前，学会联合体成员包括中国动物学会、中国植物学会、中国昆虫学会、中国微生物学会、中国生物化学与分子生物学会、中国细胞生物学学会、中国植物生理与植物分子生物学学会、中国生物物理学会、中国遗传学会、中国实验动物学会、中国神经科学学会、中国生物工程学会、中国中西医结合学会、中国生理学会、中国解剖学会、中国生物医学工程学会、中国营养学会、中国药理学会、中国抗癌协会、中国免疫学会、中华预防医学会、中国认知科学学会共 22 家全国学会。

一、组织概况及特征

学会联合体重在创建学科和人才间有机互动、协同高效、资源开放共享的长效机制，形成跨界协同创新的稳定体系，更好地引导和组织科学家面向国家创新体系建设和科技经济深度融合主战场，通过开展决策咨询、联合攻关等方式，促进学科之间融通合作与交流，推动科技资源在科技创新活动中的共享共用。通过营造良好的创新环境，推动各类创新主体跨界开展协同创新，推动我国创新体系建设，提升我国在国际科技交流合作中的话语权。

二、组织运行模式

学会联合体由中国科协所属全国生命科学领域各学会按照"自愿、平等、合作"的原则发起成立，与生命科学相关的学会可自愿申请加入学会联合体。学会联合体在不干涉各学会自身工作的前提下，为更好地适应国家科技创新发展总体要求，探索科技社团的管理创新模式，促进资源互补和共同进步，推动科学普及、学术交流、咨询培训、合作开发、人才培养，加强生命科学与人类健康知识与文化传播，为国家经济与社会全面发展做贡献。学会联合体接受各成员学会的监督。

学会联合体以团结生命科学领域科技工作者，为我国生命科学繁荣发展做出贡献为核心任务。以创建科学和人才有机互动、高效协同、资源共享的长效合作机制为目的，建立共谋发展、促进学科交叉融合、协同创新的稳定体系，提升我国生命科学社团的整体竞争力，更好地为国家经济建设，全民科学素质提高，以及广大从事生命科学研究的科技工作者服务，主要运行模式分为以下 7 种：

（1）组织规划联合体的创新发展战略，发挥学会联合体各成员学会的优势，组织实施学术交流、科学普及和人才培养项目，推动联合体发展。

（2）通过在学会联合体成员之间建立学术交流资源共享机制，建立学术会议交流平台，共同举办学术研讨会，促进学科交叉和科技合作。

（3）以联合主办、协办、资助等方式支持成员学会主办或承办大型国际学术会议，特别是吸引各学科最高级别的系列国际大会在中国召开，并在学会联合体范围内积极组织相关学科的研究人员共同参与，以不断促进我国生命科学国际学术地位和学术活动话语权的整体提高。

（4）学会联合体的成员学会共享专家资源，组织开展学会联合体创新人才培训工程，建立人才培训、人才互访、人才合作渠道，建成生命科学智库，推动人才联盟。

（5）鼓励学会联合体的成员学会联合开展科技转化和推广活动，促进产学研用，实现资源的有效利用，提高我国生命科学相关产业的影响力和市场占有率。

（6）建立并完善学会联合体科学普及的长效机制，组织实施提升公民科学素养的科普行动。

（7）积极承接政府职能转移，为政府有关政策的制定和重大项目的实施、评估等献计献策，发挥学会联合体作用。

三、跨界协同创新的主要措施

（一）跨国界学术交流与资源共享

由中国科协发起，中国科协生命科学学会联合体承办的世界生命科学大会是中国生命科学领域层次最高、覆盖面最广、影响力最大的国际学术盛会。世界生命科学大会自 2016 年开始举办，每两年举办一届。中共中央政治局常委、国务院总理李克强对 2016 世界生命科学大会和 2018 世界生命科学大会均作出重要批示，表明生命科学对人类发展的重要性，以及中国对生命科学的重视。

为深入推进我国生命科学实现跨越式创新发展，同时向国际同行展示我国科学家在生命科学领域的实力和创新性成果、促进多学科交叉融合、推动国际间的交流合作，2016 世界生命科学大会围绕生命科学、医药卫生、农业及环境等领域的基础研究、科技进展、科学普及、政策法规及伦理等方面展开研讨。本次大会邀请到 13 位诺贝尔奖得主、3 位世界粮食奖得主、3 位沃尔夫奖得主、美国科学院院长、英国皇家学会会长，以及来自 36 个国家和地区的近 4000 名科技工作者参加，会议涵盖了"健康、农业、环境"领域 66 个主题。

2018 世界生命科学大会秉承 2016 世界生命科学大会的办会宗旨和特色，由中国科协和科技部共同主办，规格更高，影响更大，充分展示了改革开放以来我国在生命科学基础研究、前沿技术和产业转化各个层面的成果。全国人大常委会副委员长陈竺院士，中国科协、科技部、国家卫生健康委员会、教育部、自然资源部、农业农村部、国家自然科学基金委员会等单位有关部门负责同志，5 位诺贝尔奖获得者，1 位中国最高科学技术进步奖获得者，中国科学院、中国工程院、美国科学院、英国皇家科学院、欧洲等其他国家科学院等生命科学领域的 66 位国内外院士，以及来自 30 多个国家和地区生命科学领域科技工作者、企业界人士、媒体记者等 4000 多位代表出席大会并参加相关活动。

（二）跨领域普及与推广科学技术

近年来，中国生命科学学界取得了举世瞩目的成就，这与生命科学领域各学会在推动学科发展中所发挥的关键性的作用分不开。为推动生命科学研究和技术创新，充分展示和宣传我国生命科学领域的重大科技成果，自 2015 年起学会联合体以"公平、公正、公开"为原则开展年度"中国生命科学十大进展"评选工作。

学会联合体各成员学会在广泛征求理事和专业分会意见的基础上，推荐具有创新性或先进性和重大学术价值或应用前景，主要工作在国内完成或以国内工作为主，并在国内外具有显著影响力的知识创新类和技术创新类项目。经各学会网站进行公示后，在众多优秀成果中推荐 2 ～ 5 个本领域相关的重大进展，提交学会联合体评审专家委员会评审。经生命科学、生物技术和临床医学等领域专家评选和学会联合体主席团核定，并报请中国科协批准，确定本年度"中国生命科学十大进展"。

每年的十项成果不仅代表了中国生命科学领域在本年度取得的重大进展，也是世界生命科学领域的重要成果。这些研究成果不仅揭示了生命的新奥秘，同时也为生命科学的新技术开发、医学新突破和生物经济的发展打开了新的希望之门，并让世界更好地了解中国生命科学的现状和良好的发展势头。

第四节　中国科协智能制造学会联合体

为加快推动新一代信息技术与制造技术融合发展，适应学科广泛交叉、领域深度融合的发展趋势，在中国科协的积极倡导和指导下，由中国机械工程学会、中国仪器仪表学会、中国汽车工程学会、中国电工技术学会、中国电子学会、中国自动化学会、中国农业机械学会、中国人工智能学会、中国微米纳米技术学会、中国光学工程学会、中国纺织工程学会、中国宇航学会和中国造船工程学会等 13 家与智能制造有关的中国科协所属全国学会广泛联合相关企业、科研机构、高等院校，组建成立了"中国科协智能制造学会联合体"。联合体是非独立法人联合组织，由主席团、专家委员会和秘书处组成。主席团是联合体的决策领导机构，领导联合体开展工作、决策重大事务、统一协调运作。设主席、副主席、主席团成员单位。专家委员会接受主席团的领导，负责对联合体的发展和主体业务提出咨询和指导。目前，专家委员会由 85 位专家组成，其中院士 39 位。秘书处是联合体的常设办事机构，受联合体主席团领导，负责组织联合体各项具体工作的实施。秘书处固定办公场所，设在中国机械工程学会。联合体主席和秘书长实行任期制，每届任期为3年。

一、组织概况及特征

中国科协智能制造学会联合体以产业技术创新需求为基础，着力搭建智能制造领域协同创新、联合攻关、资源共享、共谋发展的平台，凝聚和培育创新人才，加速技术推广应用和产业化，为建设科技强国、制造强国提供有力支撑。重点在以下几个方面开展工作。

（1）打造智能制造领域高端智库。瞄准国家重大战略需求和未来产业发展制高点，开展智能制造领域的前沿跟踪研究、国内外科技进展研究、行业领域发展状况研究等。开展智能制造战略咨询、科技咨询和科技评估评价等工作。以智能制造研究所为平台，联合相关机构，打造智能制造领域高端科技创新智库品牌。

（2）搭建智能制造领域高水平学术交流平台。面向智能制造领域，通过举办国内外具有影响力的学术会议和产业论坛、发起成立智能制造领域国际科技组织等工作，打造学术交流品牌，推动全球范围内智能制造领域的技术交流与产业合作。

（3）搭建智能制造领域协同创新和科技成果转移转化平台。深入实施创新驱动助力工程，联合开展产学研攻关、科技成果转化与推广应用活动，助力企业技术创新和地方经济转型升级。探索服务区域经济发展的新模式，推进地方智能制造协同创新服务中心建设。

（4）建设智能制造领域人才培养平台。开展智能制造领域人才培养体系建设。以"大学加课"和"继续教育"为重要抓手，培养满足智能制造发展需求的各类人才，为提升我国科技实力提供重要的人才资源，推动新时代人才强国建设。

二、组织运行模式

联合打造智能制造高端智库。共同参与智能制造"双十"品牌、"智能制造发展报告""智能制造前沿预测研究""智能制造发展路线图"等品牌项目。围绕中央和地方政府重大战略需求和未来产业发展方向，联合开展前瞻性决策咨询研究和重大政策制定及其实施效果评估评价，为中央和地方政府、开发区和企业提供决策咨询服务。

共同促进智能制造学术交流。根据实际需要，采取联合主办、承办、协办及组织成员单位参会等方式，相互支持各联合体的学术活动，促进智能制造领域更广泛的跨地区、跨领域交流；共同打造高质量的智能制造品牌学术活动；积极参与国际智能制造联盟（筹）活动，努力创造新形势下中国制造发展大环境。

共建智能制造科技、经济融合平台。实现各联合体信息互通、资源共享；开展供需对接、技术推广，促进科技成果转化；向用户提供各类高质量智能制造解决方案；建设联合研究开发机构、专家工作站等服务平台；组织产学研联合开展智能制造基础共性、关键技术、行业标准与规范等研究。

合作培养智能制造人才。联合开展智能制造人才状况调研和需求研究，定期发布智能制造人才报告；编写智能制造人才培养通识课、专业课课程，开展师资培训；建设 12 个智能制造培训基地，推动"工业 4.0"学习工厂建设；合作编写培训指南、大纲、教材，实现师资资源共享，联合开展各类智能制造人才培养。

建立长效合作机制。每年举办"全国智能制造联合体合作发展论坛"，论坛主要内容是总结合作倡议的实施情况、存在的问题，交流各联合体工作，协调合作事宜等。论坛采取轮流承办方式并设立轮值主席。

三、跨界协同创新的主要措施

（一）为产业发展提供战略咨询服务

《中国智能制造重点领域发展报告（2019）》项目将重点开展制造业高档数控机床、工业机器人、航天装备、高技术船舶、汽车、输变电装备、农业装备、纺织和食品加工共 9 个重点智能制造实施情况的研究，分析各领域 2019—2020 年度智能制造实施情况，总结成效和经验，以及各领域智能制造发展面临的突出问题，提出指导智能制造进一步实施的措施建议。

《2020 智能制造报告》：该课题经过讨论已经形成报告的整体工作方案、研究大纲和工作节点。按照《2020 智能制造报告》的工作方案和进度安排，综合篇和技术篇根据研究范围开始邀请国内外智能制造领域的院士专家参与本报告的编写，定向开展约稿工作。同时，制订应用篇的组稿方案，定向针对企业开展约稿工作。

（二）开展领域专家技术交流

例如，IMAC 智能制造云课堂。"IMAC 智能制造云课堂"第一期第三讲。第一期云课堂邀请到联合体主席团副主席、中国仪器仪表学会理事长、清华大学副校长尤政院士，中国工程院制造业研究室特聘专家、国家智能制造标准化专家咨询组副组长、工信部智能制造专家委专家董景辰教授，联合体秘书长、中国机械工程学会常务副理事长张彦敏，同济大学"工业 4.0"学习工厂实验室主任陈明教授，西门子智能制造与数字化供应链首席顾问孙林，上海船舶工艺研究所副所长邢宏岩，联合体智能制造研究所副所长、e-works CEO 黄培，共同分享智能制造领域的研究和应用成果，探讨智能制造发展趋势和路径。会议受到广泛关注，累计观看近 8 万人次。

（三）扎根区域建立新型研发机构推动产业发展

2020 年 7 月 30 日，联合体与山东省高端装备产业协会、山东产业技术研究院签署合作备忘录，合作共建山东省高端装备产业研究院。研究院将围绕高端装备、智能制造等领域，开展先进技术的工程开发、技术验证、成果转化、学术交流、产业服务等活动，助力传统装备产业向高端化、智能化升级。

第五节　中国科协先进材料学会联合体

中国科协先进材料学会联合体由中国金属学会、中国有色金属学会、中国稀土学会、中国腐蚀与防护学会、中国化工学会、中国硅酸盐学会、中国材料研究学会、中国复合材料学会、中国晶体学会、中国生物材料学会、中国纺织工程学会等 11 个中国科协所属全国学会发起成立。目标是打造先进材料领域高端科技创新智库，搭建先进材料领域高端国际学术交流平台、技术推广和科技成果转化平台、高端人才培养举荐平台，承担重大科技类社会公共服务任务。

一、组织概况及特征

中国科协先进材料学会联合体以面向世界科技前沿、面向经济主战场、面向国家重大需求为出发点，在国际学术交流、决策咨询、科技合作、成果推广、高端人才培养、科学普及等方面加强沟通和联合协作，加快推进先进材料产业发展，建立责任共担、资源共享的合作模式，更好地为政府决策咨询和评估服务，为广大先进材料领域科技工作者服务。重点在以下 5 个方面开展工作。

（1）建立先进材料领域高端科技创新智库。瞄准国家重大战略需求和未来产业发展，跟踪国内外先进材料领域的发展动态，研究我国先进材料前沿发展方向和技术路线图，为国家发展战略、科技发展规划、产业政策等提供决策咨询。

（2）搭建高端国际学术交流平台。发挥学会联合体专业领域宽的优势，多渠道、多层次加强与国际组织间的联系，拓宽民间交流渠道，鼓励材料领域科技工作者参与高水平国际学术交流，推进学科交叉融合，加强国际合作交流，不断提升我国在世界材料科技领域的话语权。

（3）搭建技术推广和科技成果转化平台。围绕产业技术创新的关键问题，以信息化方式搭建产学研用先进材料领域的协同创新服务平台，推进材料科技成果转移转化和科普工作，形成以龙头企业为主导，科研机构为支撑，产学研用相互促进的协同创新体系，为企业开展技术攻关提供服务，为地方经济发展和产业发展升级规划提供高质量的技术咨询服务。

（4）搭建高端人才培养平台。根据材料领域的特点，坚持"高精尖缺"导向，加强人才队伍建设，做好先进材料领域的不同类别、不同层次的人才，特别是优秀青年科技人才的发掘和培养，探索形成科技人才选拔、培养和评价的有效模式，形成材料领域人才辈出的新局面。

（5）搭建社会公共服务平台。做好第三方评估评价，促进知识产权保护和推广、标准制定和贯标，发挥科技评估和科技奖励作用，联合做好材料类工程教育专业认证等，为先进材料产业发展提供基础支撑、体系保障等。

二、组织运行模式

发挥先进材料学会联合体的组织优势、专业优势和人才优势，组织协调各成员学会完成单个学会难以完成的重大活动和任务。

集成材料科技领域顶尖专家资源，打造高端科技创新智库，研判材料领域前沿方向，提出技术突破与产业发展路线图，组织开展国家重大科技发展规划评估，服务党和政府科学决策。

搭建世界一流学术交流平台，积极开展国际交流与合作，打造国际知名学术品牌，举荐我国材料科学领域的专家到国际科技组织任职，争取更多国际科技组织的总部落户中国，提升我国材料科学领域的国际影响力和话语权。

积极搭建科技成果转化平台，深入实施创新驱动助力工程，建立"产、学、研、政、金、用"相互促进的协同创新体系，突破产业发展的核心技术，大力推动科学普及，助力地方经济转型升级。

加强先进材料领域科技领军人才，特别是优秀青年科技人才的选拔和培养，实施青年人才托举工程，重视人才举荐和奖励推荐，开展专业人才水平评价，形成材料领域人才辈出的新局面。

不断创新工作机制，发挥联合体"开放型、枢纽型、平台型"特点，探索各成员单位团结协作、创新共享、高效运行的有效途径。

三、跨界协同创新的主要措施

（一）扎根区域推动技术攻关、产业转型升级

先进材料联合体与粤港澳大湾区金属新材料产业联盟、黑龙江省金属新材料产业技术创新战略联盟于 2019 年签署战略合作协议。三方以黑龙江为主战场，面向黑龙江省科技经济融合和产业转型升级的内在需求，以"开放共享、优势互补、合作共赢"为原则，协同调动相关领域全国学会及联合体资源，引导全国学会、高校、企业在先进材料学科及产业领域与黑龙江省开展合作，通过科技创新支撑、智库战略支持、科技成果产业化、创新协同技术攻关等多种形式，推进重大科技成果在黑龙江省落地转化，并形成产业化集群，为黑龙江省老工业基地全面振兴和金属新材料产业高质量发展做出贡献。

2020 年 4 月 9 日，在中国科协学会服务中心组织召开的第一批"科技服务团"启动暨产学研用协同创新联盟在线签约仪式上，中国科协先进材料学会联合体组建的东北振兴先进材料科技服务团正式启动，同时中国科协先进材料学会联合体、辽宁省科协和辽宁省国家新型原材料基地建设工程中心联合签了《关于深化合作、助力"辽宁省新材料技术创新（园）中心"建设的框架协议》，推动联合体相关学会服务东北振兴战略，服务东北材料产业，协同推进"辽宁新材料科技创新（园）中心"建设，联合辽宁省科协、辽宁

省国家新型原材料基地建设工程中心，进一步添加服务内容、提升服务水平、完善服务长效机制，服务好辽宁，服务好国家战略。

（二）围绕行业发展趋势开展广泛学术交流

2019 年 11 月 29 日，由中国科协先进材料学会联合体承办的第 386 次青年科学家论坛在广东深圳举办。本次论坛的主题为"高温合金新材料及先进制备技术"，本次论坛围绕会议主题、紧跟学术前沿热点，来自 15 个科研单位的 21 名青年科学家做了精彩的会议报告，深入讨论了高温合金新材料研制和应用领域所面临的机遇、挑战及未来发展方向，重点研讨了高温合金中残余应力的测量技术和演变规律，高温合金纯净化冶炼模拟及工艺，单晶高温合金的设计、工艺和应用，相图模拟计算及电镜表征，增材制造工艺技术与应用需求等重点、难点问题，与会青年学者获得了充分的展示与交流机会。

（三）依托联合体资源培训工程科技人才

2020 年 8 月 1 日，中国科协先进材料学会联合体举办为期 3 个月的"材料创新知识服务月"活动，面向中国科协先进材料学会联合体各成员单位及会员单位、各省（直辖市、自治区）材料行业相关学会、会员单位、材料行业各科研机构和企业开通"材料科技创新知识服务平台""化工科技创新知识服务平台""轮胎工业创新知识服务平台""锂离子电池制造创新知识服务平台""涂料工业创新知识服务平台"等产品使用账号，普及应用材料创新知识推动产业技术创新，着力构建创新能力新体系，促进材料产业持续健康发展。同时，活动期间开设在线讲座平台，邀请行业专家分享行业热点、技术难点、研究成果、经典案例等，融合材料行业知识数据库学习，使行业从业者实现隐性知识与显性知识的综合获取，进一步支撑材料领域人员知识技能与专业素养提升。

第六节　清华长三角研究院 ①

清华长三角研究院（简称长三院）是浙江"引进大院名校，共建创新载体"战略的先行者，是浙江第一家省校共建新型创新载体。2003 年 12 月 31 日，浙江省人民政府与清华大学共建浙江清华长三角研究院签约仪式在杭州举行。2010 年 4 月 8 日，长三院硅谷创新基地在美国硅谷挂牌成立，并成功举办了首届"海外清华学子浙江行"活动。2012 年长三院获批建设浙江省应用酶学重点实验室、浙江省水质科学与技术重点实验室、浙江省科学仪器设备产业技术创新服务平台三个省级创新平台。2015 年 6 月 11 日，由长三院发起设立的浙华紫旌母基金注册成立。2016 年 9 月 28 日，长三院发起的国资委首家金融资产交易所"南湖金融资产交易中心"获批。9 月 29 日，台州创新中心挂牌成立。2017 年 8 月 23 日，宁波分院成立。2018 年 1 月 20 日，长三院发起的浙江未来技术研究院落户南湖区。2019 年 4 月 8 日，长三院发起的嘉兴区块链技术研究院落成。12 月 1 日，长三院作为唯一的创新平台被写入《长江三角洲区域一体化发展规划纲要》国家战略。

一、组织概况及特征

长三院遵循"坚持科技研究，坚持产业发展"的办院方针，首创的"政产学研金介用"七位一体协同创新理念为深化体制改革、推动区域协同创新和高科技成果产业化，具有重大的现实意义和示范作用，如图 12-2 所示。

---

① 浙江清华长三角研究院［EB/OL］. http://www.tsinghua-zj.edu.cn/.

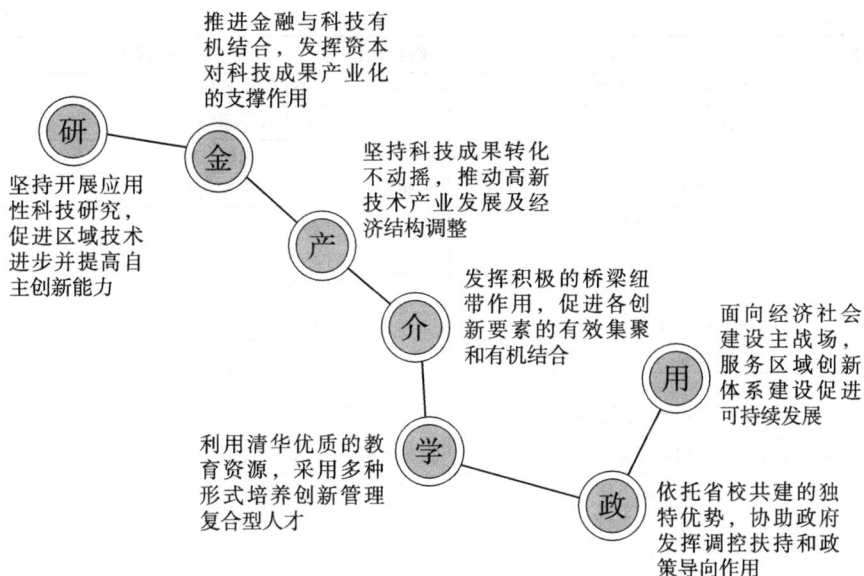

图 12-2　"政、产、学、研、金、介、用"七位一体——北斗七星论

注：图片来自长三院官网。

二、组织运行模式

长三院的具体组织架构如表 12-2 所示。

表 12-2　长三院的组织架构

组织机构	下属单位	组织机构	下属单位
管理部门	院长办公室（党委办公室）	海纳中心	认知与智能研究中心
	科技创新部		碳纳米研究中心
	财务部		健康建筑与节能研究中心
	审计室		分布式计算中心
	人力资源部		人机交互设计与可视化研究中心
	发展建设与资产运营部		精准代谢组学研究中心
	国内合作部		柔性传感器及穿戴式物联网研究中心
业务部门	人才培训部		先进封装技术研究中心
	国际合作部		信息安全研究中心
	智库中心		先进能源研究中心
	北京联络处		物联网创新中心

续表

组织机构	下属单位	组织机构	下属单位
研发平台	生物技术与医药研究所	海纳中心	气体传感器研究中心
	信息技术研究所	专业院	柔性电子研究院
	分析测试中心		未来技术研究院
	生态环境研究所		区块链技术研究院
	现代农业工程技术所		航空发动机研究院
	先进制造技术研究所		军民协同创新研究院
工程中心	柔性电子技术与健康医疗研究中心	海外基地	柏林中心
	智能装备与技术研究中心		日本中心
	氢燃料电池汽车技术研究中心		瓦赫宁根孵化器（筹）
	新能源汽车研发中心		巴黎孵化器（筹）
	智能交通与车辆研究中心		伦敦孵化器
	高可靠功率半导体研究中心		法兰克福孵化器
	海洋信息技术研究中心		慕尼黑孵化器
	先进陶瓷材料与器件研究中心		大阪孵化器（筹）
	特种金属研究中心		新加坡孵化器（筹）
	能源互联网研究中心		墨尔本孵化器
	智慧能源研究中心		悉尼孵化器
工程中心	问题性皮肤研究中心	创新基地	知识产权保护中心
	精准医学研究中心	海外基地	西雅图孵化器
	半导体应用技术研究所		硅谷孵化器
	智能医疗硬件技术研发中心		圣地亚哥孵化器
	人居环境研究中心		波士顿孵化器
	智能感知与无人系统研究中心		纽约孵化器
	区域城市安全研究中心	智库中心	产业互联网研究中心
	工业互联网工程技术研究中心		区域创新大数据研究中心
金融平台	浙华投资		产城融合研究中心
	红土创投		金融科技与商业模式创新研究中心
	紫旌母基金		新经济发展研究中心
创新基地	总部院区		中国现代学校合作研究中心
	杭州院区		长三角科创与经济融合研究中心
	宁波院区		法治与社会治理研究中心
	台州院区		创新发展研究中心
	绍兴院区		区域发展研究中心
	创新发展研究中心		空间规划院（中心）
	区域发展研究中心		国防科学技术中心
	空间规划院（中心）		新文化产业创新研究中心
	国防科学技术中心		知识产权保护中心
	新文化产业创新研究中心		

注：资料来源于长三院官网。

三、跨界协同创新的主要措施

清华长三角研究院依托清华大学的科技和人才优势，立足浙江本土，以长三角地区经济社会发展需求为己任，以《长江三角洲地区区域规划》为契机，不断提升技术服务、科技创新、人才培养和高新技术产业化水平，充分发挥清华大学服务社会的职能，不断推进长三角区域经济社会发展，积极做出贡献。[①]

（一）设立"鸿鹄奖"，表彰数字经济的先行者

浙江省团省委、浙江日报报业集团、浙江清华长三角研究院联合主办浙江省青年数字经济"鸿鹄奖"主题活动，表彰在数字经济领域做出突出贡献的青年企业家，鼓励浙江的青年企业家奋发有为，成长为推动经济稳增长、促转型的"后浪"。

（二）组建山海协作产业基金，促进长三角跨区域合作

2020 年 12 月 22 日下午，长三院全资投资管理公司嘉兴浙华嘉融投资管理有限公司与嘉兴长三角创新投资集团有限公司和丽水市金融投资控股有限责任公司三方签署《关于组建嘉兴－丽水山海协作产业基金的合作备忘录》，共同组建嘉兴－丽水山海协作产业基金，推进嘉兴、丽水两地协同发展。浙华嘉融将作为基金管理人，负责资金募集及基金运作管理事项，推动优质项目投资，协助嘉兴市、丽水市两区域产业协同发展和良性互动，重点推进"精密制造、健康医药、半导体全产业链、时尚产业、数字经济"等产业优质项目，服务山海协作。

（三）参与发起"长三角农业创新赋能联盟"，助推长三角农业发展

2020 年 12 月 13 日，由上海市、江苏省、浙江省、安徽省（一市三省）联合举办的长三角农业农村一体化发展推进会在嘉善举行，长三角农业创新赋能联盟正式成立。该联盟由国家林业和草原局竹子研究开发中心、浙江清华长三角研究院、天猫、苏宁易购、云集等单位发起，基于数字化和品牌化，

---

① 章剑. 积极打造 G60 科创走廊主引擎——在浙江清华长三角研究院蹲点调研报告 [J]. 浙江经济，2018（21）：11-13.

协同创新，积极参与需求侧改革，以需求牵引供给，贯通研发、生产、流通、消费各环节，共同发展，助力长三角乡村产业振兴，打造"长三角乡村振兴发展"新标杆。联盟期望在未来的10年，通过共同努力，将其打造成全球领先的产学研用金一体化创新赋能平台。通过3年的努力，孵化培育100个农业品牌，助力创新农产品实现300亿元销售额，共同推动长三角乡村产业振兴。

（四）"越商大学堂"为企业搭建跨界创新赋能平台

成立于2018年5月的越商大学堂，由绍兴市和长三院联合创办，是一个集学习、交流、合作于一体的综合赋能平台。学堂依托清华大学等名校优质资源，旨在培养新时代的企业家，帮助企业更好发展。除了定期举办各种沙龙，越商大学堂还为本地企业提供靶向式、定制化的培训和服务，建立校企、政企沟通长效机制，精细、高效地为企业服务。2020年12月7日，《人民日报》报道长三院联合绍兴市成立越商大学堂，为企业搭建创新赋能平台。报道中指出越商大学堂成立2年多来，积极发挥桥梁纽带作用，举办各类培训班、沙龙讲堂80多期，帮助企业家更快提升、更好创新创业，促进企业间达成或正在洽谈的合作项目40多个，协议金额超过30亿元。

第七节　深圳清华大学研究院

深圳清华大学研究院（简称深清院）是深圳市政府和清华大学于1996年12月共建的、以企业化方式运作的事业单位，恪守清华"自强不息，厚德载物"的校训，秉承深圳"敢闯敢试，兼容并蓄"的精神，以体制机制创新为核心，实行理事会领导下的院长负责制，打造了产学研深度融合的科技创新孵化体系，推动学校科技成果转化，促进地区经济社会发展。

一、组织概况及特征

20世纪90年代初期，支撑深圳经济发展的加工贸易业出现严重滑坡，促使深圳市践行创新发展战略，寻找科技资源以支撑高新技术产业发展，力求突破技术缺乏、人才缺乏的制约。同一时期，国务院提出"科技工作面向国民经济主战场"的口号，号召强化技术开发和推广，加速科技成果商品化、产业化的进程。为了在高校和企业之间、科研成果和市场产品之间搭建桥梁，清华大学与深圳市政府创建了深圳清华大学研究院，其战略目标为"服务于清华大学的科技成果转化、服务于深圳的社会经济发展"，从此开启了中国新型科研机构的崭新探索。

深圳清华大学研究院作为我国第一家尝试将科技与经济进行新结合方法的新型研发机构，成立时并无先例。[①] 研究院提出了四个首要发展目标：一是推出一大批拥有自主知识产权、面向市场的科技成果；二是加速科技成果的转化；三是孵化和培育高科技创业企业；四是培养高层次人才。于是研究院首创"四不像"创新体制[②]：既是大学又不完全像大学，既是科研机构又不完全像科研机构，既是企业又不完全像企业，既是事业单位又不完全像事业单位；形成了研发平台、人才培养、投资孵化、创新基地、科技金融和海外合作六大功能板块，在探索把科研成果转化融入企业孵化的新途径中，努力把科技经济"两张皮"贴在创新创业企业的载体上。"四不像"理论的出现，奠定了深清院高速发展的基础理论。[③]

二、组织运行模式[④]

深圳清华大学研究院组织体系的成功主要在于支撑体系、投资体系和扩展体系三大体系的良性互动。支撑体系主要是由负责技术创新和人才培养等职能部门整合组成的支撑平台，主要任务是开展科技成果研究分析，加速成果产业化；投资体系在为企业减轻资金压力的同时也扩大了研究院的资金规

---

① 曾国屏，林菲. 走向创业型科研机构——深圳新型科研机构初探 [J]. 中国软科学，2013（11）：49-57.

② 深圳清华大学研究院官网. [EB/OL]. http://www.tsinghua-sz.edu.cn/about.

③ 同①。

④ 杜丽华. 高校驻外研究院组织模式探讨——深圳清华研究院案例分析 [J]. 中国高校科技，2015（9）.

模，强化了投资体系，提高了对新兴产业降低风险的能力，还可以对投资公司进行管理层面的监管；扩展体系通过控股的公司投资建设了科技园区，采用研究院的运作体系，满足了高科技企业的孵化需求。研究院在建立与发展中形成了对三大体系的整体沟通与协调，将各体系独特的作用有效发挥出来。采用扁平化管理组织体制，在对新技术孵化的过程中，完善的组织体系共同服务于新型科研成果产业链，并可随时协调和解决当前面临的问题。

三、跨界协同创新的主要措施

（一）以产业为导向，促进科研产业化

研究院始终做到以新兴产业为导向，突出产业先进性。为有效促进科研市场化，充分依托科技支持的优势，在发挥传统意义上科研机构作用的同时，又不仅仅止步于传统意义上的科研内涵，用行动将科研的目标指向新兴产业化的前沿研究。[1]

研究院围绕深圳市政府的产业布局和市场需求开展研发和产业化工作。近年来，在战略性新兴产业寻找新的市场增长点，且不断研发出自主创新技术，增强了自主研发能力，从而为长期独立发展提供保障。

（二）多元化主体降低风险

多方共建的新型研发机构体制为多元化主体，受政府及高校院所等多方管理，具体事项审批较为耗时、裁决效率较低，管理层面的问题更为复杂。而且，多方共建模式下的新型研发机构优势条件在于新兴科技创新研发产业密集，产品输出时各主体的适应程度较高，在知识产权质押、技术转移、创业孵化等方面起到了深度激励作用，加速了机构的发展。[2]

---

[1] 曾国屏，林菲. 走向创业型科研机构——深圳新型科研机构初探 [J]. 中国软科学，2013（11）：49-57.

[2] 黄燕飞，陈伟. 中央和地方支持新型研发机构发展的实践与建议 [J]. 全球科技经济瞭望，2020，35（4）：48-58.

（三）搭建全球的创新合作网络

研究院充分利用和整合国际资源，在技术、人才、资本，甚至市场等方面与国际接轨，提升科技成果产业化的水平。通过与国际知名企业、高校院所、研究机构的合作，迅速在多个关键技术上获得突破，并促进了相关产业的形成和发展。

第八节　台湾工业技术研究院 [①]

台湾工业技术研究院（简称台湾工研院）创立于 1973 年，是一个以应用型科技研发为主的非营利性研发组织，已成为中国台湾最具创新活力的科技研发与服务机构，拥有超过 2 万件专利，培育了 260 家新创高科技公司，包括台积电、台联电、台湾光罩等国际知名上市公司，在应对亚洲区域、全世界的新兴产业竞争、推进新兴产业转型发展，以及市场经济持续发展中体现了重大意义。

一、组织概况及特征

台湾工研院按照现代公司化的治理结构来运营，设立董事会、监事会等部门，除了由 6 大研究所和 7 大研究中心构成的核心机构外，还设有业务推广（包括技术转移、行销传播等）等部门，以便及时、充分地对接市场。

二、组织运行模式

从总体上来说，台湾工研院有分工明确、职能清晰的管理架构，并且在管理体系、编制调整、经费支配、科研转化等方面拥有很高的自主权。在用人方面也采取了弹性的激励机制，并坚持国际化人才策略，积极吸纳一流海外科技人才，并为人才营造开放性、国际性的环境。

---

① 如何破解科研和经济"两张皮"，新型研发机构了解下！[EB/OL]. https://www.edu.cn/rd/gao_
xiao_cheng_guo/ssgx/202011t/20201102_2029008.shtml.

在组织架构方面，台湾工研院可按照功能划分为三种类型：一是突出体现知识与市场融合，将科研加以链接的知识型服务；二是促进新兴产业长期发展的新兴产业研发；三是技术衍生转化。[①]

在运行管理方面，台湾工研院始终以产业需求为发展方向，突出产业先进性和共性科技发展。为了有效促进科研市场化，台湾工研院采取了具有针对性的技术扩散方式：技术转移、衍生公司、孵化创新企业。

在机构定位和发展方向上，台湾工研院发力于产业中间环节，开展关键技术开发和科技成果转化服务，为产业界提供新技术、开发新产品。这种定位既使科研工作应用实际、贴近市场，又保证了共性技术研究机构的公益性，不自己生产经营、不与企业直接竞争。因此，台湾工研院与企业保持了紧密的合作关系，与不同企业建立了研发合作联盟，降低企业研发风险，提高企业存活率。

三、跨界协同创新的主要措施

（一）以强大的研发能力推动区域创新

对于科技创新资源较少的后发地区，依托建立大学、科研院所来推动区域发展成本大、耗时长，企业又大多不具备高强度研发投入能力，那么通过政府协助建立产业技术研究院的方式，帮助企业（尤其是中小科技企业）开展共性技术研发和产业合作，打通产业关键环节，是一种行之有效的举措。

（二）融入全球性创新网络

从技术来源的广泛性，到技术开发的灵活性，再到技术应用的多样性，开放式创新的思维一直贯彻台湾工研院科技成果转化始终。目前台湾工研院设有北美、日本、欧洲和俄罗斯 4 个分支机构，与美国、德国、日本、英国、法国、澳大利亚、加拿大等 25 个国家的 147 家大学、跨国公司、研究机构保持着密切的合作联系。当面临很多技术选择时，由于技术路线本身的复杂多样和市场环境的千变万化，台湾工研院将技术推进到商业化、市场化阶段会面临着

---

① 章熙春，江海，章文，等. 国内外新型研发机构的比较与研究 [J]. 科技管理研究，2017，37（19）：103-109.

研发成本、研发周期、成果类型、机会成本、产业趋势、市场需求、竞争程度等很多的不确定性，而通过融入全球性创新网络，台湾工研院可以整合各种资源，能够起到四两拨千斤的作用，较大地提高了其科技成果转化成功率。①

第九节　世界顶尖科学家协会

2017 年 11 月，多名诺贝尔奖得主于中国香港特别行政区联合发起成立"全球诺贝尔奖科学家协会"。此后，协会进一步扩大为世界顶尖科学家协会（简称顶科协），以吸引更多跨国界及跨专业世界顶尖科学家入会。

2019 年 10 月 29 日，世界顶尖科学家协会上海中心在上海临港新区正式揭牌。2020 年 10 月 30 日，第三届世界顶尖科学家论坛在上海开幕。

一、组织概况及特征

世界顶尖科学家协会是非政治性、非宗教性的第三方民间机构，是以获得诺贝尔奖、沃尔夫奖、拉斯克奖、图灵奖等全世界顶尖科学家和其他知名科学家、青年科学家为主体的国际组织。世界顶尖科学家论坛是全球顶尖科学家、中国两院院士、全球杰出青年科学家之间跨国界、跨领域、跨学科的聚会，也是亚洲地区规模盛大的年度国际科学盛会。

通过聚集世界顶尖科学家，发掘最高智慧，萃取整合，开发转化，最终反哺人类、赋能人类。据了解，世界顶尖科学家协会将在未来五年内吸引上百名有产业化前景的顶尖科学家入会，并构建起全球范围的顶尖科学家研发及商业创新平台。

二、组织运行模式

世界顶尖科学家协会着力推动基础科学、倡导国际合作、致力青年成长。

---

① 吴金希，李宪振. 台湾工研院科技成果转化经验对发展新兴产业的启示 [J]. 中国科技论坛，2012（07）：89-94.DOI:10.13580/j.cnki.fstc.2012.07.020.

其主要工作包括：一是打造以世界顶尖科学家论坛为主体的系列论坛；二是创立支持科学持续发展的创新基金；三是定制为顶尖科学家提供多维度服务的科学社区；四是协调安排科学家会员在大中华地区的各类科学交流活动。

协会每年 10 月在中国上海发起世界顶尖科学家论坛，以"科技，为了人类共同命运"为宏大愿景，每年邀请近百位全球顶尖科学奖项得主，以及中国两院院士、世界优秀青年科学家等出席。论坛立足于全人类的角度关注并思考所面临的科技性挑战，着眼于基础性科学和源头创新，通过发布顶尖科技成果和创新思想致力于成为全球创新策源地，打造富有国际影响力的科创合作交流平台。

三、跨界协同创新的主要措施

（一）跨国界整合前沿科学技术创新成果 [1]

协会重点在中国进行战略布局，通过系统且持续地将具备产业化背景知识的全球顶尖科学家引入我国，桥接全球顶尖科技资源与中国庞大的市场资源。协会计划在中国的核心城市搭建世界顶尖科学家的中国专属实验室，同时配备一系列专业团队，开展科研、试验、交流及传播等科学工作，让顶尖科学家的基础研究学术成果在中国实验室落地扎根、开花结果。通过建立实验室并将技术成果项目产业化，从而实现科创资本与优质研发成果商业化、规模化、资本化运作。未来，协会还计划打造一个开创生命科学万亿产业链的超级梦幻团队，并且建设若干个"世界顶尖科学家小镇""诺贝尔科学小镇"，融合医疗、教育、住宅和生命科学的综合体，从而为人类的生存和发展开发出层出不穷的炫酷科技和独角兽经济实体。

（二）跨学科集聚顶级人才，打造顶尖科学家孵化器 [2]

当前协会正着力于打造全球顶尖科学家孵化器，为我国具有潜力的学者

---

[1] 协会委员全都是诺贝尔奖得主，这个世界顶尖科学家协会是什么来头？[EB/OL]. https://www.jfdaily.com/news/detail? id=113103.

[2] 同[1]。

和团队提供在诺贝尔奖科学家身边或实验室工作的机会，培育、发掘和推介未来的"诺奖科学家"。

每年十月，协会在全球最具科技活力和创新能力的城市举办"世界顶尖科学家论坛"，并且从该城市进行辐射，在全球科创开发能力强劲的核心城市举办分论坛。

为了科普和推广全世界顶尖科学家的学术成果，协会充分利用互联网的便捷性，建立"和世界顶尖科学家零距离"的微信公众号或 App，通过视频、音频、图文等方式推介世界顶尖科学家的观点和思想。此外，针对青少年也将每年发起学生游学营活动，让对科学感兴趣的学生或青少年，前往世界顶尖科学家的国外实验室或工作室参观学习、见面交流。

（三）跨组织整合资源，共建科技创新生态[1]

协会与华夏幸福联手共建科学家生态体系，更好地为各级政府和市场主体找到战略需求的解决方案，并向顶尖科学家关注的机构顾问等问题提供系统解决方案。跨组织边界整合资源，与诺华集团进行科技创新合作以解决医药领域难题。[2] 2020 年 11 月，世界顶尖科学家协会与诺华集团（中国）在第三届进博会上正式签署战略合作备忘录。

助力实现多学科合作、创建丰富多元的人才库、搭建友好型生态系统，将更好地助力积极营造适宜高端创新人才发展的科研环境，以开放包容的姿态和胸怀吸引世界各地顶尖科学家落户，播撒创新种子、培育科技力量，助力实现健康科技力量的高质量增长。

（四）与高校合作推进青年人才培养和青少年科学教育[3]

2020 年 10 月 30 日，世界顶尖科学家协会与上海交通大学签署战略合作

---

[1] 华夏幸福与世界顶尖科学家协会携手搭建科技创新合作平台［EB/OL］. https://economy.gmw.cn/xinxi/2019-11/01/content_33285124.htm.

[2] 世界顶尖科学家协会与诺华集团在进博会签署战略合作备忘录［EB/OL］. https://finance.sina.com.cn/tech/2020-11-07/doc-iiznctke0128371.shtml.

[3] 上海交通大学与世界顶尖科学家协会签约战略合作［EB/OL］. http://news.sina.com.cn/o/2020-10-31/doc-iiznctkc8770512.shtml? tj=none&tr=1.

协议。未来双方将在学术资源共享、人才扶持、科学家社区共建和国际合作交流等方面建立全面战略合作伙伴关系。根据协议，双方将共享科学家资源及学术平台，积极促成科学家互联互通，借助联合实验室、学术讲座、暑期学校、国际学术会议等合作交流途径，共同培养青年人才，激励促进科技创新，提升国际影响力。此外，双方还将积极探索团队创新合作模式，共建临港科学家社区，打造创新器、加速器、助推器"三器合一"的新型创新载体，助力上海科技创新中心建设和长三角一体化建设。此外，在第三届世界顶尖科学家论坛上，协会上海中心携手华东师范大学提出组建世界顶尖科学家青少年教育联盟的倡议。联盟目标是在协会上海中心提供的全球科学家，与包括华东师范大学科学教育研究院（筹）在内的各大高校专家的指导下，积极探索培养青少年科学兴趣的途径、提升科学精神的方法、增强探究能力的手段。加入该联盟的成员学校，将被授予"世界顶尖科学家青少年教育联盟实验基地"称号。目前，全国已有 1024 所中小学成为联盟实验基地校。

（五）建立世界顶尖科学家发展基金会 ①

世界顶尖科学家发展基金会是由世界顶尖科学家协会发起成立的非公募基金会，其自 2020 年 10 月揭牌成立以来，组织并策划了顶尖科学家国际交流活动。该基金会是顶科事业的重要资金"蓄水池"，将广泛开辟社会资源，畅通融资和捐赠渠道。2021 年 4 月，世界顶尖科学家发展基金会接受了来自徐航、深圳市鹏瑞公益基金会的 10 亿元捐款，将用于基础科学研究、国际科学交流和人才培养，支持第四届世界顶尖科学家论坛举办，并进一步提升国际高端对话平台影响力、支持国际联合科学实验室建设、支持顶科协科学教育联盟更好地发展并扩大影响力。

第十节　北京微芯区块链与边缘计算研究院

北京微芯区块链与边缘计算研究院（简称微芯院）是在北京市委市政府

---

① 世界顶尖科学家论坛官网［EB/OL］. http://wlaforum.com/cn/article953.html.

的指导和支持下，由北京市科学技术委员会和海淀区人民政府推动成立，依托国际化顶尖人才梯队共建的新型研发机构，主要布局区块链与边缘计算技术研发和应用生态搭建。微芯院汇聚全球顶级科学家团队，瞄准区块链、物联网芯片、新型传感器、人工智能等前沿技术，以打造世界一流新型研发机构为目标展开科技任务攻关及行业示范应用。

微芯院成立两年来研发出全球领先的自主可控长安链软硬件技术体系，作为北京市区块链技术依托单位，协助制定出台北京市区块链三年行动计划，从技术突破、应用示范、产业培育、人才培养4个方面扎实推进相关工作，为新一轮全球科技竞争取得领先优势和抢占国际话语权与规则制定权打下坚实基础。

一、组织概况及特征

微芯院融合区块链专用加速芯片硬件和可装配区块链底层软件平台打造自主可控、灵活装配、软硬一体、开源开放的长安链软硬件技术体系，并于2021年1月27日正式发布。在软件方面，长安链独创深度模块化、可装配、高性能并行执行的区块链底层技术架构，其交易处理性能已经达到世界领先水平。在硬件方面，基于RISC-V开源指令集，全球首创96核区块链芯片架构，设计构建高效可信运行环境，实现"数据可用不可见"。目前，长安链技术已在食品溯源、电子签章、一网通办等场景试点应用，更依托长安链生态联盟成员单位的优势场景，围绕贸易、金融、信用、碳交易等重大领域的区块链应用场景建设，逐步构建长安链主链生态网络，发挥促进数据共享、增进业务协同作用，释放数字经济发展新动能。

二、组织运行模式

微芯院以打造世界一流新型研发机构为使命，以引领技术、赋能产业为理念，依靠明确的研究规划、灵活的体系架构、市场化薪酬制度，围绕区块链技术和产业创新，聚拢行业顶尖力量，形成以全球区块链领域顶尖人才为核心的研究团队。微芯院以边缘计算芯片、新型传感器、区块链等前沿技术为目标，展开科技任务攻关及行业示范应用，不断推动技术革新，攻关国家重点科研任务；实现应用落地，发展标志性科技成果；会聚高端人才，打造世界一流学术高地；整合优质资源，培育开源国际生态，努力打造成为严谨求实、开拓创新、协同攻坚、引领发展的战略科技力量，扩大北京在本领域的领先优势，构筑区块链领域国家战略科技力量，助力北京国际科技创新中心建设。

三、跨界协同创新的主要措施

（一）跨组织集聚人才，形成产学研联合攻关模式

微芯院集聚行业顶尖力量，形成由清华、北大、剑桥、麻省理工、卡耐基梅隆等国内外顶尖高校人才为核心的研究体系，同时整合知名高校、科研机构和顶尖企业等创新力量，先后引入清华、北航、腾讯等团队，目前已形成由多方杰出科学家和工程师全职参与的研究力量，形成微芯院牵头组织、顶级科学家深度参与、产业界积极响应的创新态势。

（二）跨组织整合资源，打造开源开放的技术生态

通过开源开放，快速吸引顶尖高校和龙头企业等单位委派全职开发者贡献代码，形成技术合力，完成长安链底层平台开发，并在开源社区开放程序源码，实现底层代码可见、可知、可参与。未来，长安链也将积极吸纳更多企业和个人开发者加入开源社区，推动技术体系的不断提升和迭代更新，赋予长安链长期的、可持续的生命力，打造技术领先和活跃的全球开源技术生态。

（三）跨领域协同实体，构建开放创新的产业生态

微芯院依托长安链核心技术突破，在科技部、工信部、国资委等单位以及北京市政府的指导下，联合央企、金融机构、头部企业等优势力量，共同发起成立建设紧密合作的长安链生态联盟。联盟聚焦节能减碳、跨境贸易、供应链金融等具有重要战略意义的领域，进行重点破局、示范先行，推动产

业链上下游开展战略协作和联合攻关，实现区块链对各领域的持续赋能。"多元主体、多方投入、多领域应用"产业创新生态体系逐步成型。

第十一节 江苏省产业技术研究院[①]

2013 年，为了助推科技成果转化跨越"死亡之谷"，江苏省产业技术研究院（简称江苏产研院）应运而生。作为科技体制改革的"试验田"，着力于科学到技术转化的关键环节，主要通过切实遵循技术创新的市场导向机制、从创新资源的供给和产业技术的需求两端精准发力，着力破除制约科技创新的思想障碍和制度藩篱，在如何充分发挥人的积极性和高效精准使用财政资金等体制机制方面探索了一系列新的改革举措。

2014 年 12 月，习近平总书记视察江苏产研院，强调"要深入推进科技和经济紧密结合，推动产学研深度融合，实现科技同产业无缝对接，不断提高科技进步对经济增长的贡献度"。[②]江苏产研院按照习近平总书记的要求，紧紧围绕"世界有影响、全国最前列"的建设目标，专注于产业技术研发，不与高校争学术之名、不与企业争产品之利。积极发挥两个桥梁的作用：一是科学与产业的桥梁；二是全球创新高地与江苏工业界的桥梁。

江苏产研院在创新资源集聚方面，与海外 56 家和国内 52 家知名高校和研发机构建立了战略合作关系，建立了以 4 个离岸孵化器为重点的 8 个海外合作平台；在产业需求征集方面，遴选细分行业的龙头企业作为核心合作伙伴，成立了以战略研究、制定技术路线图和征集提炼技术需求为主要任务的 JITRI- 企业联合创新中心 131 家；在研发机构的建设方面，自 2016 年以来从海内外以项目经理制引进团队与地方园区共同支持新建研究所 33 家，合计投入超过 70 亿元（不包括建筑）。

---

① 江苏省产业技术研究院官网［EB/OL］. http://www.jitri.org/.

② 习近平总书记到江苏省产业技术研究院考察调研［EB/OL］. http://www.jitri.org/list_28/623.html.

一、组织概况及特征

江苏产研院坚持实行 8 项改革举措，现已形成突出特点。

（1）一所两制：坚固高水平创新研究和高效率技术开发的人员聘用管理。

（2）团队控股：团队控股轻资产运营的专业研究院运行管理。

（3）合同科研：已向市场供给技术的业绩为评价指标建立技术研发的市场导向机制。

（4）三位一体：专业研究所核心团队"研发＋孵化＋投资"功能的三位一体融合机制。

（5）项目经理：整建制引进产业领军人才来江苏创新创业。

（6）拨投结合：重点项目的同行尽调、立项支持与市场化转股的拨投结合机制。

（7）股权激励：技术团队更多享有技术研发升值收益的激励机制。

（8）集萃"大学"：以产业技术需求为课题与海内外大学实施研究生联合培养。

江苏产研院通过探索实践逐步形成了一系列改革举措，在构建产业技术研发机构治理体系方面，实行了理事会领导下的院长负责制和无行政级别的产研院运行管理机制，实施了"团队控股"轻资产运营的专业研究所混合所有管理运行机制和兼顾高水平创新研究与高效率技术转移人员聘用管理的"一所两制"。在集聚全球创新资源方面，以设立支持合作研发的专项资金池为主要手段，与世界一流高校和创新机构建立战略合作关系；探索了选聘行业专家担任项目经理组建团队，孵化培育成立研究所或创业公司的整建制引进人才的项目经理模式。在满足市场需求方面，创建了以企业联合创新中心为核心的需求征集机制，实行了以向产业界市场化供给技术的收益为主要指标的研究所业绩评价和支持机制。在利用财政资金支持重点研发项目方面，实行同行尽调评估与立项支持，以及项目完成后市场化转股的拨投结合支持机制。

二、组织运行模式

江苏产研院正在着力营造一个主要包括人才生态、金融生态和空间生态三方面，以助力经济高质量发展为核心目标的产业创新生态体系。在人才生态方面，主要从引进、激励和培养等多方面，构建由科学家、领军人才、骨干研发人员和研究生（博士后）等共同组成的人才体系；在金融生态方面，鼓励和引导专业研究所成立由技术专家与金融专家共同管理的天使和风险投资基金；在空间生态方面，按照"研发作为产业、技术作为商品"的理念，布局建设了若干研发产业社区，打造为企业提供技术服务和外包研发能力的集聚区。江苏产研院主要由院本部、专业研究所和企业联合创新中心三部分组成。

（一）院本部

江苏产研院院本部设置综合管理部、战略管理部、投资财务部、国内合作部、海外合作部、专业事业部、江苏省产业技术研究院有限公司和海外平台。具体如图 12-3 所示。

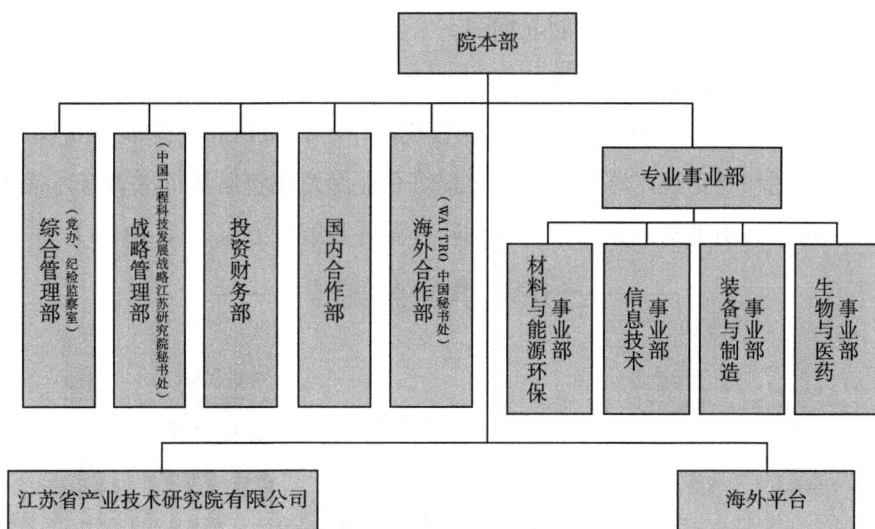

图 12-3　院本部架构

（二）专业研究所

专业研究所专注于产业技术研发、成果转化、企业孵化等，建立研发、孵化和投资的"三位一体"融合机制；对于引进团队新建设的专业研究所，实行"多方共建、多元投入、混合所有、团队为主"的轻资产运营新模式。

公司享受全部研发收益，增值收益按股权分配。江苏产研院目前已建设投产 57 家专业研究所，覆盖先进材料、能源环保、信息技术、装备制造、生物医药五大领域，共计 1 万名研发人员。多家由高校院所举办的事业法人专业研究所按新模式主动改制，充分激发创新活力，有效调动科研人员积极性；针对以高校院所研究人员为核心团队组建的专业研究所，实施兼顾高水平创新研究与高效率技术开发转移人员聘用管理的"一所两制"既有高校运行机制下的研究人员开展高水平创新研究，也有独立法人实体聘用的研究人员专职从事二次开发和技术转移。

对于专业研究所不按传统的人员编制和项目方式支持经费，实施"合同科研"的绩效考评，重点考核每个专业研究所向企业市场化提供技术的绩（包括技术转移、技术投资和技术服务等）来决定财政经费的支持额度，专业研究所技术研发的市场导向明显增强。

（三）企业联合创新中心

与行业龙头企业联合共建企业联合创新中心，支持企业开展产业技术发展战略研究和制定技术路线图，征集提炼企业愿意出资解决的关键技术需求，江苏产研院利用创新网络对接全球创新资源寻找解决方案（图 12-4）。

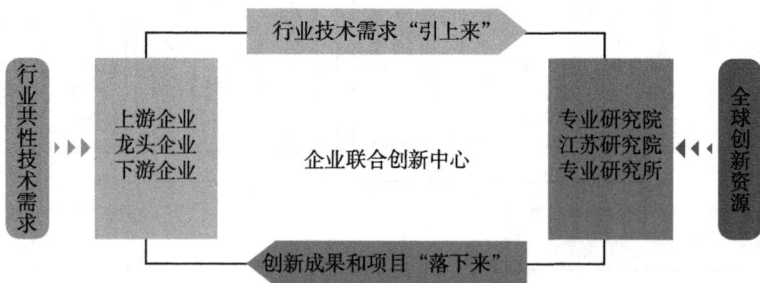

图 12-4　企业联合创新中心的运行机制

据江苏产研院官网介绍，累计建设企业联合创新中心 113 家，共凝练提出技术需求 609 余项，企业意向出资金额 19.13 亿元。江苏产研院帮助企业联合创新中心对接需求 580 项，达成技术合作 166 项，合同金额 7.71 亿元。

三、跨界协同创新的主要措施

江苏产研院定位于创新资源的配置枢纽、产业技术的创新枢纽和人才价值的转化枢纽，以产业创新需求为导向，着力开展关键共性技术研发和科技成果转化，服务中小企业技术创新，培育创新型企业和产业集群，成为推动江苏经济高质量发展和建设未来产业高地的核心引擎。

江苏产研院在以下几个方面还做出了积极有效探索。

（一）基于科产教融合联合培养研究生，创新人才培养实践

江苏产研院充分发挥自身创新体系和生态优势，突出需求导向、实践导向，推进科产教融合。将江苏产业真需求、技术真难题凝练定义为培养课题，与高校联合培养面向未来、面向产业科技一线，兼具研发创新和解决实际问题能力的紧缺型、实用型人才。江苏产研院通过集萃高校行、线上线下对接、创新项目大赛、训练营等多种形式，推动专业研究所、重大项目公司、企业联创中心、省研发型企业与国内高水平大学联合培养人才、开展全方位合作，目前合作的国内高校总数已达 52 所。2020 年，校院所企联合培养集萃研究生 1045 名，一批优秀毕业生留在集萃专业研究所和江苏企业就业、创业，集萃研究生联合培养规模进一步扩大，质量进一步提升。江苏产研院根据管理办法核拨集萃奖学金近 1000 万元。"十四五"期间，江苏产研院将创新求实、开拓奋进，努力为江苏引进、培养一大批真正将论文写在祖国大地上、写在江苏大地上的创新实践人才，培养集萃研究生总计将超过 1 万名。

（二）跨区域联动实现高水平科技供给

江苏省产研院围绕西夏墅镇工具产业升级的迫切需求，在常州市、区科

技局的协同配合下，与当地刀具龙头企业——常州市海力工具有限公司，共同成立了 JITRI- 海力工具联创中心，发展以高可靠性为核心的刀具设计、刀具制备与刀具应用技术，构建刀具质量稳定性和寿命可靠性的评价指标和标准体系，为高端刀具设计、制造和应用提供有效支撑。为贯彻落实习近平总书记在扎实推进长三角一体化发展座谈会上的要求，紧扣一体化和高质量两个关键词，产研院与上海交大在内的多家上海高校共同探讨，充分发挥上海科创中心及高水平院校学科优势和江苏产业优势，充分发挥江苏产研院科技体制改革试验田和产业技术创新体系作用，合力打造好长三角协同创新平台，集聚长三角、全国乃至全球的研发力量。

第十二节　国家智能网联汽车创新中心

在工业和信息化部支持下，中国汽车工程学会、中国汽车工业协会联合汽车、通信、交通、互联网等领域的企业、高校、研究机构、行业组织，于 2017 年 6 月 12 日组建成立中国智能网联汽车产业创新联盟。截至 2021 年 7 月，联盟成员单位已涵盖包括来自汽车、通信、交通等领域的理事单位 64 家，普通成员单位 431 家。

一、组织概况及特征

中国智能网联汽车产业创新联盟是由来自汽车、通信、交通、电子、信息等相关产业的企事业单位、高校、科研机构与社会团体自愿组成的跨行业、开放性、非营利性的联合体，致力于在汽车及其上下游相关产业建立有效的产学研合作新模式，打造贯穿创新链、产业链、价值链的智能网联汽车发展生态系统。

联盟在理事会统一组织下，积极探索多元化、多层次的合作形式，建立了资源共享、成果共享、优势互补、风险共担的管理机制。根据国家战略的科技计划制定相应的联盟项目，提交理事会进行审议批准并向国家申报。联盟运行期间，组织行业力量、结合社会发展实际、组织百余家单位及 300 多位学者编写发布《中国智能网联汽车产业发展报告》《智能网联汽车技术路线图》《智能网联汽车团体标准体系建设指南》等一系列指导性文件，总结近年来在智能网联汽车领域的发展现状与先行经验，制定我国汽车产业加速转型升级的中长期发展规划。

二、组织运行模式

智能联网联汽车产业技术创新战略联盟在国家政策和战略研究方面提供规划与咨询服务；专注关键共性技术研发，建立技术研究平台，形成可持续开发能力；制定行业相关的标准法规，支撑行业广泛开展工作；测试示范、产业化推广，培育自主的智能网联汽车产业链；加强学术交流与国际合作，探索国际创新合作新模式；加强人才培养，为智能网联汽车发展提供多层次创新人才。

三、跨界协同创新的主要措施

（一）统一创建合作工作组

中国智能网联汽车产业创新联盟参考智能网联汽车技术架构，在 2020 年共成立 4 个全新工作组，包括预期功能安全工作组、测试示范工作组、先进底盘控制工作组和基础软件工作组。2021 年 7 月已建立 12 个工作组，覆盖投融资、信息交互等各领域。以 CAICV 预期功能安全工作组为例，其中包含清华大学、公安部道路交通安全研究中心、中汽研汽车检验有限公司等高校、科研院所、汽车生产商、零件供应商共 20 家成员单位。工作组的成立，将充分利用国内汽车驾驶行业资源，借助我国汽车驾驶行业健康的驾驶环境，促进预期的功能安全相关政策、产业、学术、研究和应用的健康发展，促进国内外相关标准化组织之间的有效沟通和深入合作，推动认证评价体系和相关因素的完善。推动我国预期的功能安全相关标准化进程，为国际标准化提供"中国方案"。

（二）充分推动政产学研用协同创新

联盟自成立以来，不仅成为为政府决策提供支撑，同时还成为行业发展服务的创新机构。依托联盟，工业和信息化部在北京、浙江等地开展"基于宽带移动互联网的智能汽车、指挥交通应用示范"项目，北京已出台"智能汽车与智慧交通应用示范五年行动计划"，适应智能驾驶、绿色出行、车路协同等趋势，协同构建我国安全、便捷、绿色的汽车行驶规范。

第十三节　国家机器人创新中心

制造业创新中心建设项目是"中国制造 2025"五大工程之一。到 2020年，全国重点布局约 15 个制造业创新中心。中国从 2016 年开始实施制造业创新中心建设项目，批准了包括国家机器人创新中心在内的 7 个国家级制造业创新中心。建设国家机器人创新中心是应对新一轮科技和产业革命的新举措，更是抢占产业竞争制高点的新手段。国家机器人创新中心以沈阳智能机器人国家研究院有限公司为依托，由中科院沈阳自动化研究所牵头，联合哈尔滨工业大学、新松公司等单位采用"公司 + 联盟"模式运营，包括 14 家股东单位，于 2018 年 6 月 19 日在沈阳自动化研究所揭牌。

一、组织概况及特征

国家机器人创新中心是新时期应对新一轮科技与产业革命，实施制造强国建设战略下的重要举措，其研发、制造、应用是衡量国家科技创新与高端制造业水平的重要标志。中心的建立有助于打造创新资源聚集、组织结构多元的综合性技术创新平台，完善我国机器人产业技术体系。

二、组织运行模式

国家机器人创新中心着力培育机器人产业生态发展，其主要工作包括：一是提高整机及关键零部件检验检测能力及机器人核心零部件中试孵化能力；

二是提升机器人中心应用示范能力及行业支撑服务能力等；三是打造为各地区机器人领先研究队伍服务的社区平台；四是形成集研究开发、成果转化、行业服务、人才培养于一体的国家机器人产业协同创新基地。

三、跨界协同创新的主要措施

（一）跨国界集聚高层次科技人才

通过举办"世界机器人大赛—共融机器人挑战赛""国际青年学者神州论坛"等一系列国际交流活动，大会邀请国内外优秀科技领军人才与高水平创新团队聚焦国际前沿技术与国家重大战略需求开展深入交流与座谈。国际青年学者神州论坛以"海纳百川，汇聚人才"为主题，聚焦国际学术前沿和科技研究热点，邀请国内外优秀青年学者到校，通过学术报告、学术讨论、参观考察等形式，就科学研究和专业发展进行交流和探讨，帮助青年学者团队发展壮大。2016—2019 年已成功举办四届国际青年学者神州论坛，邀请哈佛大学、剑桥大学、帝国理工学院等多所世界顶级名校学者参与交流，凝聚一批具有全球视野与国际水平的战略科技人才与高水平创新团队服务于国家发展建设与国际沟通平台搭建。

中心设立"龙江科技英才""熊有伦智湖优秀青年学者奖""百千万人才工程国家级人选推荐工作"等一系列激励政策，打造包括"智能视觉系统""智能无人系统""高精度行星滚珠丝杠""伺服系统"等一系列领先科研团队，吸引有潜力学者，加快高精尖人才培养。

（二）跨地域建立产教融合示范基地

2019 年 11 月 26 日，哈工大国家机器人创新中心甘肃产教融合示范基地签约仪式在甘肃能源化工职业学院举行，通过职业教育帮助学校高素质技能型人才与企业组织更好对接，培养多样化思维团队传承与创新科学技术服务社会。该基地的建立是国家机器人创新中心在全国范围内开展产学融合的示范，为进一步促进东西部协作、西部大开发与东北老工业基地崛起、双一流高校与一流职业教育园区合作提供经验。

第十四节　中国机器人产业联盟

2013 年 4 月 21 日，中国机器人产业联盟由中国机械工业联合会牵头成立，筹备之初以开放包容、兼收并蓄的姿态广泛吸纳全国机器人全行业企事业单位，中国机器人产业联盟共有包括哈尔滨博实自动化股份有限公司、上海电气集团、沈阳新松机器人自动化、南京埃斯顿自动控制技术有限公司、固高科技为代表的国际机器人领先企业与骨干集团，以库卡、柯马、安川、川崎、欧德神思为代表的在华国际品牌企业，以哈尔滨工业大学、北京航空航天大学、上海交通大学为代表的大学和研究机构等 80 余家成员单位。截至 2021 年 7 月，中国机器人产业联盟成员单位突破 400 家。

2020 年 11 月 23 日，"2020 年中国机器人产业发展大会"联合韩国机器人产业协会、日本机器人协会、德国机械设备制造业联合会机器人与自动化分会等国外相关组织在青岛市高新技术开发区红岛国际会展中心共同支持召开，全方位多角度共商产业发展大计。

一、组织概况及特征

中国机器人产业联盟是一个由积极投身于机器人事业，从事机器人产业研究开发、生产制造、应用服务的企事业单位和大专院校、科研机构、用户单位及其他相关机构自愿组成的非营利性社会团体，是智能科技背景下催生的新型跨界协同组织。

二、组织运行模式

中国机器人产业联盟以国家产业政策为指导，以市场为导向，以企业为主体，搭建产、学、研、用的平台，主要目的包括：一是提升联盟内部成员企业的研发、生产制造、集成应用和维修服务水平；二是提升机器人在各个领域的应用水平；三是完善我国机器人产业链，促进我国机器人产业的健康发展，不断增强我国机器人产业的竞争力。中国机器人产业联盟的组织框架如图 12-5 所示。

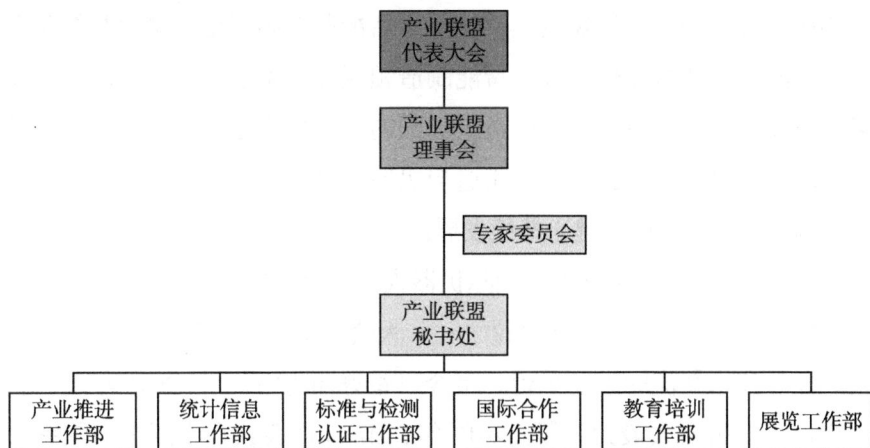

图 12-5 中国机器人产业联盟组织框架

自 2012 年起中国机器人产业联盟成功举办了八届中国机器人产业大会，该大会是中国机器人产业最具权威性、国家化、专业化与产业化的行业年度大会，是产业内外人士探讨国际机器人行业发展趋势，引导国内机器人产业研究路径，促进国内外领航科技人才面对面交流沟通的年度盛事与重要平台。2019 年，中国电子学会在"2019 世界机器人大会"上发布了《中国机器人产业发展报告 2019》，指出我国机器人市场规模预计超过 294 亿美元，机器人市场进入高速增长期，工业机器人与服务机器人的潜在消费市场巨大。

在新冠肺炎疫情的关键时期，世界机器人大会组委会与百度、腾讯、京东、美团、字节跳动、深圳市智能机器人研究院等 130 家机构企业合作参与抗"疫"行动，努力研发抗击疫情所需的人工测温、人工智能驱动区块链解决方案等技术，用科技力量筑起"钢筋铁骨"的科技长城。

三、跨界协同创新的主要措施

（一）跨国界开展机器人产业相关学术活动

中国国际智能产业博览会高端论坛之智能制造高端论坛聚焦智能制造与机器人，围绕全球智能机器人与智能制造领域在技术前沿、产业环境、发展趋势、市场需求等热点问题，邀请国际国内外知名专家、学者、企业家发表演讲并展开讨论，从而促进智能制造与机器人产业资源共享和高效应用，推动智能制造与机器人产业健康持续发展。

国际机器人大会（ISR）由国际机器人联合会（IFR）主办，是世界上极具声望和影响力的机器人专业会议之一。大会于1970年首次举办，是全球机器人产业、技术交流的重要平台，至今已举办40多届。自2013年起，我国成为全球工业机器人最大市场。2017年，第49届会议在中国上海国家会展中心成功举办。这次大会是承接国际机器人联合会及国际机器人研讨会、促进全球机器人领域研究人员和工程师共同交流的全球化工作平台，与美国、日本、德国、俄罗斯、意大利等国家和地区形成了双向互动，提供了国际水平的机器人发展前沿技术、产业发展成果与企业经验，提升了中国机器人的国际影响力。国际机器人制造商ABB、FUNUC、KUKA，以及安川均已在上海设立总部或基地。

（二）跨学科领域整合顶级人才，促进智产融合

中国机器人产业发展大会（CRIC）是由中国机器人产业联盟主办的行业最具权威性、最为国际化、专业化和产业化行业年度大会。大会邀请业界领袖、专业学者、知名企业家、媒体及其他关注中国机器人产业发展的各界人士一同参与，剖析机器人产业年度热点问题，推动产业间及跨领域合作，构建中国机器人产业生态圈。

例如，在2017年中国机器人产业发展大会之分论坛——"新技术新产品机器人产业的融合与内生力量"工业机器人主题论坛上，ABB机器人业务中国区副总裁王彤在题为"协作与数字化、筑就未来工厂"的演讲中提到机器

人的未来发展重点是与数字化合作，搭配互联网、物联网企业的发展，为客户提供更为有效的数字化分析。

此外，中国机器人产业联盟推动召开中国机器人标准化助推新旧动能转换论坛，围绕"机器人产业助推新旧动能转换"，从机器人检测认证着眼，开展专题研讨。中国机器人产业推进大会邀请国内外产、学、研、用各方专家、学者共同探讨，从多角度分析当前国内外发展形势和产业发展外部环境，增进行业内外对机器人产业发展情况的了解，帮助企业创新发展思路，抓住发展机遇。同时，为政府部门制定相关产业政策、行业规范提供参考和依据。

第十五节 中国创新创业成果交易会 ①

为了更好地促进创新创业成果交易与转化，打造"永不落幕"的创新创业成果交易会（简称创交会），在中国创新创业成果交易会办公室（简称创交办）统一指导下，2017 年开始推出"1+1+N"（1 个交易展会 +1 个成果转化服务平台 +N 个成果转化基地）模式。其中的 N 个成果转化基地，依托企业及事业单位、科技园区、社会组织等多种组织机构挂牌成立的促进科研成果转化的服务机构。

一、组织概况及特征

成果转化基地可共享使用国家级的创交会平台资源，依托国家级平台提升基地的品牌效应，积极组织与引导创交会的相关科技创新资源、专家和投融资机构到基地所在服务地区开展科技活动或合作。

二、组织运行模式

近两年来，创交办引入了 IDG 资本、软银中国、澳银资本、同创伟业、

---

① 中国创新创业成果交易会官网［EB/OL］．https://www.chinaief.net.

华盖资本、启赋资本、海朋资本、英诺天使基金等 100 多家风投机构参与创交会及成果转化基地的对接推介。2019 年在启动仪式上签约的项目"面向虚拟现实的自然手势交互设备研发和产业化"获得柳汇基金 1000 万元投资。此外，柳汇基金投资以色列阿列迪卡公司 BIM 平台的项目。2019 年创交办邀请了中国银行广州东山支行与各基地项目单位直接开展普惠金融政策对接，现场达成为 40 多家企业授信 1.18 亿元。

根据创交会整体部署，2017—2019 年面向广州地区，创交办每年经对申报单位的资格初审、实地考察、专家评审、会议审议，分三批在广州地区建立 20 个创交会成果转化基地；2020 年开展粤港澳大湾区和有关城市创交会成果转化基地的拓展建设，在粤港澳大湾区和有关城市共 16 家单位挂牌建立创交会成果转化基地。2018 年全年共开展项目路演和推介对接活动 45 场，2019 年全年共开展项目路演和推介对接活动 50 场，2020 年全年共开展项目路演和推介对接活动 188 场。截至 2021 年 3 月，已建立 36 个基地（未来将在全国条件成熟的地方拓展成立基地）。依托基地及活动常态化举办成果对接会、项目发布会等活动，推进更多成果转化落地，已成为技术交易和研究商业化的典型方式。

借助成果转化基地，让成果项目直接面向企业，能够准确把握企业科技需求，便于分门别类组织更精准的项目推介；有固定场地进行路演推介，可定期组织开展成果推介、交流对接活动；有专业团队开展咨询和联络等服务工作，便于跟进促成合作意向项目实现转化落地。

三、跨界协同创新的主要措施

（一）出台技术成果转化相关政策

创交办负责制定并发布基地有关政策文件，指导开展基地有关工作，制定出台《中国创新创业成果交易会成果转化基地管理办法（试行）》《创交会成果转化基地项目路演活动工作指引》等，并根据近三年的运作情况不断进行完善和修订。根据权利义务责任情况划分为合同类基地和非合同类基地两种类型。合同类基地需与创交会联合承办方签订年度基地共建协议，依据共建协议和基地管理办法来开展工作，主要在广州地区建立；非合同类基地无须签订协议，主要依据基地管理办法来开展工作，建立区域不受限制。基地的主要任务是深度挖掘产业需求、企业需求和投融资需求，积极组织开展项目路演活动，促进创交会成果库项目对接与合作交流。

（二）打造技术成果供应方、企业需求方和风投创投协同的平台

努力打造具有科协特色的科技成果转化服务平台：从供应方着手，征集筛选优质技术成果。在中国科协、中国科学院、中国工程院、九三学社中央等主办单位的大力支持下，创交办积极发动各省市科协、国家级学会、科技社团、科研院所、高校、企业，主动联系九三学社社员、院士团队征集项目，寻找企业急需的、可转性强的科技成果。同时对征集来的成果项目组织专家进行遴选，确保项目可转性、创新性、实用性，使成果更容易落地转化；征集的项目按重点产业进行分类建立成果库，方便下一步推广和对接。依托一些成果转化机构，以及科技园区设立常态化成果转化基地，向社会各界广泛征求科技需求，定期组织开展不同形式的成果转化和成果交流活动，使对接活动更精准到位。从资本方着手，努力扩大参与项目路演对接的风投创投机构。从2018年开始，创交办引入美国国际数据集团（IDG）联合承办创交会，带来100多家风投机构参展参会，会后创交办邀请风投机构参与成果转化基地常态化的项目路演和成果推介会、资本对接会，为项目成果实现产业化提供资本"保驾护航"。

第十六节　力博创新研究院 ①

为建立自主可控的绿色矿山智能输送装备技术创新体系，力博重工科技股份有限公司成立新型研发机构，构建产学研用协同创新机制，支撑公司长足发展的同时，持续引领行业发展。

---

① 科技体制改革典型案例之一：力博重工科技股份有限公司依托新型研发机构　打造自主可控的绿色矿山智能输送装备技术创新体系［EB/OL］．https://m.sohu.com/a/408180689_120207146．

一、组织概况及特征

为整合我国矿山输送装备领域的产业资源，加强原始技术创新，以及基础研究与应用研究融合，解决行业短板、痛点技术，并预防西方发达国家对该领域的技术垄断，行业领军企业力博重工科技股份有限公司建设了"需求导向、机制高效"的新型研发机构——力博工业技术研究院（山东）有限公司，成立了绿色矿山智能输送装备创新研究院（简称力博创新研究院）。作为需求导向下设立的管理制度现代化、运行激励机制市场化、技术开发转化高效化、投资主体多元化、用人机制灵活、机制高效的独立法人机构，这一新型研发机构健全完善了法人治理机制，从体制上激活了该产业链的创新活力，成立大会吸引了 3 位院士、5 位大学院长、12 位国内相关协会会长、20 多位高层专家学者，以及 30 多家世界 500 强企业参加。

二、组织运行模式

力博创新研究院位于绿色矿山产业链、需求链和创新链的重要交汇点，通过整合本领域国内外创新资源，瞄准世界科技前沿，聚焦"资源高效开发与利用、绿色矿山智能输送装备及其核心零部件"领域的科技创新需求，开展科技创新、科研转化，加强技术创新，以及协同创新、基础研究与应用研究融合，解决行业短板、痛点技术，在科技创新与产业发展间搭建桥梁。在运作中坚持"高点定位、机制创新、追求卓越、引领发展"原则，做细分领域的领导者，为我国矿山智能输送装备产业提供智力支撑，持续引领行业创新发展和技术交叉融合发展。

公司与国际矿业技术前沿的澳大利亚纽卡斯尔大学共建了"中澳散料输送联合研发中心"，与太原理工大学寇子明教授团队共建了"联合实验室"，与山东科技大学共同建设了"产教融合研究生联合培养示范基地"、工程技术研究中心，与十几家高等院校和科研机构建立了长期稳定的合作关系，累计投入产学研经费超过 1.5 亿元，占总销售收入的 4% 以上。公司与高等院校和科研机构共同开展了 14 项科研项目合作，承担国家级项目 3 项，省级项目 11 项，取得新产品、新装备、新工艺 140 多项，制定国家行业标准 4 项，获得国家级、省部级科学技术发明奖 20 多项。产学研合作实现了优势互补、合作共赢：合作成果转化实现销售收入 2.5 亿元，利税超过 2 亿元，合作开发的多个项目用于国家、国际重点工程，为"一带一路"倡议做出了贡献，创造了良好的经济效益和社会效益。公司因合作创新成果突出，于 2019 年获得"中国产学研合作创新示范企业"称号。

在新的科技助力、新的跨界融合、新的政策引导背景下，力博重工进行了全面的战略调整和布局，以市场需求为导向，在巩固扩大各种矿山机械装备市场份额的同时，拉长产业链条，创造出"装备＋资源""资本＋产业""建设＋运营服务"的多元化、国际化发展的新商业模式。公司拉长产业链条，将用户"紫金矿业集团股份有限公司"变为合伙股东，共同开发矿山资源，实现了从资源到装备的"全链条"。与大型跨国矿业集团的合作互补为力博重工后续的跳跃式发展奠定了稳定基础。

依托新型研发机构和产学研用协同创新体系，力博重工持续引领行业发展。机制灵活的力博创新研究院成立后，集创新、落地、投资于一体，不到一年的时间已并购德国著名的老牌矿山输送辅助设备单轨吊公司布劳提干公司；成功引进寇子明教授、张强教授等省级以上高层次人才 2 名；落地智能制造项目 2 个，梳理行业"卡脖子"技术 8 个并组织团队技术攻关，举办中国有色金属学会与力博创新研究院技术对接会议 1 次，与国家知识产权局专利审查协作天津中心开展《智能永磁电机产品专利导航》项目 1 个，向全国连续搬运机械标准化技术委员会申报 3 个行业标准立项（《带式输送机用机械式断带抓捕器》《带式输送机用永磁同步变频电动机》《三相永磁同步电动滚筒》）；申报了 2020 年国家知识产权局山东省审查员实践基地力博实践点，荣获 2020 年山东省专利奖三等奖 1 项。力博重工列入山东省市场监督管理局知识产权保护重点企业、山东省市场监管局 2020 年度山东省高端品牌培育企业。

截至 2020 年 7 月，公司授权专利 226 项，登记计算机软件著作权 26 项，注册国际国内商标 26 项。承担了国家级项目 11 项，省级项目 30 多项。荣获国家技术发明奖二等奖 1 项、国家科技进步奖二等奖 1 项、山东省科技进步奖一等奖 2 项，以及省部级科学技术奖一等奖 10 多项；制定国家、行业技术标准 6 项。2019 年，力博公司有一技术荣获国家科技进步奖二等奖，是当年中国煤炭机械领域唯一获奖成果，登上《科报视点》今日头条、中国煤炭工业"2019 年十大新闻"。公司实施重点产品、工艺"一条龙"示范应用，掌握了矿山开采、破碎、输送、选矿、磨矿等全流程的关键技术并进行装备制造。建立了带式输送机工业大数据平台，实现对产品全面状态感知、故障诊断、健康评估、全寿命周期管理和远程运维，提高了生产管理、服务和决策水平，产品竞争力强、附加值高，利润率明显高于同期一般制造业水平。公司实施国际化经营战略，产品远销"一带一路"沿线几十个国家和地区，在国际上具有较高的市场占有率。公司拉长产业链条，已将矿山输送装备、永磁电机、配套设备断代抓捕器的 3 个装备板块全部孵化成高新技术企业，成为我国集资源、散料输送装备、系统解决方案及成套装备全产业的标杆企业。目前力博公司总资产 28 亿元，员工 1000 多人，制造基地占地 40 万平方米，具有年产 500 千米输送机及 10000 台（套）产品的生产能力。2019 年实现销售收入 11.3 亿元，税收近 6000 万元，实现了科技型民营企业的高质量发展。

新型研发机构的独立运作机制、产学研融合创新机制，催生了一支充满创新活力的人才队伍，一大批后备人才茁壮成长为企业骨干和行业中坚。公司董事长周满山、副董事长张媛先后荣获国家科学技术奖 2 项、省部级奖励 10 多项，成为科技部"科技创新创业人才"、中国工业十大杰出人物、国家科技进步奖评审专家、山东省有突出贡献的中青年专家；38 岁的技术总工岳彦博获得"山东省五四青年奖章""泰安市第十四批专业技术拔尖人才"、泰安高新区首届高层次人才创业大赛特等奖。15 年时间内，力博公司的人才团队打造出一个行业冠军，将长距离带式输送机及其配套产品、永磁同步直驱变频电机、散料输送装备的系统解决方案做到了"国际领先"，市场份额超过 58%，为行业起到积极的示范、引领作用。

三、跨界协同创新的主要措施

（一）打造细分行业领导者

力博重工发挥民营企业创新动力，集聚本领域的高端创新要素，在技术、市场、人才上积极与国际接轨，不断在本领域打造高端产业融合发展高地、科技创新合作高地、人才集聚发展高地，不断增强创新策源能力，在融入国内国际双循环中提升矿山输送装备的产业能级，引领推动新旧动能转换和高质量发展。

（二）注重高层次人才引育

人才和平台是原始创新的双翼，通过高层次人才引育提升公司创新能力，解决行业领域重大技术攻关难题。力博创新研究院探索形成"以项目找人，以人找项目"的典型做法，大力支持科研人员挑战领域前沿或盲区，通过具体的科技攻关和工程项目给出中国方案，力博重工所承揽的多个海外项目成为"一带一路"沿线国家典范工程。

参考文献

［1］吴国盛. 科学的历程［M］. 长沙：湖南科技出版社，2018.

［2］中国科学院. 科技革命与中国的现代化：关于中国面向 2050 科技发展战略的思考［M］. 北京：科学出版社，2009：16.

［3］刘汉民，解晓晴，齐宇. 工业革命、组织变革与企业理论创新［J］. 经济与管理研究，2020，41（8）：3-13.

［4］陈曦. 英格兰工业城市的科学学会研究（1740—1840）［D］. 上海：上海师范大学，2020.

［5］中国科协学会服务中心. 英美德日科技社团研究［M］. 北京：中国科学技术出版社，2019.

［6］英国皇家学会官网［EB/OL］. https://royalsociety.org/about-us/history/.

［7］梁敏花. 英国科技社团的职能演变过程研究［J］. 科学技术创新，2019（24）：141-142.

［8］J. D. 贝尔纳，伍况甫. 历史上的科学［M］. 北京：科学出版社，1959.

［9］冉奥博，王蒲生. 英国皇家学会早期历史及其传统形成［J］. 自然辩证法研究，2018，34（6）：75-79.

［10］曼彻斯特文学和哲学学会官网［EB/OL］. https://www.manlitphil.ac.uk/our-history.

［11］征咪. 科学协会与身份认同：1714—1837 年英国中产阶级的科学文化［D］. 南京：南京大学，2013.

［12］月光社官网［EB/OL］. https://lunarsociety.org.uk/.

［13］李斌. 月光社的历史及其影响［J］. 科学文化评论，2007（1）：26-52.

［14］王扬. 第二次科技革命的内容、特点及意义［J］. 学习月刊，1998（3）：16-17，15.

［15］胡才珍. 略论第二次科技革命与人类社会互动手段的现代化［J］. 武汉大学学报
　　　（哲学社会科学版），1995（2）：91-97.

［16］贺敬垒. 论科技革命与资本主义发展的历史逻辑［J］. 前沿，2013（3）：19-22.

［17］翟文忠，张存刚. 科技革命与经济全球化进程［J］. 兰州商学院学报，2001（1）：
　　　18-23.

［18］郑德洛. 近现代科技革命对国际格局演变的影响［D］. 南京：南京航空航天大学，
　　　2019.

［19］马佰莲. 西方近代科学体制化的理论透析［J］. 文史哲，2002（2）：126-131.

［20］樊春良. 19世纪德国的科学体制化［J］. 自然辩证法研究，1996（5）：45-50.

［21］梁敏花. 英国科技社团的职能演变过程研究［J］. 科学技术创新，2019（24）：141-
　　　142.

［22］黄佳，方在庆. 克莱因与哥廷根应用物理及数学促进协会［J］. 自然辩证法研究，
　　　2015，31（9）：64-67.

［23］成素梅，孙林叶. 如何理解基础研究和应用研究［J］. 自然辩证法通讯，2000（4）：
　　　50-56.

［24］赵克功，刘新民，HERRMANN K. 德国联邦物理技术研究院成立125周年中德计
　　　量技术合作回顾与展望［J］. 中国计量，2012（9）：48-49，58.

［25］德国联邦物理技术研究所——世界国家重点实验室介绍之三［J］. 科技导报，2010，
　　　28（6）：125.

［26］朱崇开. 德国基础科学研究的中坚力量——马普学会［J］. 学会，2010（3）：
　　　56-62.

［27］栾瑞英，初景利. 国外典型高水平科技智库运行机制剖析与启示［J］. 中国科技论
　　　坛，2017（11）：174-179.

［28］房强. 德国马克斯·普朗克学会及其研究所［J］. 科学对社会的影响，2000（3）：
　　　12-14.

［29］方在庆，朱崇开，孙烈，等. 科技革命与德国现代化［M］. 山东：山东教育出版社.
　　　2020：132-137.

［30］美国国家科学院和美国科学促进会掠影［J］. 科学文化评论，2005（5）：127-128.

［31］王晓迪. 美国科学促进会科研发展、热点分析及经验借鉴［J］. 天津科技，2018，
　　　45（12）：1-4.

［32］夏婷. 美国科技社团参与决策咨询的体制机制及其对我国的启示——以美国科学促进会为例［J］. 学会，2013（8）：5-9，21.

［33］远德玉. 科学技术发展简史［M］. 沈阳：东北大学出版社，2000.

［34］中国科学院. 科技革命与中国的现代化［M］. 北京：科学出版社，2009.

［35］高奇琦. 人工智能、四次工业革命与国际政治经济格局［J］. 当代世界与社会主义，2019，06（6）：12-19.

［36］刘洁婷. 试论科学技术对社会变迁的影响［J］. 丝绸之路，2012（2）：124-125.

［37］贺俊，姚祎，陈小宁. "第三次工业革命"的技术经济特征及其政策含义［J］. 中州学刊，2015（9）：30-35.

［38］中国社会科学院工业经济研究所课题组，吕铁. 第三次工业革命与中国制造业的应对战略［J］. 学习与探索，2012（9）：93-98.

［39］葛逊. 当代中国的互联网革命［J］. 互联网天地，2012（12）：10-13.

［40］李积顺. 第二次世界大战与第三次科技革命［J］. 中国科技财富，2010（16）.

［41］蔡兵，赵超，史永俊. 创新与产学研合作［M］. 广州：广东经济出版社，2010：2-12.

［42］周尊丽，高显扬. 美国贝尔实验室兴衰及启示［J］. 合作经济与科技，2018，24（1）：125-127.

［43］蒋景华. 贝尔实验室创新经验的启迪［J］. 实验技术与管理，2010，12（3）：5-8.

［44］克里斯·弗里曼，弗朗西斯科·卢桑. 光阴似箭［M］. 沈宏亮，译. 北京：中国人民大学出版社，2003.

［45］薛澜，陈衍泰，何晋秋，等. 科技全球化与中国发展［M］. 北京：清华大学出版社，2015：148-149.

［46］李博，于明. 国际标准化组织（ISO）介绍. 电力标准化与计量［J］. 2000，24（1）：7.

［47］孙承晟. 法国国家科研中心及其合作制度［J］. 科学文化评论，2008（5）：46-59.

［48］保罗·麦基里. 制造和创新：第三次工业革命［J］. 经济学人，2012.

［49］杰里米·里夫金. 第三次工业革命——新经济模式如何改变世界［M］. 北京：中信出版社，2012.

［50］卡萝塔·佩雷丝. 技术革命与金融资本：泡沫与黄金时代的动力学［M］. 田方萌，译. 北京：中国人民大学出版社，2007.

［51］贾根良. 第三次工业革命与新型工业化道路的新思维——来自演化经济学和经济史的视角［J］. 中国人民大学学报，2013（2）.

［52］胡志坚. 世界科学、技术、工业革命趋势分析［EB/OL］. https://mp.weixin.qq.com/s/EsuE0UbNswadG97hF5ts1g.

［53］王志刚. 勇立新科技革命和产业变革潮头［EB/OL］. http://www.most.gov.cn/xinwzx/mtjj/mtzf/201501/t20150108_117356.htm.

［54］克劳斯·施瓦布. 第四次工业革命［M］. 北京：中信出版社，2016.

［55］白春礼. 世界科技前沿发展态势［EB/OL］. https://weibo.com/ttarticle/p/show?id=2309634594627851190347.

［56］王迎春，李辉. 在动态平衡中构建全面系统的智能治理体系［J］. 全球科技经济瞭望，2018，12（30）.

［57］王志刚. 阐述新一轮科技革命和产业变革六大特征［EB/OL］. http://www.xinhuanet.com/tech/2018-05/28/c_1122896078.htm.

［58］郭哲. 科技产业变革和创新决策的第三方角色［EB/OL］. https://mp.weixin.qq.com/s/_QOxX9VjHsMsGiHsV8ApPw.

［59］潘教峰. 大变局下的创新转型图景［EB/OL］. https://mp.weixin.qq.com/s/P-rtaMMZSubSSzmqztoqCA.

［60］刘汉民，解晓晴，齐宇. 工业革命、组织变革与企业理论创新［J］. 经济与管理研究，2020，41（8）：3-13.

［61］白春礼. 创造未来的科技发展新趋势［J］. 中国科学院刊，2015，30（4）：431-434.

［62］怀进鹏. 跨界融合发展创新决胜未来［N］. 科技日报，2018-05-29.

［63］李妍，汪洋. 论人工智能与大数据的区别及对消费生活的影响［J］. 消费导刊，2019，000（11）：32.

［64］吴家喜. 创新秩序重构：未来30年世界与中国大变局［M］. 北京：清华大学出版社，2018：51-34.

［65］郭哲. 创新策源能力形成的系统视角，在2020年科技创新智库国际研讨会的演讲.

［66］贺福初. 科学引领大发现时代［J］. 国防，2019（1）：5-9.

［67］贺小桐，汤书昆. 大科学背景下产学研合作创新过程中的"科学"角色演变研究［J］. 科技管理研究，2015，035（19）：255-258.

［68］熊志军. 试论小科学与大科学的关系［J］. 科学学与科学技术管理，2004（12）：5-8.

［69］许为民，崔政，张立. 大科学计划与当代技术创新范式的转换［J］. 科学与社会，2012，02（1）：90-98.

［70］张玉明，张馨月，朱艳丽. 共享创新：面向未来的科技创新范式［J］. 科学研究管理，2020（10）：3-4.

［71］周园，等. 高韧性社会：应对不确定危机的八种能力［M］. 北京：中译出版社，2021，2.

［72］何小勇. 当代发展风险问题的哲学研究［D］. 西安：西安交通大学，2009.

［73］全球化 4.0：打造第四次工业革命时代的全球架构［EB/OL］. http://www.clii.com.cn/lhrh/hyxx/201901/t20190129_3926099.html.

［74］约翰·柯顿. 全球治理与世界秩序的百年演变［J］. 国际观察，2019（1）.

［75］习近平. 在纪念马克思诞辰 200 周年大会上的讲话［N］. 人民日报，2018-05-05.

［76］李春成，郭海轩. 加强科技经济融合组织创新，建设创新联合体［J］. 安徽科技，2021（1）：4-7.

［77］刘兴平. 科技社团是推动新兴产业创新发展的重要力量［N］. 学习时报，2020-09-16（6）.

［78］科技中介：国家创新体系的重要组成部分［J］. 中国科技成果，2006（8）：4.

［79］张丽莉，冯艳. 浅析我国政府在科技中介服务发展中的作用［J］. 中国化工贸易，2011，03（6）：83-84.

［80］申峻，江诗琪. 法国卡诺研究所联盟合作研究及对我国的启示［J］. 中国科技资源导刊，2015（2）：28-34，55.

［81］苔莎·莫里斯－铃木. 日本的技术变革：从十七世纪到二十一世纪［M］. 北京：中国经济出版社，2002.

［82］2020 全球百佳技术转移案例 13——斯坦福大学技术许可办公室（Stanford OTL）［EB/OL］. http://www.ciste.org.cn/index.php?m=content&c=index&a=show&catid=98&id=1920.

［83］2020 全球百佳技术转移案例 2：麻省理工学院全球产业联络计划（MIT-ILP）—MIT 大学技术转移的门户与指南［EB/OL］. https://mp.weixin.qq.com/s/633e7Vj4yp-QsKwqTvNYVKg.

［84］比尔·盖茨最骄傲的事：拯救了 1.2 亿儿童［EB/OL］. https://www.sohu.com/a/ 317838720_99913630.

［85］林雪萍. 缔造制造业生态——《美国制造创新研究院解读》推荐阅读［J］. 中国机械工程，2018，29（12）：1507-1511.

［86］张华胜. 美国国家制造业创新网络建设及管理模式［J］. 全球科技经济瞭望，2019，34（1）：15-25.

［87］袁东明，郑舒丹. 美国制造业创新中心的运作模式与启示［J］. 智库时代，2017(1)：16.

［88］朱焕焕，陈志. 从"国家制造业创新网络"到"美国制造"——美国制造业战略的延续与变化［J］. 全球科技经济瞭望，2019，34（2）：1-6.

［89］张劲松，黄华，胡子祥. 知识管理视角下开源社区知识流转机制研究——以 GitHub 为例［J］. 情报科学，2018，36（7）：130-136.

［90］王凯，邹晓东. 美国大学技术商业化组织模式创新的经验与启示——以"概念证明中心"为例［J］. 科学学研究，2014，32（11）：1754-1760.

［91］温兴琦，BROWN D，黄起海. 概念证明中心：美国研究型大学科技成果转化模式及启示［J］. 武汉科技大学学报（社会科学版），2015，17（5）：555-560.

［92］肖广岭. 跨越"死亡之谷"的新尝试——美国"概念验证中心"及对中国的启示［J］. 中国科技论坛，2014（2）：131-137.

［93］武学超. 美国大学 PoCC 协同创新组织模式与借鉴——以"李比希中心"为例［J］. 学术论坛，2013，36（11）：208-212.

［94］张九庆，张玉华，张涛. 美国概念验证中心促进成果转化的实践及其启示［J］. 全球科技经济瞭望，2019，34（4）：38-45.

［95］联盟与 TD 产业联盟签约推动 TD-LTE 在农业装备示范应用［EB/OL］. http:// www.tisaami.org/showmess.php? mid=417.

［96］木竹联盟与 TD 产业技术创新战略联盟签订跨界合作协议［EB/OL］. http://www. forestry.gov.cn/main/4423/content-944638.html.

［97］中国创新创业成果交易会官网［EB/OL］. https://www.chinaief.net 成果转化基地运作——企业创新服务中心.

［98］浙江清华长三角研究院［EB/OL］. http://www.tsinghua-zj.edu.cn/.

［99］章剑. 积极打造 G60 科创走廊主引擎——在浙江清华长三角研究院蹲点调研报告

[J]. 浙江经济, 2018 (21): 11-13.

[100] 江苏省产业技术研究院官网 [EB/OL]. http://www.jitri.org/.

[101] 习近平总书记到江苏省产业技术研究院考察调研. [EB/OL]. http://www.jitri.org/list_28/623.html.

[102] 曾国屏, 林菲. 走向创业型科研机构——深圳新型科研机构初探 [J]. 中国软科学, 2013 (11): 49-57.

[103] 如何破解科研和经济"两张皮", 新型研发机构了解下! [EB/OL]. https://www.edu.cn/rd/gao_xiao_cheng_guo/ssgx/202011/t20201102_2029008.shtml.

[104] 杜丽华. 高校驻外研究院组织模式探讨——深圳清华研究院案例分析 [J]. 中国高校科技, 2015 (9).

[105] 黄燕飞, 陈伟. 中央和地方支持新型研发机构发展的实践与建议 [J]. 全球科技经济瞭望, 2020, 35 (4): 48-58.

[106] 科技体制改革典型案例之一: 力博重工科技股份有限公司依托新型研发机构 打造自主可控的绿色矿山智能输送装备技术创新体系 [EB/OL]. https://m.sohu.com/a/408180689_120207146.

[107] 章熙春, 江海, 章文, 等. 国内外新型研发机构的比较与研究 [J]. 科技管理研究, 2017, 37 (19): 103-109.

[108] 协会委员全都是诺贝尔奖得主, 这个世界顶尖科学家协会是什么来头? [EB/OL]. https://www.jfdaily.com/news/detail? id=113103.

[109] 华夏幸福与世界顶尖科学家协会携手搭建科技创新合作平台 [EB/OL]. https://economy.gmw.cn/xinxi/2019-11/01/content_33285124.htm.

[110] 世界顶尖科学家协会与诺华集团在进博会签署战略合作备忘录 [EB/OL]. https://finance.sina.com.cn/tech/2020-11-07/doc-iiznctke0128371.shtml.

[111] 上海交通大学与世界顶尖科学家协会签约战略合作 [EB/OL]. http://news.sina.com.cn/o/2020-10-31/doc-iiznctkc8770512.shtml? tj=none&tr=1.

[112] 世界顶尖科学家论坛官网 [EB/OL]. http://wlaforum.com/cn/article962.html.

[113] CHINA-LIN C, PETER H. The Impacts of High-Speed Trains on British Economic Geography: A Study of the UK's Inter City 125/225 and its Effects [J]. Journal of Transport Geography, 2011 (4): 689-704.

[114] Ancona D G, Caldwell D F. Demography and design: predictors of new product team

performance [J]. Organization Science, 1992, 3 (3): 321-341.

[115] Marrone J A, Carson T J B. A Multilevel Investigation of Antecedents and Consequences of Team Member Boundary-Spanning Behavior [J]. Academy of Management Journal, 2007, 50 (6): 1423-1439.

[116] Santos F M, Eisenhardt K M. Organizational Boundaries and Theories of Organization [J]. Organization Science, 2005, 16 (5): 491-508.

[117] Kim T K, Maniatis T. The mechanism of transcriptional synergy of an in vitro assembled interferon-beta enhanceosome [J]. Molecular Cell, 1997, 1 (1): 119-129.

[118] Fransman M. The Marketand beyond: Cooperation and competition in information technology developmentin the Japanese System [M]. Cambridge University Press, Cambridge, 1990: 65.

[119] Auerswald P E, Branscomb L M. Valleys of death and darwinian seas: Financing the invention to innovation transition in the United States [J]. The Journal of Technology Transfer, 2003, 28 (3-4): 227-239.